Theatercontrolling

Petra Schneidewind · Tom Koch ·
Bettina Reinhart
(Hrsg.)

Theatercontrolling

Trends, Herausforderungen und
Perspektiven aus Theorie und Praxis

 Springer VS

Hrsg.
Petra Schneidewind
Institut für Kulturmanagement
PH Ludwigsburg
Ludwigsburg, Deutschland

Tom Koch
Business Campus Leer
Hochschule Emden/Leer
Leer, Deutschland

Bettina Reinhart
Theater Heilbronn
Heilbronn, Deutschland

ISBN 978-3-658-44983-4   ISBN 978-3-658-44984-1   (eBook)
https://doi.org/10.1007/978-3-658-44984-1

Die Deutsche Nationalbibliothek verzeichnet diese Publikation in der Deutschen Nationalbiblio-
grafie; detaillierte bibliografische Daten sind im Internet über https://portal.dnb.de abrufbar.

Planung/Lektorat: Franziska Remeika
Springer VS ist ein Imprint der eingetragenen Gesellschaft Springer Fachmedien Wiesbaden GmbH
und ist ein Teil von Springer Nature.
Die Anschrift der Gesellschaft ist: Abraham-Lincoln-Str. 46, 65189 Wiesbaden, Germany

Wenn Sie dieses Produkt entsorgen, geben Sie das Papier bitte zum Recycling.

Geleitwort

Wer Kultur sagt, sagt auch Controlling, ob er will oder nicht. So ließe sich in leichter Abwandlung eines Satzes von Theodor W. Adorno die unausweichliche Notwendigkeit der Beschäftigung mit Fragen des Controllings auch im Kultursektor auf den Punkt bringen. Das Wort ‚Controlling' hat für viele Akteure im Kulturbetrieb indes einen eher unangenehmen Beigeschmack. Sie vermuten darin lediglich ein Instrument der Disziplinierung und sehen sich daher in der Entfaltung ihrer künstlerischen Kreativität nicht selten unangemessen eingeschränkt. Controlling bedeutet für sie unbotmäßige Kontrolle und unstatthafte Überwachung: Also das Gegenteil dessen, wofür sie stehen wollen, nämlich Freiheit, Offenheit, Überwindung starrer Grenzen. Sie machen sich einen gänzlich falschen Begriff. Denn Controlling, recht verstanden und stimmig umgesetzt, bedeutet genau das Umgekehrte: die Ermöglichung und Sicherung künstlerischer Freiheit. Das will erläutert und begründet sein, deshalb dieses Buch.

Mit dem Controlling verhält es sich so wie mit dem Kommunizieren. Man kann sich ihm nicht gänzlich entziehen. Wenn man es dennoch versucht, hat man die Konsequenzen zu tragen. Im Falle der verweigerten Kommunikation die persönliche Isolation, beim Controlling die verpasste Chance und letztlich womöglich den Bankrott. Niemand wird bezweifeln, dass es für jegliches künstlerische oder kulturelle Vorhaben nicht nur Ideen, sondern auch Ressourcen braucht. Wofür sie eingesetzt werden, ist eine künstlerische und/oder kulturpolitische Frage, wie sie aber eingesetzt werden, ob nach entwickeltem Plan oder aufs Geratewohl, das ist eine manageriale Frage, oder präziser: eine Aufgabe des Controllings, verstanden als zielbezogene, erfolgsorientierte Steuerung eines

Betriebes durch Ermittlung und Bereitstellung relevanter betriebswirtschaftlicher Informationen.

Controlling kann proaktiv und professionell oder passiv und dilettantisch erfolgen. Passiv findet Controlling dann statt, wenn man sich nicht selbst um eine ziel- und ressourcenbasierte Steuerung kümmert und stattdessen den Dingen ihren Lauf lässt und darauf wartet, bis andere – Lieferanten, Kooperationspartner, Förderer, Steuerbehörden – ihre Ansprüche geltend gemacht haben und man nur hoffen kann, dass am Ende alles gut ausgehen wird. Diese Form des Agierens nach dem Prinzip Hoffnung kann zwar nicht ernsthaft als Controlling bezeichnet werden, sie zeigt aber, dass zum Schluss doch immer abgerechnet wird, ob man will oder nicht. Dann aber ist das Kind bereits in den Brunnen gefallen und es bedarf mitunter erheblicher Anstrengungen zu dessen Reanimierung.

Besser also, die Funktion des Controllings wird von Anfang an mitbedacht und passgenau auf die Bedingungen und Bedürfnisse der Kulturbetriebe ausgerichtet. Das gilt in besonderem Maße für die Theaterbetriebe. Sie weisen zwei Besonderheiten auf, die einen erhöhten Aufwand in der Steuerung der Ressourcen und Abläufe nach sich ziehen. Die eine ist die hohe Komplexität, die sich aus dem notwendigen Zusammenspiel vieler unterschiedlicher Akteure – Künstler, Techniker und Management – und dem im deutschen Theatersystem verankerten hohen Produktionsdruck mit zahlreichen Premieren in jeder Spielzeit ergibt. Die andere liegt im Umstand begründet, dass der Lappen, wie es lapidar heißt, jeden Abend hochgehen muss. Das lässt, so scheint es, kaum Luft zum Atemholen und noch weniger zum Innehalten und Überprüfen, ob man sich noch auf dem richtigen Kurs befindet. Ist das Theaterschiff einmal vom Stapel gelassen und auf dem offenen Meer unterwegs, wähnt es sich allein in Gottes Hand. Das ist eine fatale Haltung und gefährlich zudem. Sie wird, um im Bild zu bleiben, auch nicht den Navigationskünsten gerecht, die in der Steuerung auf hoher See wie auf dem Festland in den letzten Jahrzehnten erreicht wurden.

Wie viele Innovationen im Management erwuchs das Controlling aus der Erfahrung einer tiefgreifenden Krise. In den USA war es die Weltwirtschaftskrise der 1930er-Jahre, die neue Instrumente der Planung und Steuerung betrieblicher Prozesse erforderlich machte. Sie mussten in der Bereitstellung von Daten angesichts der Knappheit von Kapital nicht nur präziser, sondern auch aktueller und schneller verfügbar sein. Die Lösung bot ein systematisiertes und institutionalisiertes Informationssystem, das alle Erkenntnisse über die innerbetrieblichen Entwicklungen und Zusammenhänge in übersichtlicher Form für die Unternehmensleitung aufbereitete und damit faktenbasierte Entscheidungen ermöglichte. In Deutschland wurde der erste, auf Controlling ausgerichtete Lehrstuhl 1973 an der Technischen Hochschule Darmstadt eingerichtet. Auch hier bildete die sich ausbreitende globale Wirtschaftskrise den Hintergrund.

So einzigartig die Theaterlandschaft im deutschsprachigen Raum ob ihrer Dichte und Vielfalt im Vergleich mit anderen Weltregionen sein mag, so sehr befindet sie sich seit längerem in einem teils offen verhandelten, teils latent fortwirkenden Krisenmodus. Über keinen Sektor der Kultur wird seit Jahren so sehr diskutiert wie über den Theaterbetrieb. Bundespräsident Rau hat 2002 sogar eigens eine Arbeitsgruppe „Zukunft von Theatern und Oper in Deutschland" eingesetzt und das *Jahrbuch für Kulturpolitik* der Kulturpolitischen Gesellschaft hat dem Theater 2004 einen ganzen Band gewidmet. So viel Aufmerksamkeit wurde sonst keiner Kultursparte zuteil. Die Theaterdebatte kreist seitdem nicht nur um Inhalte und Erscheinungsformen des Theaters – darüber gibt es schon immer mehr oder weniger produktiven Streit –, sondern um seine Existenz unter veränderten Rahmenbedingungen. Sie artikuliert sich auf verschiedenen Ebenen: Im Diskurs über die gesellschaftliche Stellung des Theaters, in Fragen nach der notwendigen und angemessenen Ausstattung der Häuser, in der Klage über die gerechte Honorierung der Schauspieler*innen, vor allem aber in den tendenziell sinkenden Besuchszahlen.

Die Bemühungen, dem entgegenzuwirken, waren und sind zahlreich. Dazu zählen insbesondere Strategien der verstärkten Kooperation, die Ausweitung der Spielstätten und Spielpläne, Rechts- und Tarifreformen, Serviceverbesserungen, gesteigerte Marketingaktivitäten und vermehrte Bemühungen um die kulturelle Vermittlung. Aus all diesen Anstrengungen wird jedoch nur dann ein wirksames Ganzes, wenn sie durch ein umfassendes Informationssystem, das die Wirkungszusammenhänge der verschiedenen Handlungsansätze ständig systematisch analysiert und zeitnah gut fassbar aufbereitet, ergänzt werden.

Wie dies geschehen kann und geschehen sollte, das zeigt dieser Band auf. Das Spektrum der Themen, die hier konzentriert und stellvertretend für den Gesamtansatz des Theatercontrollings verhandelt werden, berücksichtigt unterschiedliche Perspektiven – die Perspektive der Finanzen mit Blick auf notwendige und hilfreiche Formen der Budgetsteuerung, die Perspektive der Besucher mit Fokus auf das Kundenmanagement sowie die Perspektive der Prozesse mit Überlegungen zum Qualitätsmanagement und zur Organisationsentwicklung. All diese Analysen und Optimierungsvorschläge verbindet ein Grundgedanke, nämlich ein Controlling nicht *der* Kunst, sondern *für* die Kunst. Die Herausgeber des Bandes haben dieses Verständnis von Controlling in einem Rollenbild vor ein paar Jahren bereits prägnant definiert – als betriebswirtschaftliches Gewissen der Theaterorganisation –, auf das in mehreren Beiträgen genauer eingegangen wird.

Entwickelt wurden die Überlegungen in einem intensiven und anhaltenden Diskurs von Hochschulangehörigen und Theaterpraktiker*innen. Den Raum hierfür bot das Forum Theatercontrolling, das 2014 am Institut für Kulturmanagement der Pädagogischen Hochschule Ludwigsburg gegründet wurde und seitdem zweimal im Jahr Theatercontroller*innen und Forscher*innen aus dem deutschsprachigen Raum zum fachlichen Austausch versammelt. Die Kontinuität und Beharrlichkeit der Betrachtung aktueller Herausforderungen im Theatermanagement und innovativer Ansätze zu ihrer Bewältigung erwies sich als äußerst ergiebig. Immer mehr Theater- und Opernhäuser wie auch Vertreter von Festivals schlossen sich dem Forum an und tauschten offen und kollegial ihre Ideen und Erfahrungen aus. Mit dieser Publikation kann nun auch die breite Theater- und Kulturmanagementöffentlichkeit an den Ergebnissen dieses intensiven Diskurses teilhaben.

Im Verlauf der Begegnungen im Forum Theatercontrolling kristallisierten sich immer neue Fragestellungen heraus, die aktuell das Kulturmanagement allgemein und das Theatermanagement im Besonderen beschäftigen – Fragen der Nachhaltigkeit in der Hervorbringung kultureller Güter und Dienstleistungen, die Thematik der Agilität in den Arbeits- und Organisationsprozessen, Diversität von Personal, Publikum und Programm sowie die Notwendigkeit der digitalen Transformation in allen Feldern von Produktion und Rezeption. Auch diese Fragen werden in diesem Band angegangen.

Damit diese Trends und Tendenzen bis hin zu den Chancen und Risiken der Künstlichen Intelligenz im alltäglichen Betrieb aber auf Dauer bewältigt werden können, bedarf es einer stärkeren Verankerung von Theorie und Praxis des Controllings in der Hochschulausbildung der zukünftigen Theater- und Kulturmanager*innen. Auch dafür dient der vorliegende Band, denn spätestens nach der Lektüre sollte klar sein: Wer Kultur sagt, sagt auch Controlling, ob er will oder nicht.

Prof. Thomas Knubben war von 2003 bis 2023 Professor für Kulturwissenschaft und Kulturmanagement an der Pädagogischen Hochschule Ludwigsburg sowie Leiter des Masterstudiengangs Kulturwissenschaft und Kulturmanagement bis zur Emeritierung zum 30.09.2023.

Thomas Knubben

Vorwort

Die Frage, warum sich Kulturbetriebe – im vorliegenden Fall Theater- und Orchesterbetriebe – mit Controlling beschäftigen sollten, wird heute nur noch selten gestellt. Das war in den etwa 30 Jahren seit Entstehung des Kulturmanagements, in welchem wir das Theatercontrolling verorten, nicht immer so. Mit einer gewissen Wehmut lässt sich feststellen, dass insbesondere externe Impulse statt interne Fortschritte den Nutzen und die Notwendigkeit des Controllings verdeutlicht haben, leider häufig auf schmerzhafte Weise. Die Corona-Krise hat nur allzu sehr verdeutlicht, wie überlebenswichtig nicht nur die Finanzierung, sondern auch die finanzielle Steuerung von Kulturbetrieben ist. Der darauffolgende Publikumsschwund, Energiekrise und Inflation, dazu Megatrends wie Nachhaltigkeit, Digitalisierung und Fachkräftemangel stellen enorme Herausforderungen für die Theater dar, und haben das Controlling vielerorts in den Fokus gerückt. Da auch die Kommunen finanziell leiden, stecken einige Betriebe mitten in den Kürzungs- und Legitimationsdebatten, die in den Ausnahmejahren 2020 bis 2022 ausgesetzt schienen. Treiber des Controllings sind also zumeist finanzieller Druck und externe Berichtsansprüche. Das ist der Teil mit der Wehmut, denn Controlling zielt gar nicht in erster Linie auf externe Empfänger, und sein Nutzen sollte auch nicht erst in Krisenzeiten offenbar werden. Vielmehr sollte ein passgenaues Controllingkonzept in einem Theaterbetrieb dazu führen, dass die Verantwortlichen in ihren laufenden Entscheidungen unterstützt werden und damit die Gesamtzielsetzung des Betriebs sowohl künstlerisch als auch ökonomisch steuern können. Die Vision des Theaters sollte mithilfe von Controlling in konkrete Maßnahmen übersetzt und die Zielerreichung überprüft werden können. Vorwärts gedachte Navigation statt retrospektives Berichtswesen. Auf die Unterstützungsfunktion des Controllings legen Theatercontroller*innen übrigens viel wert. Theatercontrolling, darin sind sich alle Autor*innen dieses Bandes einig, maßt sich nicht an, künstlerischen Erfolg zu messen. Im Gegenteil, es will dazu beitragen, diesen durch gesunde betriebliche und wirtschaftliche Rahmenbedingungen zu ermöglichen.

Controlling im Theater will also helfen, in Sachen Theaterfinanzen nicht im Trüben zu fischen. Weil dieses Bild etwas abstrakt wirken mag, ist der vorliegende Sammelband entstanden. Kein weiteres Lehrbuch, keine theoretisch beladene Monografie, sondern Beiträge, die aus unterschiedlichen Perspektiven zeigen sollen, was in Sachen Controlling im deutschen Theaterbetrieb zurzeit passiert. Auch wenn die Möglichkeiten des Controllings bei weitem nicht ausgelotet sind und noch einiges zu tun ist, so zeigen die über 20 Beiträge doch eine enorme Bandbreite an Einsatzgebieten – vom klassischen Finanzcontrolling über Personal- bis zum Nachhaltigkeitscontrolling. Neben dieser funktionalen Perspektive werden auch zeitgemäße Werkzeuge und Methoden beleuchtet, etwa Wirkungsmessung, Geschäftsprozessmanagement oder aus dem agilen Management stammende Instrumente wie Scrum oder OKR. Dabei wird auch immer wieder die Rolle der Theatercontrollerin und des Theatercontrollers reflektiert.

Zwei Dutzend Autor*innen aus Theorie und Praxis haben dazu beigetragen. Sie berichten von erprobten Konzepten und von neuen, von erfolgreichen Projekten, aber auch von frustrierenden Erlebnissen, von Erkenntnissen der Vergangenheit und den Herausforderungen der Zukunft – kurzum: vom Theatercontrolling als Entwicklungsprozess.

Das Forum Theatercontrolling hat es sich zur Aufgabe gemacht, diesen Prozess mitzugestalten. Mit vielen Erfahrungen aus sehr unterschiedlichen Kulturbetrieben, aus der öffentlichen Verwaltung, der Wirtschaft, der Forschung und Lehre treffen sich seit über zehn Jahren Expert*innen halbjährlich am Institut für Kulturmanagement an der PH Ludwigsburg, um die Anwendung der Controllingfunktion in Theater- und Orchesterbetrieben zu verbreiten, zu verstetigen, zu entwickeln und, ja, von deren Nutzen auch die künstlerisch Verantwortlichen zu überzeugen. Durch die Konzentration der Kräfte, so die Vision aller Mitwirkenden, soll das Theatercontrolling einen spürbaren ‚Push' bekommen.

Dieser Sammelband kann als Zwischenbilanz aus zehn Jahren Forum Theatercontrolling gelesen werden. Er ist gleichermaßen ein Zustandsprotokoll über die Herausforderungen des Hier und Jetzt, und ein Ausblick auf die Veränderungspotenziale der kommenden Jahre.

Wir haben den Band in vier Teile gegliedert, die sich an den Perspektiven der Balanced Scorecard von Kaplan und Norton orientieren:

Andreas Bohrt, Rouven Schöll, Gabriele Schäfer, Stefan Mehrens und Knut Henkel blicken aus unterschiedlichen Winkeln auf die Theaterfinanzen, mit einem Fokus auf Kosten- und Leistungsrechnung und Berichtswesen.

Die Perspektive der Kunden beleuchten Elise Radeke, Kai Michalski und in einem Gruppenbeitrag Jens Peter Kempkes, Katharina Kreuzhage, Dennis Kundisch, Janina Seutter und Christoph Weskamp. Hier stehen Vertriebscontrolling, Kund*innenmanagement und die digitale Transformation im Mittelpunkt.

Die Prozessperspektive als dritter Baustein des Bandes bietet ebenfalls vielseitige Themen, vom Geschäftsprozessmanagement über Personalcontrolling und Agilität bis zu methodischen Fragen von Wirkungs- und Zielmodellen. Gabriel Cuypers, Beat Fehlmann, Dirk Schütz, Jan Handzlik sowie Maurice Fangmeier und Tom Koch tragen zur Untersuchung dieser Perspektive bei.

Die vierte Perspektive des Lernens und der Entwicklung ist besonders von persönlichen Erfahrungen und Praxisbeispielen geprägt. Neben dem Rollenverständnis und den Fähigkeiten von Theatercontroller*innen geht es hier etwa um Risiko- und Nachhaltigkeitscontrolling, mit Beiträgen von Till Weiss, Tom Koch, Kai Liczewski, Doris Beckmann, Cornelia Ascholl und Matthias Schloderer.

Den Autor*innen wurden dabei (fast) keine Vorgaben gemacht. Die Ergebnisse sind entsprechend vielseitig – im Inhalt, in der Form, in der Ansprache – und genau das ist die Stärke des Forums als Community. Das Forum wäre nicht das, was es heute ist, ohne diejenigen, die es mit Leben füllen, mit Fachbeiträgen und persönlichen Erfahrungsberichten, mit strategischen Insights und operativen Tipps, und nicht zuletzt auch mit Charakter, denn auch den braucht es im Controlling.

Wir danken allen Autor*innen und Autoren, sowie allen Teilnehmenden und Vortragenden der letzten zehn Jahre für einen kollegialen Austausch, der so wertvoll ist und von allen Beteiligten wertgeschätzt wird, dass er sich jeder Messbarkeit entzieht (isn't it ironic?).

Zu danken haben wir auch dem Institut für Kulturmanagement an der PH Ludwigsburg für die Rolle des Gastgebers der Forumstreffen, und für die langjährige Zusammenarbeit mit unseren Medienpartnern Kulturmanagement Network und Theatermanagement Aktuell. Erstgenanntes feiert in diesem Jahr ebenfalls Geburtstag – wir gratulieren zu 25 Jahren Kulturmanagement Network. In Vorfreude auf viele weitere Jahre im Dienste des Theaters wünschen wir Ihnen, liebe Leserinnen und Leser, eine anregende Lektüre.

Der Beirat des Forums Theatercontrolling Dr. Petra Schneidewind, Bettina Reinhardt, Prof. Dr. Tom Koch, Doris Beckmann

Ludwigsburg   Petra Schneidewind
im Januar 2024   Tom Koch
                                                                    Bettina Reinhart

Inhaltsverzeichnis

Darf man heute Controlling sagen? Eine persönliche Bilanz

Petra Schneidewind

Inhaltsverzeichnis

Zusammenfassung

Dieser Beitrag ist ein Rückblick auf die Anfänge des Theatercontrollings, vor ca. 30 Jahren. Die eigenen Visionen, Erfahrungen und Schwierigkeiten werden in groben Zügen beschrieben, reflektiert und bilanziert. Wie ist der aktuelle Stand, auch diese Frage zum erreichten Ausbau und Nutzen der Controllingfunktion wird gestellt. Zufriedenstellend ist das Urteil am Ende nicht. Ein Hoffnungsträger, um immer neue Herausforderungen zu leisten ist das Forum Theatercontrolling, dessen Gründung und Entwicklung auch ein Meilenstein der beschriebenen Historie ist.

Schlüsselwörter

Transparenz • Akzeptanz • Servicefunktion • Planung • Optimierung

P. Schneidewind (✉)
Institut für Kulturmanagement, PH Ludwigsburg, Ludwigsburg, Deutschland
E-Mail: petra.schneidewind@t-online.de

© Der/die Autor(en), exklusiv lizenziert an Springer Fachmedien Wiesbaden GmbH, ein Teil von Springer Nature 2024
P. Schneidewind et al. (Hrsg.), *Theatercontrolling*,
https://doi.org/10.1007/978-3-658-44984-1_1

1

1   Die Anfänge: Soll und Ist

Ein passgenaues Controllingkonzept in einem Theaterbetrieb führt dazu, dass die Verantwortlichen in ihren laufenden Entscheidungen unterstützt werden und damit die Gesamtzielsetzung des Betriebs sowohl künstlerisch als auch ökonomisch optimiert werden können. Auch die Legitimationsdebatte kann dadurch souverän geführt werden. Im Idealfall werden die Nutzer*innen so zu Multiplikator*innen und wirken mit bei der flächendeckenden Verbreitung des Controllings in Theaterbetrieben. Und da ist noch einiges zu tun, so die Einschätzung zum Einstieg auf einen kurzen Nenner gebracht.

Diese Einschätzung ist das Ergebnis von inzwischen rund 30 Jahren, in denen ich die Entwicklung des Controllings in Kulturbetrieben und ganz besonders in Theaterbetrieben beobachte und es mir selbst zur Aufgabe gemacht habe, den Prozess mitzugestalten. Mit meinen Erfahrungen aus der Wirtschaft, als ich für ein Unternehmen ein Controllingkonzept entwickelt und eingeführt habe, wurde meine Überzeugung von der Wertigkeit der Controllingfunktion gestärkt. Dies motivierte mich, meine erworbenen Kenntnisse in den Kulturbetrieb einzubringen.

Auf diesem, in wenigen Sätzen zusammengefassten Entstehungszusammenhang und meiner konstanten Motivation fußt die Idee des Forums Theatercontrolling (FTC), einem Expert*innenkreis, bestehend aus Vertreter*innen aus Theorie und Praxis des Theatercontrollings im deutschsprachigen Raum, die sich zweimal jährlich zum Austausch treffen. Das Forum Theatercontrolling fand im Oktober 2023 in der 20. Auflage statt und verfolgt seit Gründung die Zielsetzung, die Anwendung der Controllingfunktion zu verbreiten, zu verstetigen und von deren Nutzen vor allem die künstlerisch Verantwortlichen zu überzeugen. Durch die Konzentration der Kräfte, so die Vision aller Mitwirkenden, sollte ein spürbarer Push erfolgen. Unsere Publikation ist eine Zwischenbilanz, gibt aber auch einen Ausblick, welche erkennbaren Herausforderungen und Veränderungspotenziale zu erwarten sind.

Lassen Sie mich zunächst auf die Anfänge zurückblicken und wesentliche Meilensteine skizzieren: Aus der Aufgabenstellung in der Wirtschaft habe ich mitgenommen, dass auch in diesem Umfeld im Zusammenhang mit einer Controllingeinführung Skepsis, Unsicherheiten, Verhinderungsstrategien u.Ä. auftreten. Der Prozess war mühsam und nur mit der von Controllerpapst Albrecht Deyhle empfohlenen „liebenswürdigen Penetranz" durchzusetzen. Am Ende mit Erfolg. Es ist seither meine Überzeugung, dass die Controllingfunktion unersetzliches Utensil der Unternehmensführung ist. Am Institut für Kulturmanagement in Ludwigsburg konnte ich das Thema zu meinem Arbeitsschwerpunkt machen. Dieser

Abb. 1 Der Betrieb, ein „Rädchenwerk". (Eigene Darstellung)

war und ist die Frage, wie das betriebswirtschaftliche Instrumentarium, insbesondere das im Bereich Rechnungswesen (Finanzbuchhaltung, Kosten- und Leistungsrechnung, Controlling), in Kulturbetrieben gestaltet und genutzt werden kann.

Die Antwort beginnt mit der basalen Erkenntnis: „Es hängt alles mit allem zusammen". Diese einfache Formel erläutere ich immer wieder mithilfe eines „Rädchenwerkes", ein Bild, das das Innere eines Betriebes, also seinen Organismus, abbildet. Große und kleine Rädchen wirken dabei zusammen, es kann zu Übersetzungswirkungen oder auch zu Störereignissen kommen. Personen, die Entscheidung treffen müssen, sollten daher wissen, welche Rädchen ihren Betrieb bilden, wie diese angeordnet sind, ob sie veränderbar sind etc. (Abb. 1).

1.1 Die Servicefunktion Controlling

Genau diese Informationen sollte man vom Controlling bekommen. Die Servicefunktion Controlling kurz auf einen Nenner gebracht heißt also: Controlling sorgt für Transparenz, z. B. im Hinblick auf Kosten- und Leistungen in einem

Betrieb, und überprüft laufend, ob die Ziele kurz-, mittel- und langfristig erreicht werden können. Das quantifizierbare Datenmaterial aus dem Rechnungswesen spielt im Controlling eine zentrale Rolle, aber auch qualitative Daten sind relevant. Im Grunde sollten alle Informationen aus internen und externen Quellen, die in irgendeiner Form auf die Betriebsprozesse Einfluss nehmen, von den Controller*innen identifiziert und sichtbar gemacht werden[1].

Gerne „verkaufe" ich die Controllingfunktion als eine Art betriebswirtschaftliches „Wellnesspaket" und bin verwundert, dass es bis heute nicht zur selbstverständlichen Grundausstattung jedes Betriebes zählt. Die Gründe dafür sind vielfältig, unter anderem sind die ein oder anderen Kulturbetriebe zu klein für eine eigene Controllingstelle oder -abteilung. Dies gilt aber sicher nicht für die deutsche Theaterlandschaft, gerade in den sehr komplexen, großen Theater- und Orchesterbetrieben muss die Controllingfunktion elementar sein. Allerdings ist sie nicht auf Knopfdruck erhältlich, vielmehr ist ein individuelles Konzept notwendig, denn jedes Controllingkonzept ist ein Unikat. Folglich ist die Einführung von Controlling ein längerer Prozess, der kommunikativ sorgfältig und sensibel begleitet werden muss, um beispielsweise sicherzustellen, dass die notwendige Akzeptanz für eine reibungslose Umsetzung gewährleistet ist.

1.2   Das Dissertationsprojekt am Ulmer Theater

In Kooperation mit dem Ulmer Theater konnte ich im Rahmen meiner Dissertation (Beginn mit der Spielzeit 1997/98; Veröffentlichung 2000) eine Musterkonzeption in der Praxis erarbeiten und umsetzen und damit den Beweis führen, dass es möglich ist, Transparenz herzustellen, diese sukzessive auszuweiten, die Ist-Daten mit Plangrößen zu verbinden und damit Prozesse und Ergebnisse zu optimieren. Dabei war eine taktische Entscheidung, den Controllingbegriff zunächst zu vermeiden. Ersatzweise habe ich von einem Theater-Managementinformationssystem gesprochen.

In diese Zeit, die für eine der vielen „Theaterkrisen" steht, fallen weitere Dissertationen, Umfragen und Studien, die sich mit dem Einsatz von betriebswirtschaftlichen Instrumentarien beschäftigen (siehe z. B. Almstedt, Matthias 1999; Fabel, Martin 1998; Hartung, Andreas 1998; Nowicki, Matthias 2000;

---

[1] Zur Controllingfunktion und dem korrekten Controllingverständnis siehe auch „Whitepaper", Kap. 1: Standards im Theatercontrolling (https://www.ph-ludwigsburg.de/fileadmin/phlb/hochschule/fakultaet2/kulturmanagement/PDF/Forschung/White_Paper_FINAL_.pdf).

u. a., siehe auch das beigefügte Literaturverzeichnis). Das Besondere an meinem Ansatz war die Konzentration auf Transparenz nach Kosten und Leistungen, unter strenger Berücksichtigung des Kostenverursachungsprinzips. Es sollten also keine Umlagen oder Verrechnungen gemacht werden. Dafür mussten möglichst viele Einzelkosten identifiziert werden und dies sowohl bei Sach- als auch bei Personalkosten. Die weit verbreitete Einstellung, dass der Fokus auf die Personalkosten nicht möglich oder nicht relevant wäre, weil diese „eh da" sind, habe ich so nicht akzeptiert. Mit dem erreichten Ergebnis konnten viele Details der laufenden Spielzeit transparent gemacht werden. Außerdem war die Grundlage geschaffen, um für die darauffolgenden Spielzeiten frühzeitig eine Planungsrechnung aufzubauen, die im Sinne eines Frühwarnsystems bereits bei der Aufstellung des Spielplans auf Risiken hinweist.

Eine oder mehrere Begleitungen in der Intensität wie im Pilotbetrieb am Ulmer Theater, konnte ich nach Abschluss der Dissertation nicht mehr realisieren. Es kam aber immer wieder zu Anfragen für Fortbildungen, Impulsreferaten etc. und ich habe mich nach Kräften bemüht, die Entwicklungen weiter zu verfolgen und wo möglich mitzugestalten.

1.3   Reaktionen und Wirkungen in der Theaterszene

Die Theaterszene in Deutschland reagierte auf diese Arbeiten und Initiativen mit verstärktem Interesse. Der Deutsche Bühnenverein stellte die unterschiedlichen Ansätze bei diversen Tagungen in den Mittelpunkt, bot Fortbildungen an und bildete Arbeitskreise. Ein richtiger Durchbruch konnte aber nicht erzielt werden und ist offensichtlich bis heute nicht erreicht.

Einen kurzen Hype, etwa zur Jahrtausendwende, hat das Konzept der Balanced Scorecard ausgelöst. Die Balanced Scorecard zeigt, welche Ziele für einen Betrieb besonders wichtig sind. Die Ziele werden mit Kennzahlen und Indikatoren verknüpft. Damit entsteht auch eine Verbindung zwischen strategischen und operativen Zielen. Da in der Regel mehrere Ziele gleichzeitig wichtig sind, unterteilt die Balanced Scorecard diese Ziele in vier Perspektiven. Vorschlag der Erfinder Kaplan und Norton waren: die Kundenperspektive, die Finanzperspektive, die Perspektive Lernen und Entwickeln und die Prozessperspektive. In Abhängigkeit des Betriebs oder der Branche können auch andere Perspektiven gewählt oder eine Weitere hinzugefügt werden, etwa eine Künstlerische Perspektive. Dies schien zunächst für die Anwendung im Theaterbetrieb ideal zu sein. Aber auch eine Balanced Scorecard benötigt gute Basissysteme. Ohne Kosten-

und Leistungsrechnung können die notwendigen Kennzahlen nicht gebildet werden. Es gilt also auch hier, der Aufbau muss von unten nach oben erfolgen. Aber wir kommen später noch einmal auf die Grundstruktur der Balanced Scorecard zurück.

2   Die Anschlussphase: Pilotprojekte und Gründung des FTC

Von 2005 an setzte sich eine weitere Publikationswelle fort, z. B. vertreten durch die Dissertation von Artemis Vakianis: *Duales Controlling am Beispiel des Kulturbetriebs „Theater"*.

2.1   Theorie-Praxis-Transfer im Pilotbetrieb

Ab 2008 konnte ich in einem weiteren Pilotprojekt, im Theaterhaus Stuttgart, intensiv mitwirken. Hier wurde die Frage gestellt: „Wie kann eine zielgenaue programmatische Steuerung des Theaterhauses im Spannungsfeld zwischen sozial-kultureller Auftragsstellung und Besuchernachfrage erreicht und ein ganzheitlich angelegtes Managementinformationssystem entwickelt werden, das die Geschäftsleitung sowohl bei strategischen als auch bei operativen Entscheidungssituationen unterstützt?" Sie merken, auch bei diesem Praxisauftrag fiel der Begriff ‚Controlling' durchs Raster.

Ab 2013 konnte ich mit zwei Studierenden die Controllingeinführung am Deutschen Theater in Göttingen begleiten, die von der damaligen Geschäftsführerin Bettina Reinhart initiiert wurde. Aus dieser Zusammenarbeit entstand schließlich die Idee, das Forum Theatercontrolling (FTC) zu gründen. Den Austausch zwischen Theorie und Praxis zu forcieren schien uns sinnvoll. Als Voraussetzung für eine konstruktive Mitwirkung im Forum erwarteten wir die Bereitschaft, Erfahrungswissen zu teilen und dieses offen zur Verfügung zu stellen. Ein weiteres angestrebtes Ziel war, durch den Austausch Sicherheit zu gewinnen, dass man sich in die richtige Richtung bewegt. Es konnten sehr schnell Interessenten für die Idee, ein Forum Theatercontrolling zu initiieren, gefunden werden. Da Controller*innen und Controller häufig ein „Einzelkämpfer*innendasein" führen und direkt im Haus die passenden Gesprächspartner*innen fehlen, wird das Feedback aus einer solchen Expertenrunde sehr wertgeschätzt. Für mich persönlich waren und sind die Diskussionen und der Austausch mit den Kolleg*innen aus der Praxis die Bestätigung, dass die von mir vertretenen theoretischen Ansätze realistisch sind. Damit kann ich persönlich ein dynamisches Korrektiv nutzen. Die Erkenntnisse und Praxisbeispiele fließen in die Theoriebildung und die Lehre ein. Sie sind sowohl für Studierende des Kulturmanagements als auch für die Teilnehmenden in der Weiterbildung von großem Wert.

Insgesamt gesehen ist das Ergebnis, nämlich die Bestätigung, dass meine Thesen korrekt sind, aber leider eher frustrierend. Denn das heißt auch, dass es innerhalb von rund 15 Jahren nur marginale Bewegung gab.

2.2 Best Practice: Bericht der SWP

Ein ganz besonderer Meilenstein war für mich der erste Bericht der Südwestdeutschen Philharmonie, der initiiert durch den Intendanten Beat Fehlmann im Jahr 2015 veröffentlicht wurde. Ab 2013 wurde in Konstanz ein ausgefeiltes betriebswirtschaftliches Analyse- und Frühwarnsystem zur Krisenbewältigung entwickelt. Der Betrieb wurde, so die Presse der „bestdurchleuchtete Betrieb der Stadt". Ich meine, nicht nur der Stadt Konstanz, sondern der ganzen Republik. Der Bericht war und ist im Sinne des Controllings beispiellos und machte deutlich, was auch im Kulturbetrieb alles möglich ist. Für mich eine Art Offenbarung! Ganz besonders zu betonen ist an dieser Stelle, dass Beat Fehlmann der künstlerischen Seite zuzuordnen ist. Er ist damit für unseren Expertenkreis im Forum ein ganz wichtiges Mitglied, aber auch als Multiplikator für die anderen Intendantenkolleg*innen, die ggfs. noch nicht diesen Grad der Akzeptanz und Überzeugung für die Controllingfunktion erreicht haben. Das Beispiel zeigt aber auch, wie stark die Qualität des Controllings und die Einstellung der Führungskräfte im Betrieb voneinander abhängen. Nach der Ära Fehlmann hat sich auch die Transparenz der Südwestdeutschen Philharmonie wieder deutlich zurückentwickelt. Beat Fehlmann dagegen erarbeitet an seiner neuen Wirkungsstätte, der Staatsphilharmonie Rheinland-Pfalz, aufs Neue eine individuelle Konzeption, die er als Wirkungsmodell bezeichnet (siehe auch sein Beitrag „Controlling für die Kunst, das Wirkungsmodell der Deutschen Staatsphilharmonie Rheinland-Pfalz" in diesem Band).

2.3 Zwischenstopp

In der Zeitspanne zwischen Ende der Dissertation (1999/2000), die natürlich die intensivste Auseinandersetzung mit dem Themenfeld in Theorie und Praxis bedeutet hat, und dem ersten Forum Theatercontrolling, was wir am 14. März

2014 mit 13 Teilnehmenden durchgeführt haben, fand wie in einigen wenigen Steps dargestellt eine kontinuierliche Beobachtung und Begleitung der Entwicklungen statt. Das Ergebnis ist, wie schon an anderer Stelle zusammengefasst, unbefriedigend. Wenn ich hier kurz auf den Titel des Beitrags Bezug nehme, lautet die Antwort: Ja, man darf den Begriff ‚Controlling' verwenden. Allein das ist dann doch als kleiner Erfolg zu werten.

3   Forum Theatercontrolling am Start

Beim ersten Treffen der Expertenrunde wurde dieses, Ergebnis, als These formuliert, überprüft: „Controlling wird gemacht, aber nicht genutzt!" Ihre Richtigkeit wurde von den Praktiker*innen unisono bestätigt und gilt auch heute noch, was in einem aktuell geführten Interview (am 09.08.23 mit David Michalski und Susanne Tanz) zum Aufbau einer Controllingkonzeption im Landestheater Neuss bestätigt wurde.

In den ersten Sitzungen des Forums Theatercontrolling haben wir durch Selbsteinschätzung der Teilnehmenden regelmäßig den Stand des Controllings in ihren Betrieben abgefragt. Auf einer Skala von 1–10 sollten der Informationsgehalt, der Nutzen, die Ausbaustufe und die Akzeptanz des Controllings in ihrem Betrieb eingeschätzt werden. Die zusammengefasste Grafik zeigte, visualisiert in Form eines Netzdiagramms auf einen Blick, dass wir sehr unterschiedliche Erfahrungen zusammengeführt haben. Erfreulich waren die Werte beim Kriterium der Akzeptanz, da sie einen entscheidenden Beitrag zum Gelingen der Controllingnutzung leistet. Sie wurde insgesamt bei allen Betrieben recht hoch eingeschätzt. Es ist somit die Eintrittskarte, wenn man das Ziel verfolgt, die Controllingfunktion zu nutzen. Die zunehmende Akzeptanz sollte auch bei den künstlerisch Verantwortlichen erreicht werden, um die Voraussetzungen zu schaffen, optimale Wirkungen zu erzielen.

Neben der Akzeptanz ist das richtige Verständnis von Controlling eine wesentliche Basis. Die oben beschriebene Servicefunktion muss dominieren. Beim Blick in die Praxis entsteht der Eindruck, dass Controlling bei vielen Betrieben noch immer auf die Kontrollfunktion reduziert wird. Folglich ist der Nutzen noch deutlich zu steigern. Ich sehe insbesondere zwei Stoßrichtungen. Zum einen in Richtung Zukunft. Noch immer sind die meisten Analysen und Auswertungen vergangenheitsorientiert und das obwohl die Blickrichtung des Controllings ganz klar nach vorne gerichtet ist. Zum anderen ist feststellbar, dass die Controllingdaten und -berichte meist innerhalb der Verwaltung und der kaufmännischen

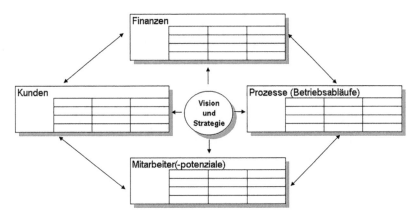

Abb. 2 Konzept der Balanced Scorecard. (Eigene Darstellung)

Abteilungen bleiben. Der Transfer und die Verknüpfung zu den künstlerischen Planungen und Prozessen sind weiter ausbaufähig.

All die jetzt schon genannten Entwicklungen, Stärken, Schwächen, Auffälligkeiten waren in den letzten zehn Jahren Gegenstand der Diskussionen und Arbeitsgruppen im Forum Theater-Controlling. Die Fragen und Themen wurden jeweils aus dem Kreis der Teilnehmenden gesammelt: Welche Fragestellungen brennen gerade?, Wo wird Vertiefung gewünscht?, Welche neuen Herausforderungen gibt es? u. v. a. m.

Dabei haben wir versucht, einen roten Faden zu behalten und dieser wiederum war orientiert an den Perspektiven der Balanced Scorecard. Unsere Schwerpunktthemen konnten rollierend immer einer der Perspektiven zugeordnet werden (Abb. 2).[2]

---

4 Ergebnisse und Wirkungen des FTC

Nun darf im Rahmen der Zwischenbilanz die Frage gestellt werden, welche konkreten Ergebnisse und Erkenntnisse konnte das Forum Theatercontrolling bisher erzielen? Als erstes würde ich an dieser Stelle die Wirkungen des Netzwerks

---

[2] Eine Übersicht über alle Veranstaltungen des Forums Theatercontrolling mit Schwerpunktthemen und Referenten finden Sie im Anhang.

nennen. Über 10 Jahre waren rund 100 Teilnehmende im Forum aktiv, darunter auch 10 Studierende, die die Chance nutzen konnten, wertvolle Kontakte zu knüpfen, und die teilweise auch den Sprung in den Theaterbetrieb gewagt haben. Es hat sich ein fester Stamm an Teilnehmenden herausgebildet, die in der Regel kein Forum auslassen und die Zeit genießen, in der sie mit anderen Expertinnen und Experten in den Austausch treten können. Einige waren nur wenige Male dabei, haben dann ggfs. die Stelle gewechselt, den Ruhestand angetreten oder eine Auszeit genommen und trotzdem Spuren hinterlassen und Impulse gegeben. Die Teilnehmenden wurden nach jeder Veranstaltung durch die Kontaktinfos miteinander vernetzt und bekamen die Chance, sich bilateral auszutauschen.

4.1 „Whitepaper" definiert Grundlagen

Durch einfache Protokollierung der Treffen wurden die Ergebnisse festgehalten. Es war aber auch ein gemeinsames Anliegen, wesentliche Grundlagen zu fixieren, wofür wir 2018 das bereits erwähnte „Whitepaper" veröffentlicht haben. Es garantiert uns ein gemeinsames Grundverständnis, das gerade auch für neue Teilnehmende im Forum Orientierung bietet. Die Möglichkeit, auf Standards zurückzugreifen, schafft uns Raum, um uns immer wieder neuen Themen zu widmen, wie zuletzt z. B. dem Thema Nachhaltigkeit. Einige der genannten Standards sollen hier noch einmal kurz vorgestellt werden.

4.2 Controllingbegriff und Rollenverständnis

Wir haben uns lange mit dem Controllingbegriff, dem dazugehörigen Rollenverständnis und den im Zeitablauf erkennbaren Veränderungen auseinandergesetzt. Methodisch haben wir dafür die Stellenbeschreibungen unseres Teilnehmendenkreises zusammengetragen und verglichen und konnten so ganz unterschiedliche Profile herausarbeiten. Trotz der heterogenen Ausgangslage haben wir am Ende eine einheitliche Definition unseres Controllingverständnisses formuliert und dieses in unserem im Jahr 2018 veröffentlichten „Whitepaper" als State of the Art fixiert.

Definition: „Theater-Controlling ist die zwischen Theaterleitung und Theater-Controller*innen arbeitsteilig wahrgenommene zielorientierte Steuerung von Organisationen im Bereich der darstellenden Kunst und Musik." (vgl. Whitepaper 2018, s. Fußnote 1).

4.3   Berufsbeschreibung Theatercontrolling

Auch für die vom Deutschen Bühnenverein herausgegebene Publikation *Berufe am Theater* konnten wir durch die Ergänzung der Berufsbeschreibung ‚Theatercontrolling' eine Lücke in dem umfangreichen Katalog schließen.

Theatercontroller*innen haben sich in den letzten Jahren nicht nur an großen Theatern, sondern auch an kleinen Häusern immer stärker etabliert. Sie leisten als Partner*innen der Theaterleitung einen wesentlichen Beitrag zum nachhaltigen Erfolg des Hauses. Durch die regelmäßige Auswertung und Analyse von Daten liefern Controller*innen wichtige Fakten und Sichtweisen, die die Theaterleitung entlasten und bei ihren Entscheidungen zur Planung und Steuerung des Theaters maßgeblich unterstützen. Controller*innen richten dabei ihren betriebswirtschaftlichen Blick auf die Gesamtheit des Theaters. Sie beschäftigen sich mit der Vergangenheit, Gegenwart und Zukunft und ermöglichen den Entscheidungsträger*innen, zielorientiert zu handeln, Chancen wahrzunehmen und mit Risiken umzugehen. Controller*innen sind für die Ergebnistransparenz verantwortlich, sichern die Datenqualität und wählen passende Instrumente, um entscheidungsrelevante Informationen zu generieren. Ihre Tätigkeiten sind vielfältig, allumfassend und verantwortungsvoll. Schwerpunkte liegen u. a. im internen Personal- und Vertriebscontrolling, aber auch in der regelmäßigen Berichterstattung für die Theaterleitung und die Aufsichtsgremien.

4.4   Arbeiten als Theatercontroller*in

Neben einer entsprechenden Ausbildung sollten erste praktische Erfahrungen im Controlling und ein Interesse am Theater vorhanden sein. Theatercontroller*innen sollten kommunikativ, exakt, geduldig, durchsetzungsstark, aufgeschlossen und einfühlend sein. Außerdem sollten sie präsentieren, analysieren und mit unterschiedlichen Mitarbeiter*innen und Abteilungsebenen kommunizieren können. Darüber hinaus sollte ein sicherer Umgang mit IT-Systemen, insbesondere mit Microsoft Office Anwendungen und Analyse-Tools, selbstverständlich sein.

Ein abgeschlossenes betriebswirtschaftliches Studium, idealerweise mit den Schwerpunkten Finanzen, Controlling und öffentlicher Betriebswirtschaftslehre, oder eine vergleichbare Ausbildung sind gute Grundlagen.

Die Auseinandersetzung mit der Berufsbezeichnung war für uns auch deshalb von hoher Relevanz, weil wir an dieser Stelle auch das Phänomen des Fachkräftemangels diagnostizieren mussten. Es gibt keine Ausbildung zum Theatercontrolling. Wie lassen sich also die Stellen, die evtl. auch ganz neu geschaffen werden, optimal besetzen? Welche Anreize können geschaffen werden? Wie lassen sich die Stellen attraktiv dotieren, um wettbewerbsfähig zu sein? In unserem Teilnehmendenkreis sind auch eine Reihe Quereinsteiger*innen im Kulturbetrieb aktiv. Sie können sicher wertvolle Tipps für das Recruiting der notwendigen Fachkräfte geben.

Zu unseren gemeinsamen Standards gehören die in der Berufsbeschreibung genannten Eigenschaften von Controllerinnen und Controllern im Theater-/ Orchesterbetrieb.

Für notwendige Stellenausschreibungen und -angebote könnte das der Baukasten sein. In der Praxis sieht man häufig schon in der Stellenausschreibung eine Überlast an Aufgaben und Kompetenzen oder eine eindimensionale Ausrichtung auf Aufgaben, die eher dem externen Rechnungswesen zuzuordnen sind. Beide Phänomene stellen eine klare Zugangsbarriere für diese wichtige Mittlerfunktion im Theaterbetrieb dar. Auch bei den Controllerpositionen ist ein Generationenwechsel in Sicht und besteht das Risiko, keine geeignete Nachfolge zu finden. Vakanzen wären an dieser Stelle ein hohes Risiko, denn Controllingsysteme müssen laufend gepflegt werden. Wie kann man diese Position attraktiv ausgestalten? Wo im Betrieb ist sie richtig positioniert? Wie kann sie optimal besetzt werden? Bisher findet man Controllingstellen aufbauorganisatorisch in vielen Betrieben als Stabsstellen oder bei den Abteilungen Verwaltung/Finanzen eingeordnet. Auch diese Struktur muss überprüft werden, denn: Sollte das Controlling nicht viel mehr ins Zentrum rücken? Ganz sicher eine Frage für die Zukunft (siehe auch die Beiträge von Tom Koch und Kai Liczewski).

4.5   Kosten und Erlöse weiterhin im Fokus

Die Kosten- und Leistungsrechnung ist eine der zentralen Datenquellen im Controlling. Gerade in der Ausgestaltung dieses Teils des Rechnungswesens liegt eine große Chance, um den individuellen Informationsbedarfen gerecht zu werden. Schon bei der Gliederung der Kosten- und Erlösarten, der Kostenstellen und Kostenträger sind viele verschiedene Ansätze vorhanden, aber flächendeckend ist davon auszugehen, dass der Teil des Kostencontrollings überwiegt. Dies wurde auch durch die Umfrage, die 2018 mit Unterstützung des Deutschen Bühnenvereins vom Forum Theatercontrolling unter allen Theater- und Orchesterbetrieben durchgeführt wurde, bestätigt. Für das Forum Theatercontrolling war diese Tatsache gleichzeitig die Herausforderung, immer wieder auf die Seite der Erlöse zu blicken und gemeinsam zu prüfen, wie durch Erlöscontrolling Wirkungen zu erzielen sind. Bei dieser Fragestellung zeigt sich auch die Nähe zu Marketing und

Vertrieb. Weitere Spezialisierungen und Differenzierungen sind in den Bereichen des Personalkostencontrollings und des Prozesskostencontrollings anzustreben. Liefert die Kosten- und Leistungsrechnung belastbare Ist-Zahlen, ist der Schritt zur Planung fast geschafft. Bisher werden Planungsrechnung als Produktionsplanungen und damit Budgetplanungen gemacht, idealerweise sollte das Controlling bereits die Planung der Spielpläne begleiten und Engpässe aufzeigen. Dies erfordert die entsprechende Offenheit der künstlerischen Leitung. Eine Fragestellung, die im Forum ebenfalls mehrfach aufgerufen wurde: Welche Erwartungen oder auch Bedenken hat die künstlerische Seite?

4.6 Inspirationsquelle Controllingbericht

Der laufende Controllingprozess folgt in der Regel einem routinemäßigen Kreislauf. An der Stelle, an der sich der Kreis schließt, gibt es eine kleine Zäsur in Form des Monatsberichts. Controllingaufgaben müssen kommunikativ begleitet werden, so gehört es auch zum Aufgabenpaket der Controllerinnen und Controller, Entscheidungsträger im Betrieb laufend zu informieren. Dies geschieht in Form des Controllingberichts, der in besonderem Maße die Individualität des jeweiligen Controllings ausdrückt, da er nicht nur auf die Spezifika des Betriebes eingeht, sondern auch auf die der Adressat*innen. Für die Controller*innen ist eine weitere Herausforderung, die richtige Verpackung ihrer Ergebnisse zu finden. Vom umfangreichen textlastigen Bericht bis zum One-Pager mit bunten Cockpitcharts kann alles vorkommen. Wichtig sind Verlässlichkeit und Lesbarkeit. Bei dieser gegebenen Offenheit bei Inhalten, Gestaltung und dem Prozessablauf ist es logisch, dass es im Rahmen des Forums Theater-Controlling auch ein zentrales Thema war und immer wieder sein wird. Die fortschreitende Digitalisierung sowie auch die Veränderung der Datenmengen und ggfs. auch der Zyklen müssen weiter beobachtet werden.

5 Anfang und Ende

Ich versuche abschließend die Entwicklungen der letzten 30 Jahre noch einmal zusammenzufassen. Aufgrund der Krisensituation in den 90er Jahren gab es parallel mehrere Aktivitäten und Initiativen, die sich mit der Controllingfunktion und deren Einsatz in Theaterbetrieben beschäftigt haben. Die Theaterbetriebe selbst reagierten eher abweisend. Einzelne Pilotanwendungen sind jedoch gelungen.

Eine flächendeckende Verbreitung ist zunächst nicht erfolgt. Die Umfrageergebnisse der zuletzt vom Forum Theatercontrolling 2018 durchgeführten Befragung zeigen, dass sich eine stetige, aber eher tröpfchenweise Verbreitung der Controllingfunktion nachweisen lässt, die noch lange nicht abgeschlossen ist. Erkennbar ist aber auch, dass die Akzeptanz steigt, diese Einführungsvoraussetzung sich also günstig entwickelt hat. Jedoch fehlt es weiterhin an Kapazitäten und/oder Kompetenzen, um ein idealtypisches Controlling anzuwenden. Schon in meiner Dissertation endete ich mit der Einschätzung und Empfehlung: „Kulturbetriebe auch in Zukunft lebensfähig zu erhalten wird nur mit Unterstützung durch betriebswirtschaftliche Instrumentarien gelingen. Der Ausbau eines Managementinformationssystems [...] sollte sich deshalb möglichst schnell flächendeckend etablieren" (Schneidewind 2000, S. 202). Ich würde heute auf die Frage im Titel des Beitrags eindeutig mit „ja" antworten und mit Blick auf den erreichten Zustand, ganz deutlich fordern: Controlling im Theater muss sein!

Literatur

Almstedt, Matthias (1999): Ganzheitliches computerbasiertes Controlling im öffentlichen Theater. Konzeption und prototypische Implementierung eines Controlling-Informationssystems auf der Basis einer Analyse des öffentlichen Theaters, Göttingen.

Deutscher Bühnenverein (o. J.) Berufe am Theater. Online verfügbar unter www.berufe-am-theater.de (letzter Abruf: 05.01.2023).

Fabel, Martin (1998): Kulturpolitisches Controlling. Ziele, Instrumente und Prozesse der Theaterförderung in Berlin, Dissertation Freie Universität Berlin, Frankfurt.

Hartung, Andreas (1998): Controlling in öffentlichen Kulturbetrieben. Sinnvolle Steuerung vorhandener Mittel unter Berücksichtigung des kulturpolitischen Auftrags. Bonn.

Nowicki, Matthias (2000): Theatermanagement: Ein dienstleistungsorientierter Ansatz, Hamburg.

Schneidewind, Petra (2000): Entwicklung eines Theater-Managementinformationssystems. Frankfurt: Hochschulschrift.

Vakianis, Artemis (Hrsg.) (2005): Duales Controlling. Am Beispiel des Kulturbetriebs „Theater". Insbruck, Wien, Bozen.

Petra Schneidewind ist wissenschaftliche Mitarbeiterin am Institut für Kulturmanagement und Autorin zahlreicher Publikationen zum Thema Controlling im Kulturbetrieb.

Theatercontrolling 2030 – Ein Blick ins Ungewisse

Tom Koch

Inhaltsverzeichnis

Zusammenfassung

Controlling im Theater hat sich in den letzten Jahren weiterentwickelt und wird sich auch in den kommenden Jahren weiterentwickeln. Wohin die Reise geht ist indes ungewiss, denn dass präzise Vorhersagen der Zukunft in diesen Zeiten nahezu unmöglich sind, haben mehrere Ereignisse globalen Ausmaßes jüngst gezeigt. Dennoch soll hier ein Blick nach vorn gewagt und erörtert werden, welche Rolle das Controlling in der Zukunft des Theaterbetriebs einnehmen könnte.

Schlüsselwörter

Zukunft • Rollenbild • Business Partner • Resilienz

T. Koch (✉)
Hochschule Emden/Leer, Leer, Deutschland
E-Mail: tom.koch@hs-emden-leer.de

1   Von der VUCA- zur BANI-Welt

Ausblicke und Prognosen, jedenfalls sofern sie einen längeren Zeitraum über-
spannen sollen, erscheinen heutzutage regelrecht anmaßend. Als der Beirat des
Forums Theatercontrolling 2019 das Whitepaper „Controlling im Theater" ver-
öffentlichte, gab es – jedenfalls in der Theaterpraxis – keine Hinweise auf eine
globale Pandemie, einen Krieg in Europa, auf Inflation, Energiekrise, Fachkräftemangel oder auf künstliche Intelligenz in den Händen jeder und jedes Einzelnen.
Eine Fünfjahresprognose damals wäre also gründlich schief gegangen. So wird es
wahrscheinlich auch jetzt sein. Trotzdem soll es gewagt sein, nur ein paar Ideen
für die kommenden Jahre. Die Welt ist einerseits eine andere als vor fünf Jahren,
andererseits stehen die Theater noch an Ort und Stelle, das post-pandemische
Publikum kommt langsam aber sicher zurück, und in die meisten Häuser ist ein
durchaus veränderter, aber im Großen und Ganzen doch ‚normaler' Alltag zurück-
gekehrt. Bei aller Vorfreude auf die Annehmlichkeiten der Zukunft einerseits, und
der Angst vor den Katastrophen, die sie mit sich bringen könnte, andererseits,
kann man die Kirche also vielleicht auch im Dorf lassen, jedenfalls wenn es um
das Jahr 2030 geht, welches ja gar nicht mehr so fern ist.

Doch zunächst ein kurzer Blick zurück: Schon in den frühen 1990er Jahren,
also vor rund 30 Jahren, wurde in den USA der Terminus *VUCA* geprägt – ein
Akronym aus den Anfangsbuchstaben der englischen Wörter volatility (Unbe-
ständigkeit), uncertainty (Unsicherheit), complexity (Komplexität) und ambiguity
(Mehrdeutigkeit). Mittlerweile haben wir nicht nur verinnerlicht, sondern auch
erlebt, dass wir in einer VUCA-Welt leben. Zugleich haben wir ein ums andere
Mal vor Augen geführt bekommen, dass die Realität noch weit vielschichtiger ist,
als dass sie mit vier Begriffen erklärbar wäre. Nehmen wir das Beispiel der Unsicherheit: Damit ist gemeint, dass wir die Ereignisse kennen, die eintreten können,
aber ihre Eintrittswahrscheinlichkeit nicht mehr abschätzen können. Unsicherheit
ist damit sozusagen die Steigerung von Risiko, wo beides bekannt, oder zumindest abschätzbar ist, und folglich modelliert werden kann (das Geschäftsmodell
von Versicherungsunternehmen). In der Unsicherheit wissen wir also, was pas-
sieren könnte, auf welche Ereignisse wir uns grundsätzlich vorbereiten sollten.
Aber mehrere Ereignisse der letzten Jahre haben uns gelehrt, dass selbst das kaum
noch Bestand hat. Welches Unternehmen, geschweige denn welches Theater, hatte
ernsthaft mit einer globalen Pandemie gerechnet, in der Live-Veranstaltungen
monatelang komplett untersagt waren? Wir leben also nicht einmal mehr in
einer Welt der Unsicherheit, sondern in einer der Ungewissheit, wo es Ereignisse
gibt, die wir noch gar nicht kennen, also auch deren Eintrittswahrscheinlichkeit
nicht. Das ist ein Problem für jedes Unternehmen, auch Kulturbetriebe, und für

ihre Strategie, Entwicklung, Planung, Risikomanagement, um nicht zu sagen: für praktisch alle Managementaufgaben (Schwenker & Dauner-Leib, 2017). Ist es müßig geworden, langfristig zu denken, oder umso relevanter? Aber es geht noch weiter: Ungewissheit schlägt auf's Gemüt. Nichts an VUCA ist schließlich angenehm. Sicherheit hingegen (oder Gewissheit, um beim Begriffspaar zu bleiben) ist ein menschliches Grundbedürfnis. Und wünscht man sich nicht gerade vom Controlling möglichst eindeutige Aussagen, also das Gegenteil von Mehrdeutigkeit?

Doch kaum ist die „VUCA-Welt" anerkannter Konsens, fällt sie schon wieder auseinander, bzw. sie geht auf in einer neuen „BANI-Welt". Die Welt ist ein brüchiges System (Cascio, 2020). In der Arbeitswelt zeigt sich dies unter anderem durch enorm hohe Belastungen, welche wiederum zu Unzufriedenheit, nachlassender Motivation und hoher Fluktuation führen können – und zu einem „quiet quitting," also zur innerlichen Kündigung.[1] Laut der Studie eines Jobportals beschäftigt sich mehr als jede*r dritte Erwerbstätige in Deutschland mehrmals pro Woche mit einem Jobwechsel (Stepstone, 2022). Vier von fünf Millenials sind Work-Life-Balance und mentale Gesundheit wichtig bei der Wahl des Arbeitgebers, mit steigender Tendenz (Deloitte, 2023).

2   Ein Zukunftsszenario

Was also heißt das alles für das Theatercontrolling? Ein Ausblick auf die kommenden Jahre lässt sich, sofern er halbwegs plausibel sein soll, bestenfalls in Form einer Fortschreibung bzw. eines Weiterdenkens aktueller Tendenzen entwickeln. Wie eingangs formuliert, erscheinen selbst fünf Jahre als ein Zeithorizont, der kaum überblickt werden kann. Die folgenden Bilder sind folglich durch und durch subjektive Vorstellungen des Autors, unter welchen Bedingungen das Theatercontrolling im Jahr 2030 operieren könnte. Es sind im Übrigen positive Bilder eines lebhaften Theaterbetriebs, der es, zumindest nach außen, geschafft haben wird, breite Teile der Gesellschaft zu erreichen, und der im Leben vieler Menschen eine beliebte und relevante Gegenposition zum allgegenwärtigen Metaverse ist. Man darf ja noch träumen…

---

[1] Den Begriff „quiet quitting" soll der Influencer Brian Creely geprägt haben. Er wurde in mehreren internationalen und auch deutschen Medien aufgegriffen und gilt heute, gestützt durch mehrere Studien, als wichtiger Trend auf dem Arbeitsmarkt.

- Das Tagesgeschäft von Theatercontroller*innen wie wir es heute kennen, ist im Jahr 2030 weitgehend automatisiert. Künstliche Intelligenz macht die Buchführung, liefert Berichte, adaptiert Pläne und erledigt sogar den Jahresabschluss. Abweichungen werden sofort transparent gemacht. Vertrieb und Marketing sind ebenfalls weitgehend automatisiert. Die Durchführung von Kosten- und Erlöscontrolling ist keine technische Herausforderung mehr. Überhaupt wird Controlling kaum noch vom heutigen Wissen und von heutigen Methoden abhängig sein (vielleicht mit Ausnahme von MS Excel). Dafür fließt mehr Zeit in die Interpretation der Daten.

- KI sammelt und integriert täglich riesige Mengen an internen und externen Daten, jedenfalls dort, wo sich das Theater die Technik und den Datenzukauf leisten kann. Daten sind fast gänzlich proprietär, erhältlich im Datenstore per Abonnement, was nicht ohne Ironie ist. Investitions-, Prozess-, Risiko- und Nachhaltigkeitscontrolling sind deutlich wichtiger geworden. Das Jahr 2030 markiert übrigens einen Meilenstein im Klimaschutzgesetz: Die Treibhausgasemissionen sollen bis dahin 65 % niedriger sein als 1990 (BMWK, 2022). Theater als öffentlich getragene oder geförderte Einrichtungen werden ihren Beitrag leisten müssen und stehen dabei im Rampenlicht der öffentlichen Wahrnehmung. Personalcontrolling hat ebenfalls an Gewicht gewonnen, nachdem talentierte Mitarbeiter*innen in allen Teilen des Theaters Mangelware geworden sind. Über Diversität, Teilhabe und Inklusion in Belegschaft und Publikum wird standardmäßig berichtet. Auch im Marketing wird Wirkungsmessung großgeschrieben. Die Entscheidungsfindung, die Controller*innen seit jeher unterstützen, ist indes ungleich komplexer geworden. Entsprechend haben sich Controller*innen in Coaching, Beratung, Strategieentwicklung und weiteren Fähigkeiten schulen lassen. Sie sind multiperspektivische Berater*innen geworden, und als solche gern gesehene Gäste in den Intendanzbüros.

- In den 2020er Jahren gab es immer wieder Abgesänge auf die öffentliche Kulturfinanzierung, auch weil die Corona-Hilfen irgendwann wieder gespart werden mussten. Zwar gab es bessere und schlechtere Jahre und auch einzelne Betriebe und Regionen litten. Der „große Kahlschlag" blieb aber aus, die Kulturförderung blieb weitgehend stabil, und die großen Theater verzeichneten weiter moderate Zuwächse. Aber: die Inflationsrate hatte sich nach dem Krieg gegen die Ukraine lange nicht erholt, und blieb vergleichsweise hoch, sodass es für viele Theater auch im Jahr 2030 eine enorme Anstrengung ist, die Realkostensteigerungen zu kompensieren.

- Immerhin: Die Bevölkerung unterstützt und schätzt Kultur wie eh und je, will aber genauer wissen, wie das Steuergeld verteilt wird. Besonders die Jungen sind kritisch. Controller*innen helfen, nach außen sichtbar zu machen, welchen Nutzen Theater oder Orchester für die Gemeinschaft stiften, welchen ökologischen Fußabdruck sie (nicht) hinterlassen und wie sehr sich der Kulturbetrieb um das Wohlergehen seiner Beschäftigten und Kunden bemüht. Controller*innen liefern Nachhaltigkeits-, Wellbeing- und Public-Value-Reportings, sind zu Expert*innen bezüglich der Informationsbedürfnisse zahlreicher Stakeholder geworden.
- Die Freizeitkonkurrenz ist noch größer geworden. Entsprechend arbeiten die Theater noch mehr daran, reizvolle Angebote zu schaffen. Der Repertoirebetrieb hat, vorwiegend aus Gründen der Finanzierbarkeit und Nachhaltigkeit, nicht allerorts überlebt, und das Controlling hat die etwas undankbare Aufgabe übernommen, zur datenbasierten Steuerung der Spielpläne beizutragen.
- Alle größeren Theater beschäftigen Organisationsentwickler*innen, deren Aufgabe u. a. darin besteht, den ständigen Wandel, organisationales Lernen, post-agile Methoden und vieles mehr zu managen. Controller*innen müssen immer wieder Lösungen finden, um neue Phänomene mess- und steuerbar zu machen.

Man könnte das Zukunftsbild weiterführen, aber die Richtung dürfte klar geworden sein. Das Jahr 2030 wird noch keine Science-Fiction-Zukunft sein, sondern eben eine Fortschreibung von heute – plus Ungewissheit, worüber man definitionsgemäß keine genaueren Aussagen treffen kann.

Die Antwort auf VUCA heißt übrigens ebenfalls VUCA, was für vision, understanding, clarity und agility steht. Die Begriffe dürften kaum einer Übersetzung bedürfen, aber der Tenor ist interessant: Es geht um eine Art Reaktion, ein Dagegenhalten. Mit Weitsicht, Verstehen, Klarheit und Reaktionsgeschwindigkeit der VUCA-Welt entgegentreten. Bildhaft gesprochen: Das Boot auf Kurs halten, den Sturm antizipieren und möglichst wendig bleiben. Die Antwort auf BANI heißt derweil RAAT – Resilienz, Achtsamkeit, Adaption und Transparenz. Dem Druck, dem Wandel, dem Rauschen standhalten, mit offenen Augen, anpassungsfähig und offen bleiben. Das erscheint im Kern wie kein so großer Unterschied, aber es wirkt eher wie ein Damit-Abfinden. Wenn schon um uns herum alles zusammenbricht, uns der Sturm ins Gesicht peitscht, dann lasst uns wenigstens aufeinander achtgeben.

3   Die Rolle des Controllings im Theater 2030

Im Whitepaper „Controlling im Theater" hieß es zum Rollenbild: „Theatercontroller*innen sind als betriebswirtschaftliches Gewissen dem Wohl der Theaterorganisation als Ganzes verpflichtet." (Schneidewind & Schößler, 2019, S. 5). Wie könnte sich diese Verantwortung in der BANI-Welt von 2030 im Berufsbild Theatercontroller*in manifestieren? Hier sind sechs Vorschläge, ohne Priorisierung oder Rücksicht auf das Kreieren eines eingängigen Akronyms:

- *Transparenz* – Controller*innen tragen dazu bei, die Komplexität der Welt verständlicher zu machen. Dazu benötigen sie neben Daten und Werkzeugen ein enormes Maß an Verantwortungsbewusstsein und Fingerspitzengefühl. Sie sind nicht nur wirtschaftliches Gewissen, sondern auch Kompass. Sie unterstützen die Theaterleitung dabei, in einer Welt voller Möglichkeiten, Prioritäten zu setzen und den Fokus auf das Wesentliche zu lenken.
- *Zukunftsorientiert* – Theatercontroller*innen agieren im Dienste der gemeinsamen Vision der Theaterorganisation, welche sie mitgestaltet haben. Sie steuern auf dem Weg in eine wünschenswerte Zukunft, das heißt entlang gemeinsamer, interdependenter Ziele, nicht allein entlang von finanziellen Kennzahlen.
- *Transformativ* – Theatercontroller*innen unterstützen die Führungskräfte in Theatern beim Wandel. Sie sind fähig, wirtschaftliche und qualitative Zusammenhänge zu verstehen; den Kontext im Blick, Veränderungen moderierend.
- *Anpassungsfähig* – Theatercontrolling ist beweglich und neugierig; bestrebt, gute Entscheidungen zu ermöglichen; befähigend und unterstützend; neue Lösungen und Technologien fördernd.
- *Widerstandsfähig* – Theatercontrolling ist verlässlich und vertrauenswürdig. Es zeigt Spielräume auf und trägt dazu bei, dass Theater im Rahmen ihrer Möglichkeiten in der Lage sind, wirtschaftliche Krisen zu bestehen.
- *Menschlich* – das eigene Wohlbefinden, das der anderen und das zukünftiger Generationen sind zentrale Steuerungsgrößen.

Kurzum: Das wirtschaftliche Gewissen eines Theaters zu sein, ist mehr, als Zahlen zu meistern. In einer brüchigen, ängstlichen, non-linearen und unverständlich gewordenen Welt sind Controller*innen wichtige Anker für die Entscheidungsträger in Theaterbetrieben. Ein hoher Anspruch? Aber ja!

Unter Umständen werden Theater im Jahr 2030 händeringend nach dieser Art von Beschäftigten suchen. Aber, und das ist der Wermutstropfen dieses Ausblicks, keine finden. Nicht weil es sie nicht gibt. Die Theatercontroller*innen, die heute schon da sind, werden vermutlich auch 2030 noch da sein. Aber die Gen Y, die Millenials, Gen Z, Gen Alpha und alle danach haben kaum noch Lust auf Theaterjobs, jedenfalls nicht im kaufmännischen Bereich. Denn diesen Generationen – darauf deuten im Grunde alle Studien hin, die sich zu Beginn dieses Jahrzehnts mit den Wünschen junger Menschen beschäftigen – sind Work-Life-Balance und Mental Health, die Vereinbarkeit von Familie und Beruf, Führungskräfte ohne Machtallüren, Nachhaltigkeit, DEI (Diversity, Equity, Inclusion) und Kommunikation auf Augenhöhe, Vertrauen und Autonomie besonders wichtig. Der Großteil des deutschen Theaterbetriebs hingegen setzt auch in den 2020er Jahren auf Durchsetzungsfähigkeit, Belastbarkeit und Flexibilität (ein branchenüblicher Euphemismus für das Gegenteil von Work-Life-Balance). Vielleicht gelingt es ihnen sogar, den Normalvertrag Bühne noch weiter in die Verwaltung zu schieben. „We're slowing down versus speeding up as we realize it's not healthy to always be in fight mode" schreibt das Magazin *VICE*, eines der Organe der internationalen Jugend im Jahr 2023 (VICE, 2023, S. 6). Der deutsche Theaterbetrieb der 2020er Jahre hatte das weitgehend ignoriert, und kaum noch Leute gefunden, die diesen Job machen wollten. Ausgang? Ungewiss.

Literatur

Bundesministerium für Wirtschaft und Klimaschutz [BMWK] (o. J.). Deutsche Klimaschutzpolitik. Verbindlicher Klimaschutz durch das Bundes-Klimaschutzgesetz. Online verfügbar unter: https://www.bmwk.de/Redaktion/DE/Artikel/Industrie/klimaschutz-deutsche-klimaschutzpolitik.html (letzter Abruf: 11.09.2023).

Deloitte (2023). Gen Z and Millennial Survey. Waves of change: acknowledging progress, confronting setbacks. Online verfügbar unter: https://www.deloitte.com/content/dam/assets-shared/legacy/docs/deloitte-2023-genz-millennial-survey.pdf?dl=1 (letzter Abruf: 11.09.2023).

Cascio, J. (2020). Facing the Age of Chaos. Online verfügbar unter: https://medium.com/@cascio/facing-the-age-of-chaos-b00687b1f51d, sowie https://ageofbani.com/ (letzer Abruf: 11.09.2023).

Schwenker, B. & Dauner-Lieb, B. (2017). Gute Strategie. Der Ungewissheit offensiv begegnen. Frankfurt am Main: Campus.

Stepstone (2022). The Silent Resignation. Warum die große Wechselwelle kommt. Online verfügbar unter: https://www.stepstone.de/Ueber-StepStone/wp-content/uploads/2022/03/StepStone_2022_The_Silent_Resignation.pdf (letzter Abruf: 11.09.2023).

VICE Media Group (2023). The Vice Guide to culture 2023. Online verfügbar unter: https://online.flippingbook.com/view/864654340/ (letzter Abruf: 11.09.2023).

Tom Koch ist Professor für Allgemeine Betriebswirtschaftslehre mit den Schwerpunkten Unternehmensführung, Marketing und Logistik an der Hochschule Emden/Leer und war zuvor mehrere Jahre in leitenden Funktionen im Kulturbetrieb tätig.

Perspektive: Finanzen

Controlling, Planung und der ganze Rest – Innenansichten eines Theatercontrollers

Andreas Bohrdt

Inhaltsverzeichnis

Zusammenfassung

Die Qualität von Controllinginformationen hängt wesentlich ab von den zugrundeliegenden Daten- und Berichtsstrukturen, insbesondere dem Zusammenspiel von Kostenarten, Kostenstellen und Kostenträgern. Auch modernste IT-Systeme können nur die Auskünfte geben, die zuvor in der für den Theaterbetrieb geeigneten Struktur eingegeben worden sind. In der Wirtschaftsplanung sowie im Berichtswesen, seien es Jahresabschluss, Verwendungsnachweis oder Kalkulation von Theaterproduktionen, werden die Daten empfänger- und zielorientiert dargestellt. Zur Rolle des Business Partners für das Controlling gehört auch ein ausgeprägtes Kommunikationsvermögen zum Berufsprofil.

Schlüsselwörter

Kosten- und Leistungsrechnung • Wirtschaftsplanung • Berichtswesen • Kommunikation

A. Bohrdt (✉)
Nationaltheater Mannheim, Mannheim, Deutschland
E-Mail: andreas.bohrdt@mannheim.de

1   Einleitung

Ab und zu suchen Theater in Stellenausschreibungen Menschen, die nicht nur ein modernes Theater-Controlling-System mit Erlös-, Kosten- und Wirkungscontrolling sowie Kennzahlensystem aufbauen und in effektive Prozesse und Strukturen umsetzen, sondern nebenher auch noch das gesamte Berichtswesen für die interne und externe Verwendung sowie das komplette Fördermittelcontrolling einschließlich der finanztechnischen Abwicklung verantworten.

Das klingt zunächst vielleicht etwas nach „eierlegender Wollmilchsau", erweist sich bei näherer Betrachtung aber als durchaus realistisch, wenn die entsprechende Datenbasis zur Verfügung steht: Eine theaterspezifische Kostenrechnung ermöglicht mittels differenzierter Auswertungen ein hohes Maß an Kostentransparenz und stellt damit wichtige Informationen für Steuerungszwecke zur Verfügung. Das grundlegende ökonomische Prinzip kennt hier zwei Ausprägungen, die zugleich auch ein Stück weit die unterschiedliche Sichtweise der (Finanz-)Politik bzw. der Theater charakterisieren: Entweder ein gegebenes Ziel mit einem minimalen Mitteleinsatz oder bei gegebenem Mitteleinsatz ein maximales Ziel erreichen. Natürlich wollen wir Theaterschaffende am Abend auf der Bühne das künstlerisch Beste präsentieren!

Wie komme ich zu dieser Datenbasis? Indem ich mir vorher Gedanken mache und dabei schon darauf achte, dass der Aufwand der Informationsbeschaffung in einem „gesunden" Verhältnis zum Informationsertrag steht. Dazu sollten künftige Empfänger oder Nutzerinnen der Informationen bereits bei der Strukturierung der Kostenrechnungssystematik zumindest grundsätzlich benennen, welche Informationen in welchem Detaillierungsgrad sie benötigen.

Je mehr Daten und je detailliertere Informationen ich bekommen will, desto mehr Daten müssen in immer komplexer werdenden Zusammenhängen erfasst werden. Da stellen sich dann relativ schnell Fragen wie: Wer gibt diese Datenmengen in ein wie strukturiertes IT-System ein? Wer wertet sie aus bzw. sind selbst produzierte Datenfriedhöfe dann überhaupt noch auswertbar oder muss man vor der Informationsüberflutung kapitulieren?

2   Kostenarten – Kostenstellen – Kostenträger

Gerade in Zeiten immer weiter voranschreitender Digitalisierung sollte man sich immer wieder bewusst machen: Wenn ich in den (Daten-)Topf Kraut und Rüben hineingebe, darf ich mich nicht wundern, wenn am Ende ein intransparenter Eintopf auf dem Tisch steht oder anders formuliert: Jedes IT-System kann nur die Auskünfte geben, die man vorher auch eingegeben hat.

Das bringt mich zunächst auf die Glaubensfrage Vollkostenrechnung oder Teilkostenrechnung. Die Vollkostenrechnung dient – wie in jedem betriebswirtschaftlichen Lehrbuch nachzulesen – unter Zuhilfenahme ausgeklügelter Verteilungsrechnungen (Betriebsabrechnungsbogen) und Zuschlagskalkulationen der Ermittlung von zumindest auskömmlichen Verkaufspreisen für die Produkte des Unternehmens oder des Unternehmenswertes an sich im Falle eines Gesamtverkaufs und ist damit für Theater nicht relevant, weil

a) Eintrittspreise immer auch politische Preise sind – die Theatervorstellung soll allen Interessierten und nicht nur wenigen Zahlungskräftigen offenstehen;
b) Ensemble- und Repertoiretheater immer von der öffentlichen Finanzierung abhängen. Ich vermeide ganz bewusst den Begriff Subvention, weil in der Tat der öffentliche Auftrag der Theater selbstverständlich einer öffentlichen Finanzierung bedarf.

Teilkostenrechnung heißt ja nun nicht, dass nur ein Teil der Kosten erfasst wird; vielmehr werden die entstehenden Kosten bis auf die Ebene weitergegeben, wie dies eben direkt möglich und unter Steuerungsgesichtspunkten sinnvoll ist.

Ein Beispiel zum Stichwort „Ökonomie der Informationsgewinnung" ist die Bildung der Kostenarten, die regelmäßig mit den Aufwands- und Ertragskonten der Finanzbuchhaltung identisch sind. Schon hier sollte die Orientierung an den theaterspezifischen Belangen erfolgen, d. h. welche Kosten sind beeinflussbar bzw. steuerungsrelevant und welche tendenziell nicht? Letztere sollten eher komprimiert dargestellt werden, erstere möglichst detailliert.

Damit sich die Ausgestaltung der Kostenrechnung nicht schon an dieser Stelle zu filigran entwickelt, empfiehlt sich ein Blick auf die Möglichkeiten, Auswertungen der Kostenarten kombiniert mit Kostenstellen, Kostenträgern oder auch Kreditorengruppen durchzuführen *(Beispiel: Kostenart „Dienstleistung der Stadt" in Kombination mit der Kreditorengruppe „Städtische Fachbereiche").*

Die Kostenstellen, die Orte der Kostenentstehung, sind für die Wirtschaftsplanung bzw. die Budgetierung von Sachkosten und vor allem die Personalkostenplanung höchst relevant. Nach unserer Unternehmensphilosophie eines großen kommunalen Mehrspartentheaters werden die zentralen Ressourcen von der spielfertigen Bühne über Werkstattleistungen bis hin zum Kartenverkauf den künstlerischen Sparten zur Realisierung ihrer Spielpläne zur Verfügung gestellt – so gesehen ein mittelständischer Konzern mit den Konzerntöchtern Oper, Schauspiel, Tanz und Junges Theater, für die von der Konzernmutter eben zentrale Dienstleistungen bereitgestellt werden.

Dazu gibt es im Zentralbereich Sachkostenbudgets, die dezentral – von der Technischen Direktion bis zum Kartenverkauf – bewirtschaftet werden. Dabei wird die Budgetverantwortung einer Abteilungsleitung mit der zugehörigen Kostenstelle verknüpft, was einem geregelten Informationsfluss ungemein zuträglich ist. Die Höhe der jeweiligen Budgets orientiert sich – sofern vorhanden – an den konkreten Anforderungen oder an den Ist-Werten der vergangenen Spielzeiten unter Berücksichtigung eventueller finanzpolitischer Einschränkungen der Trägerkörperschaft.

Das Herzstück eines Theaterbetriebs bilden naturgemäß die künstlerischen Produktionen. Um im Bild des mittelständischen Konzerns zu bleiben: In diesem Konzern arbeitet eine gigantische Forschungs- und Entwicklungsabteilung, die Jahr für Jahr eine hohe zweistellige Zahl von Prototypen bis zur Produktionsreife (sprich: Premiere) entwickelt und dann in den Vertrieb (sprich: Vorstellungsbetrieb) bringt. Diese Aufteilung „bis Premiere" und „im Spielbetrieb" ist für die Kostenträgerrechnung von hoher Bedeutung: Die künstlerischen Sparten planen sehr konkret, welche Mittel sie für welche (Neu-) Produktionen in der neuen Spielzeit aufwenden wollen.

Dabei werden die Kosten der theaterinternen Gewerke wie bspw. Schreinerei, Schlosserei, Kostümabteilung nicht separat erfasst. Eine produktionsbezogene Detailerfassung dieser Arbeitsleistungen und anschließende Bewertung in Lohnkosten bedeutet einen immens hohen Aufwand der Informationsbeschaffung, dem ein eher fraglicher Informationsertrag gegenübersteht – denn wenn ich Arbeitsstunden erfasse und im Anschluss bewerte, „ist das Kind bereits in den Brunnen gefallen" – eine Nachsteuerung kann nicht mehr erfolgen.

Deshalb setzt das Controlling hier bereits wesentlich früher an, nämlich spätestens im Winter bei der Werkstattplanung und Premierendisposition für die neue Spielzeit. Im Zuge dieser Ressourcenplanung ist es die klassische Aufgabe von Betriebsbüro, Technischer Direktion, Orchesterbüro usw., kritische Engpässe (Bsp.: 4 „große" Premieren und 2 „kleine" Premieren in einem Monat) sehr frühzeitig zu erkennen und gegenzusteuern, bspw. durch Terminverschiebungen, Änderungen im Fertigungsablauf oder Einsatzplanung von Aushilfen.

Die (externen) Herstellungskosten der Neuinszenierung – neben Materialkosten im Wesentlichen Leistungen der Regieteams u. ä. – werden jeweils kalkuliert und im Entstehungsprozess laufend überwacht. Wird die im Vorhinein genehmigte Kalkulation für Bühnenausstattung zunehmend eng, kann ein Krisengespräch bei der verantwortlichen Intendanz durchaus dazu führen, dass auf aufwendige Änderungen am bereits hergestellten Bühnenbild verzichtet wird.

Ab der Premiere werden dann alle laufenden direkten Kosten auf dem Kostenträger „im Spielbetrieb" ausgewiesen und den Vorstellungserlösen dieser Produktion gegenübergestellt, die zuvor ebenso wie die Kosten von den künstlerischen Sparten detailliert nach Vorstellungsort und erwarteter Auslastung – im Bewusstsein ihrer auch unternehmerischen Verantwortung, eigene Einnahmen zu erzielen – kalkuliert worden sind. Dazu kann durchaus von der Theaterleitung als Ziel formuliert werden, dass die Produktion einen positiven Deckungsbeitrag abwerfen soll.

Auch im Fördermittelcontrolling sind die Kostenträger unverzichtbar. Hier stellt der Kosten-Finanzierungs-Plan, der üblicherweise mit dem Antrag einzureichen ist, die Kalkulation dar, die im Verwendungsnachweis dem tatsächlichen Ist gegenübergestellt wird. Auch hier empfiehlt sich eine frühzeitige Festlegung, wie die Kosten in der Finanzbuchhaltung zu erfassen sind, um sich später die Zuordnung der Kostenbelege zu einzelnen Positionen des Verwendungsnachweises zu erleichtern.

3   Wirtschaftsplan

All die genannten Budgets fließen ein in den spielzeitbezogenen Gesamtwirtschaftsplan des Theaters. Der Finanzbedarf für die Realisierung des konkreten Spielplans wird von der Geschäftsführung im Einvernehmen mit den künstlerischen Intendanzen entwickelt; dabei werden die Budgetansätze für Neuproduktionen, Wiederaufnahmen und den laufenden Spielbetrieb konkret zukunftsbezogen auf den jeweiligen Spielplan abgestimmt geplant. Hinzu kommen die detaillierten Kalkulationen der erwarteten Vorstellungserlöse sowie geplante bzw. erwartete sonstige betriebliche Erlöse wie bspw. Einnahmen aus Kooperationen, aus Gastspielen, Sponsoringvereinbarungen und Spenden.

Während die künstlerischen Teilwirtschaftspläne kostenträgerbasiert sind, erfolgt die Kalkulation für den Zentralbereich auf Kostenstellen. Da regelmäßig bis zu 80 % der Theaterkosten Personalkosten sind, verwundert nicht, dass im Zentralbereich das Personalkostenbudget höchste Priorität genießt. Dementsprechend ist es unabdingbar, dass der Personalwirtschaftsplan in detailliertester Form bezogen auf die einzelne Stellenplanposition und in aktueller Fassung vorliegt.

Bei der Spielzeitplanung gehen wir zunächst vom kostenrechnerischen Maximum aus, d. h. alle Mitarbeitenden sind gesund und erhalten ganzjährig Bezüge jeweils einer vollen Stelle und Aushilfen – sei es krankheits- oder produktionsbedingt – werden in gleichem Maße wie in der Vorspielzeit beschäftigt.

Selbstverständlich wird vor jeder personalwirtschaftlichen Maßnahme das aktuelle Budget der Kostenstelle bzw. des übergeordneten Bereichs geprüft. Die monatliche Lohn- und Gehaltsabrechnung, die regelmäßig über das Personalamt der Trägerkörperschaft erfolgt, berücksichtigt für jeden einzelnen Zahlfall Kostenstelle und Kostenart (Tarif) sowie ggf. bei Sonderhonoraren Kostenträger. Damit stellt der monatliche theaterinterne Soll-Ist-Abgleich des Personalwirtschaftsplanes ein wesentliches Element nicht nur hinsichtlich Personalkostencontrolling, sondern auch für die gesamte wirtschaftliche Steuerung dar.

Die Teilwirtschaftspläne der künstlerischen Sparten werden dann mit dem Teilwirtschaftsplan des Zentralbereichs zu dem Gesamtwirtschaftsplan des Theaters aggregiert, der letztlich – vom politischen Träger genehmigt – zur Basis des wirtschaftlichen Theaterhandelns wird.

4   Berichtswesen

Ganz abgesehen davon, dass bereits der alte Geheimrat Goethe über die kaufmännische Buchführung ins Schwärmen geriet: „Es ist eine der schönsten Erfindungen des menschlichen Geistes. Ein jeder guter Haushalter sollte sie in seiner Wirtschaft einführen."[1] – die mittlerweile weitestgehend umgesetzte Einführung der kaufmännischen Buchführung bei Theaterbetrieben ist aus Sicht der politischen Träger tatsächlich ein echter Paradigmenwechsel: Weg von der klassischen kameralistischen ex-ante-Steuerung über eine detaillierte Vorgabe der Mittelverwendung über Titel, hin zu einer ex-post-Betrachtung der Leistungen, die das Theater mit dem ihm anvertrauten Mitteln erzielt.

Die daraus resultierende Finanzautonomie des Theaters kann im Austausch mit der Trägerkörperschaft zu einer gewissen Informationsasymmetrie führen, zu deren Ausgleich ein möglichst transparentes Berichtswesen zu empfehlen ist, das idealerweise langfristig auch vertrauensbildend wirken kann. Das gilt genauso im Umgang mit Fördermitteln, bspw. von Stiftungen, Spenden und Sponsorengeldern – wenn jemand Geld gibt, dann erwirbt er damit auch ein Recht auf Transparenz; er will selbstverständlich wissen, was mit dem Geld passiert.

---

[1] So lässt Goethe im „Wilhelm Meister" dessen Schwager, den Kaufmann Werner, sagen.

Streng genommen prägt die Finanzbuchhaltung mit handelsrechtlichem Jahresabschluss die externe Berichterstattung, während das Controlling mit der Kostenrechnung für das interne Berichtswesen zuständig ist. Gleichwohl sind Informationen aus der Kostenrechnung unverzichtbar bspw. für eine transparente Darstellung in regelmäßigen (Quartals-) Berichten an die Trägerkörperschaft und letztendlich vor allem im handelsrechtlichen Jahresabschluss, sei es im Anhang mit den Erläuterungen zur Gewinn- und Verlustrechnung oder viel mehr noch im Lagebericht bei der Darstellung der Chancen und Risiken der zukünftigen Entwicklung.

Ein weiteres Themenfeld der externen Berichterstattung, das in den letzten Jahren nicht nur hinsichtlich Volumen, sondern auch in den formalen Anforderungen stark zugenommen hat, bilden die Verwendungsnachweise an Fördermittelgeber. Hier sind Auswertungen aus der Kostenträgerrechnung unverzichtbares Hilfsmittel. Die daraus ersichtlichen Informationen stellen das Zahlengerüst des Verwendungsnachweises dar und werden unter Berücksichtigung des inhaltlichen Sachberichts zur geförderten Maßnahme mit den Projektverantwortlichen in der Spartenintendanz und im Fundraising abgestimmt.

Zentrales Element des regelmäßigen internen Berichtswesens ist der monatliche Wirtschaftsplanbericht mit Soll-Ist-Abgleich, Prognose auf die Gesamtspielzeit und Abweichungsanalyse. Damit verfügen wir über einen idealen Frühindikator für eventuell entstehende krisenhafte Entwicklungen, zu deren Konsequenzen bzw. gegensteuernden Maßnahmen für den Gesamtbetrieb zeitnah Gespräche auf Intendanzebene geführt werden.

Neben den eher extern adressierten, spielzeitbezogenen Vorstellungsstatistiken ist das interne Erlöscontrolling von großer Bedeutung: Besonderes Augenmerk wird dort natürlich gelegt auf die Vorstellungserlöse in Form von regelmäßigen, auch kurzfristigen zeit-, ort- oder stückbezogenen Übersichten zur Verkaufssituation der im Vorverkauf befindlichen Vorstellungen, die bspw. zu Maßnahmen des Marketing (z. B. gezielte Rabattaktion) oder der künstlerischen Disposition (z. B. zusätzliche Nachmittagsveranstaltung) führen können.

Dazu kommen immer wieder ad hoc-Anfragen aus allen Bereichen des Theaters, bei denen es häufig sinnvoll erscheint, zunächst zu klären, welchem Zweck die Information dient („Wozu wollen Sie das wissen?") und damit die Datenabfrage bzw. die geforderte Auswertung entsprechend zielgerichtet aufzubauen.

Ganz grundsätzlich ist dieser Blick über den Tellerrand des eigenen Aufgabengebiets immer von Vorteil, nicht nur für Controllerinnen und Controller; wenn ich weiß, wie meine Daten im weiteren Arbeitsprozess einfließen, kann ich das bei meiner Bearbeitung des Sachverhalts berücksichtigen und damit den weiter mit diesem Thema Beschäftigten die Arbeit erleichtern.

5 Information und Kommunikation – das A und O des Controllings

Natürlich müssen Controllerin und Controller mit dem Instrumentarium der Kostenrechnung professionell umgehen können, wenn sie den vielfältigen Anforderungen nach Daten und Informationen gerecht werden wollen. Gleichzeitig erforderlich ist aber auch eine hohe Affinität zum Theater und ein gewisses Verständnis, zumindest Interesse für die künstlerischen Prozesse, um dem Rollenbild des „Business Partners" auch nur annähernd gerecht werden zu können.

Dabei ist dieser Weg vom „Zahlenknecht", der meist vergangenheitsbezogene Daten analysiert und in möglichst einfachen Berichten an Führungskräfte zusammenfasst, zum „Business Partner", der die Theaterleitung proaktiv berät, aus dem vorhandenen Datenmaterial zukünftige Chancen und Risiken definiert und Handlungsstrategien mitentwickelt, sicherlich lang und nicht einfach – er sollte aber durchaus beschritten werden!

Aus den bisherigen Ausführungen ist schon deutlich geworden, dass die Tätigkeit im Controlling – bei einem personalintensiven Betrieb wie dem Theater nicht verwunderlich – gefühlt zum überwiegenden Teil aus Kommunikation besteht. Das sollte aber gerade auch genutzt werden, um die Akzeptanz des Controllings im Theater zu erhöhen und auch bei den künstlerischen Leitungskräften das Vertrauen in die Controllingarbeit zu fördern. Ganz konkret kann das heißen: Raus aus dem „stillen Controlling-Kämmerlein" und rein in das „pralle Theaterleben" – im direkten Gespräch mit einem Werkstattleiter oder einer Betriebsdirektorin können mehr Informationen bspw. zu einer Ad-Hoc-Anfrage ausgetauscht werden als in einem seitenlangen Mailwechsel! Weniger vergangenheitsbezogene theaterinterne Daten analysieren, mehr zukunftsorientiert planen. Dabei auch gesamtgesellschaftliche Zusammenhänge von Inflation (Mit welchen Steigerungen im Sachkostenbereich ist zu rechnen?) über Klimakrise (Gibt es Förderungen für Nachhaltigkeitsprojekte im Theaterbereich?) bis Generation Z (Wie dem Fachkräftemangel entgegenwirken?) berücksichtigen.

Nicht lange an einer umfassenden Strategiekonzeption arbeiten, sondern die bestehende Vision in mittel- und kurzfristige Planung herunterbrechen. Konkrete Ideen auf Arbeitsebene mit den betroffenen Kolleginnen und Kollegen direkt diskutieren, ausprobieren und optimieren und erst dann der Intendanz zur Entscheidung vorlegen. Zu dem Zeitpunkt ist es eher unwahrscheinlich, dass noch Fragen aufkommen, auf die eine Antwort fehlt.

Das alles mag zunächst nach langen Prozessen und einem Hindernis für schnelle Neuerungen klingen, ermöglicht aber kleine konkrete Schritte auf dem Weg zur großen Vision eines intern optimal aufgestellten und zukunftsfähigen Theaterbetriebs, in dem sich allabendlich der Vorhang zur gut besuchten Vorstellung öffnet.

6   Schluss

Natürlich ist der beschriebene Weg anstrengend- und da könnte schon die Frage aufkommen: „Warum tue ich mir das alles eigentlich an?" Diese Frage kann nur jede*r für sich persönlich beantworten – in meinem Fall wie folgt:

Es gehört schon ein gerüttelt Maß an Liebe zum Theater dazu, um sich für eine solche Aufgabe in einem öffentlichen Theaterbetrieb zu entscheiden. Als Controller stelle ich viele Berechnungen an, die ich dann analysiere und auf deren Basis ich auch Handlungsoptionen entwickle. Gerade in Zusammenhang mit strategischen Entscheidungen oder im Rahmen von Zielvereinbarungsprozessen und der dazugehörigen Kennzahlenbildung erinnere ich immer wieder an folgende Maxime: Nicht alles, was zählt, kann man berechnen und nicht alles, was man berechnen kann, zählt auch!

In der Kommunikation kommt mir vielleicht eine gewisse Gelassenheit des Alters zugute – Gespräche, insbesondere Krisengespräche mögen inhaltlich durchaus mit harten Bandagen, sollten persönlich aber immer wertschätzend geführt werden. Einfach gesagt: Behandle Dein Gegenüber genauso, wie Du selbst auch behandelt werden möchtest.

…und wenn ich dann abends in der Vorstellung sitze und das Ergebnis dessen sehe, wozu ich mich tagsüber abgemüht, gestritten und geworben habe – das ist schon ein sehr schönes Gefühl…

Andreas Bohrdt ist Abteilungsleiter Finanzen und Controlling und stv. Geschäftsführender Intendant am Nationaltheater Mannheim.

Transparenz ist keine Lösung – ein Plädoyer für den Videobeweis

Rouven Schoell

Inhaltsverzeichnis

Zusammenfassung

Die Südwestdeutsche Philharmonie Konstanz hatte mit ihrem ersten öffentlichen Controllingbericht 2015 für Aufsehen gesorgt, indem sie ihre finanziell angespannte Lage radikal publik machte. Detailreich wurden Controllingdaten veröffentlicht und zugleich, basierend auf den Daten, ein Wirkungsmodell für die zukünftige Entwicklung des Orchesterbetriebs entwickelt. Rouven Schoell war maßgeblich an diesem und weiteren Berichten beteiligt. In diesem Beitrag reflektiert er die Vor- und Nachteile der transparenten Berichterstattung nach außen.

Schlüsselwörter

Berichtswesen • Transparenz • Controllingbericht

R. Schoell (✉)
Südwestdeutsche Philharmonie Konstanz, Konstanz, Deutschland
E-Mail: Rouven.Schoell@konstanz.de

© Der/die Autor(en), exklusiv lizenziert an Springer Fachmedien Wiesbaden
GmbH, ein Teil von Springer Nature 2024
P. Schneidewind et al. (Hrsg.), *Theatercontrolling*,
https://doi.org/10.1007/978-3-658-44984-1_4

1   Zur Entstehung des Berichtswesens der Südwestdeutschen Philharmonie Konstanz

Was im Profifußball Fans, Funktionäre und Medien schon länger einfordern, wird in der höchsten Spielklasse des frischgebackenen Basketball-Weltmeisters Deutschland nun Realität: Die Kommunikation der Offiziellen beim Videobeweis zur Überprüfung strittiger Schiedsrichterentscheidungen wird ab sofort übertragen – um „Transparenz" zu erhöhen, wie es der Liga-Geschäftsführer begründet. Die Hoffnung ist, dass gläserne Spielleiter Entscheidungen für den emotionalen Fan besser nachvollziehbar machen und damit für eine größere Akzeptanz sorgen.

In der Kultur wird wohl niemand skandieren „Intendant, wir wissen wo Dein Auto steht", wenn Unzufriedenheit mit der Programmierung eines Werks von Arnold Schönberg herrscht. Insofern hinkt ein Vergleich mit der Südwestdeutschen Philharmonie Konstanz, wenn man über den Beginn des Weges hin zu einem großen transparenten Berichtswesen in Form von Quartals- und Jahresberichten gegenüber Stadtverwaltung und Kommunalpolitik spricht. In einem Punkt ist er aber nicht so weit hergeholt. Wie sich die deutsche Basketballschiedsrichtergilde durch diese Maßnahme mehr Fairplay erhofft, war dies 2015 ebenso der Ausgangspunkt der Überlegungen am Bodensee: Auf welche Weise kann man für kontrollierende und kulturpolitische Akteure eine möglichst breite Informationsbasis schaffen, damit Entscheidungen der Institution nachvollzogen und bewertet werden können.

Was war geschehen? Eine Finanzkrise durch ein nicht geplantes Defizit von rund 700.000 € in zwei Jahren erschütterte das Vertrauen in die Philharmonie und erschwerte den Start des neuen Intendanten Beat Fehlmann. Entstanden sind Debatten wie zum Beispiel um eine mögliche Zusammenlegung des Orchesters mit einem nicht näher definierten anderen oder um Steuerkarten. Als Beispiel wurde seinerzeit Freiburg genannt, wobei damit die Zusammenlegung der beiden SWR-Orchester gemeint war. Diese sind jedoch wohl kaum mit einem kommunal getragenen und vom Land mitfinanzierten Klangkörper vergleichbar. Dass Steuerkarten – nur nach Verfügbarkeit herausgegebene ermäßigte Karten für Mitarbeitende der Institution – ein finanzielles Ungleichgewicht verursachen würden, konnte wohl niemand, mit dem entsprechenden Wissen ausgestattet, behaupten. Deren Anteil an der Summe aller eigenveranstalteten Konzerterlöse betrug 0,1 %, die Summe der Rabattierung immerhin 0,6 %. Die Geburtsstunde einer fundierten Berichterstattung war also der Versuch, einen fairen Umgang der oben genannten Verwaltungs- und Politik-Player mit der Südwestdeutschen Philharmonie zu ermöglichen, indem grundlegende Informationen allen vorliegen und Wesentliches vom Unwesentlichen von vornherein unterschieden werden kann.

Die Vermeidung kritischer Diskussionen war nicht das Ziel. Das Treffen fundierter Entscheidungen, beispielsweise des gemeinderätlichen Orchesterausschusses, schon – der Versuch der Verhinderung von Fehlentscheidungen.

2 Positive Resonanz

Wie kam sie an, die neue ausführliche Darstellung der Institution Südwestdeutsche Philharmonie, die detailliert über die Auslastung der einzelnen Konzerttypen, bis hin zur Betrachtung der verschiedenen Abonnementringe, über diverse Deckungsbeiträge, sogar über die Entwicklung der Überstunden des Managements und die Krankentage der gesamten Belegschaft berichtete? Gut. Vertrauen war rasch wiederhergestellt. Allein die Beschäftigung mit Kennzahlen und deren grafische Darstellung führte zu „Lesevergnügen" und „Faszination" der mit der Kontrolle beauftragten Rätinnen und Räte: „Es liest sich so gut. Interessant, was man alles erfährt."

Transparenz ist also positiv konnotiert. „Wer […] gemeinwohlorientiert und gleichzeitig transparent in seinen Entscheidungen ist, macht vieles richtig." (Holm, 2021, S. 2). Schnell wurde aber eines klar:

„Transparenz ist zunächst einmal eine merkwürdige Metapher: Der transparente Körper wird, insofern er durchsichtig ist, selbst unsichtbar. Er verschwindet im Blick des Betrachters." (Baumann, 2021, S. 405).

Der Betrachter aber – das gemeinderätliche Kontrollorgan beispielsweise – interessierte sich in erster Linie, unterjährig zumal, für genau dieselbe Frage, wie sie im Fokus einer wirtschaftlich agierenden Unternehmensführung steht. „Wo landen wir mit dem Ergebnis am Jahresende?" Insofern rückte in den Mittelpunkt, ein System zu entwickeln, das unter Berücksichtigung aller zum Berichtszeitpunkt vorliegenden Erkenntnisse, eine begründbare Ergebnisprognose zum Jahresende möglich machte. Dies funktioniert bis heute erstaunlich gut. Abweichungen des tatsächlichen Jahresergebnisses von den Prognosen in Quartalsberichten sind im Nachhinein fast ausnahmslos mit späteren, nicht vorhersehbaren Ereignissen begründbar (ein höherer Tarifabschluss als geplant zum Beispiel). Volltreffer? Denkste!

3   Nachteile der Transparenz

Noch Jahre nach der Einführung dieses finanziellen Schwerpunkts der Bericht-erstattung muss erklärt werden, dass es sich bei der Budgetprognose weder um einen Quartalsabschluss noch um einen flüchtigen Blick in die Glaskugel handelt. Unternehmer im Rat haben die Hochrechnung schon gar abgelehnt, weil man im April auch im eigenen Betrieb keinen Ausblick auf den 31.12. wagt.

Dass eine nackte Zahl mit Blick auf das Jahresende noch keine hinreichende Aussage über deren Zustandekommen und mögliche Potenziale des Gegensteu-erns oder Entwickelns geben, ist wohl einleuchtend. Insofern war der Ausbau zu einer differenzierteren Darstellung für die Kontrollinstanzen, so wie sie aktuell gepflegt und folgend dargestellt wird, logisch (Abb. 1).

Im Fokus stehen dabei zwei Überlegungen:

- Die Tatsache der *unterschiedlichen Beeinflussbarkeit von Einnahmen und Ausgaben* durch die Betriebsleitung, sprich die Spitze der Kulturinstitution.

SWP	A	B	C	D		E	G		H	I	
WP 2023 versus 1. QB 2023	Bezeichnung	WP 2023	1. QB 2023	WP 2023 - 1. QB 2023		WP 2023	1. QB 2023	Δ	WP 2023	1. QB 2023	Δ
		Betrag (€)		Δ	DB	Von Spalten B/C großer bis mittlerer Gestaltungsspielraum			Von Spalten B/C geringer bis kein Gestaltungsspielraum		
1	Gesamtbudget	7.224.959	7.271.574								
	Zuschüsse	6.236.925	6.241.925	5.000		35.000	40.000	5.000	6.201.926	6.201.925	0
2	Städtischer Zuschussbedarf	3.420.325	3.420.325	0		0	0	0	3.420.325	3.420.325	0
3	Landeszuschuss	2.741.600	2.741.600	0		0	0	0	2.741.600	2.741.600	0
4	Sonstige Zuschüsse (Lkr, CH…)	75.000	80.000	5.000		35.000	40.000	5.000	40.000	40.000	0
	Erlöse	988.034	997.487	9.453		948.034	941.987	-6.047	40.000	55.500	15.500
5	Entgelte, Ticketing (Kerngeschäft)	945.034	930.987	-14.047		945.034	930.987	-14.047	0	0	0
6	Förderprogramme, Stiftungsmittel u.ä.	0	8.000	8.000		0	8.000	8.000	0	0	0
7	Sponsoring, Spenden	3.000	3.000	0		3.000	3.000	0	0	0	0
8	Sonstige Erlöse	40.000	55.500	15.500		0	0	0	40.000	55.500	15.500
	Aufwendungen	7.224.959	7.271.574	-46.615		694.587	767.018	-72.431	6.530.372	6.504.556	25.816
9	Personalaufwendungen	5.855.504	5.780.639	74.865		68.997	68.997	0	5.786.507	5.711.642	74.865
10	lfd. Betrieb (Kerngeschäft, Ø)	899.720	1.011.200	-111.480		622.940	695.371	-72.431	276.780	315.829	-39.049
11	Aufwendungen, an die Stadt	247.875	247.875	0		0	0	0	247.875	247.875	0
12	Sonst. Aufwendungen	221.860	231.860	-10.000		2.650	2.650	0	219.210	229.210	-10.000
13	Ergebnis (inkl. städt. Zuschuss WP)	0	-32.161	-32.161							

DB Kerngeschäft (5&10) WP 2023: 45.314 Euro

DB Kerngeschäft (5&10) 1. QB 2023: -80.211 Euro = Δ -125.527 Euro

Abb. 1 Auszug aus dem 1. öffentlichen Quartalsbericht der Südwestdeutschen Philharmonie 2023. (Eigene Darstellung)

- Eine betriebswirtschaftliche *Kennzahl, die den Zweck der Einrichtung umfasst* (Kernbetrieb), und die andere, nicht beeinflussbare Positionen, wie beispielsweise Aufwendungen an den Träger (Rückfluss des Zuschusses für zentrale Dienste der Kommune – Leistungen der städtischen IT oder Miete für das Probengebäude etc.) ausklammert.

Das Ziel war eine auf einer Seite gezeigte Darstellung, rasch erfassbar und den Blickpunkt möglicher Fragen oder Diskussionen auf zentrale Punkte lenkend. Das Ergebnis wieder ernüchternd. Schon die Unterscheidung des „Deckungsbeitrags Kerngeschäft" von der Ergebnisprognose zum Jahresende wurde mehrfach in der öffentlichen Betrachtung zum Problem. Sie wurden verwechselt und Gegenstand Empörung hervorrufender Schlagzeilen („Philharmonie fehlen 110.000 €", Südkurier vom 23.07.2023), der als Indikator gedachte Deckungsbeitrag wurde nicht als solcher erkannt.

Insofern muss man resümieren, „[…] dass es immer Menschen sind, die die Funktionsweise eines Systems bestimmen […] – mit all ihren Qualitäten, aber auch mit ihren Unzulänglichkeiten" (Holm, 2021, S. 26). Menschen lesen, interpretieren und bewerten mit ihrer individuellen Brille der Vorbildung, Erfahrungen und politischen Sichtweisen. Speziell für die ehrenamtlich tätigen Kommunalpolitikerinnen und -politiker gilt: „Ausufernde Sitzungen, aufgeblähte Tagesordnungen […]" (ebd.) und ellenlange Sitzungsvorlagen ohne zusammenfassende Stellungnahmen tragen wohl kaum dazu bei, dass der eigene Blick geschärft wird.

Hinzu kommt, dass dem Ideal eines berichtenden Controllers faktisch begründeter Entscheidungen das Bauchgefühl entgegensteht, das ins Bewusstsein rückt und welches auch ohne fundierte Begründung rasch zur Überzeugung wird. Nicht immer entscheidet der Kopf, weder in einer öffentlichen Verwaltung noch in einem Kommunalparlament. Oft fehlt im politischen Diskurs Raum für die sich aus These und Antithese logisch aufgebaute Synthese.

Dass aber mit dem Bauch gefällte Entscheidungen nicht per se falsch sein müssen, gilt besonders für eine Kommune. Gute Entscheidungen sind die, die dem Gemeinwohl, also dem Interesse des Kollektivs dienen. Wie für den Begriff der Transparenz gilt auch für den des Gemeinwesens die Konnotation des Guten. Die Begriffsdefinition ist dabei nicht einfach. Insofern benötigt – gerade in einer Zeit der Klima-, Ukraine-, Inflations- und Migrationskrise – der Bauch der Entscheider – neben finanziellen Statusberichten – ebenso umfängliche Informationen über die gesellschaftlichen Effekte, über die Wirkung einer Institution. „Hier ist die Ebene der rein betriebswirtschaftlichen Betrachtung für die öffentlichen Verwaltung kein ausreichender Schlüssel zur Beurteilung der

Vorteilhaftigkeit einer Investitionsentscheidung." (ebd., S. 135). Die Verknüpfung der monetären Berichte in Konstanz war deshalb seit 2015 immer mit wirkungsorientierten Darstellungen des Tuns der Philharmonie verknüpft.

Problematisch kann ein Zuviel an Bauchentscheidungen dann werden, wenn eine Notwendigkeit sparsamen Haushaltens entsteht oder gar Konsolidierungsmaßnahmen geplant sind. Der Bauch hat die Gesamtschau der verschiedenen Ausgaben einer Kommunalverwaltung nicht im Blick. Je nach persönlichen Vorlieben verursachen Gedanken an die gesellschaftliche Bedeutung einer kommunalen Einrichtung Kribbeln oder Grummeln. Apropos Haushaltskrise. Aktuell ist die Südwestdeutsche Philharmonie, aus einer städtischen Schieflage resultierend, mit einem Prüfauftrag konfrontiert, der zum Inhalt hat, die Umsetzbarkeit einer 20 %igen Zuschussreduzierung zu untersuchen. Über die Ergebnisse des Prüfberichtes entscheidet der Gemeinderat – mit dem Kopf, dem Bauch oder beidem. Ich werde berichten.

Was bleibt also, angesichts der oben erwähnten zweimaligen Ernüchterung? Die Erfahrung bei der Erstellung des 129-seitigen 20 %-Prüfberichtes zeigt, dass die zur umfassenden transparenten Berichterstattung vorhandenen Datenquellen die beste Grundlage für die Erstellung dessen waren. Der geforderte Videobeweis war schnell durchführbar.

4   Resümee

Transparente Berichterstattung sollte – allen Ernüchterungen zum Trotz – weiter angestrebt werden, weil sie einen Videobeweis in strittigen Situationen wie dem genannten Beispiel möglich macht. Weil sie eine gute Möglichkeit ist, sich mit dem eigenen Handeln – finanziell aber gerade auch inhaltlich – kritisch auseinanderzusetzen, um schließlich auch das Hinterfragen von scheinbar Selbstverständlichem zu befördern (eine Notwendigkeit, die in einem nicht nach Selbstreflexion drängenden traditionsreichen Orchesterbetrieb dringend geboten ist).

Letztlich sollte der Videobeweis eingesetzt werden, um die Form und Inhalte des Berichtswesens regelmäßig zu hinterfragen, zu verwerfen oder weiterzuentwickeln. Der „Videobeweis Berichtswesen" kann eine gute Vorbereitung auf neue Krisen sein, deren baldiges Auftreten sehr wahrscheinlich scheint, um dann faire Diskussionen wahrscheinlicher zu machen.

Der Video-Assistent dient der Überprüfung einer Tatsachenentscheidung des Schiedsrichters in diversen Sportarten. Dass dessen Zuhilfenahme auch in übergeordneten kommunalen Zusammenhängen hilfreich sein kann, zeigt sich an einem letzten Beispiel aus Konstanz. Der Haushaltplan 2022 der Stadt, im Fokus der Spardebatten, ist in 7 verschiedene Teilhaushaltpläne (THH) gegliedert. Zusammenfassende Darstellungen der Haushälter ordnet THH4, der das Orchester, das Theater, die Bibliothek und andere als Produkte bezeichnete Einrichtungen enthält, der Kultur zu. In einer Tortengrafik werden 20,4 Mio. € Nettoressourcenbedarf (letztlich der Anteil der durch Steuern und ähnliche Einnahmen zu finanzierenden Ausgaben) beziffert. Eine Zahl, die folglich auch im öffentlichen Diskurs verwendet wird, beispielsweise wenn sich der Sport gegen seine Konsolidierungsbeiträge zur Wehr setzt. Doch ist wirklich jeder Ausgabeneuro in diesem THH so eindeutig und ausschließlich der Kultur zuzuordnen? Ist die Finanzierung der Schulsozialarbeit (THH3: Schulträgeraufgaben) eine Bildungs- oder Sozialausgabe? Das hiesige Dezernat für Soziales, Jugend, Bildung, Gesundheit und Kultur hat sich eingehend mit obigen Fragen, wie auch hier mit Fragen der Beeinflussbarkeit beschäftigt. Für eine faire politische Diskussion benötigt es fundierte Informationen und ein Haushaltsanalyseinstrument wie es am Bodensee entwickelt wurde. Dieser organische Betrachtungswinkel isoliert die Aufwendungen für die Bildungseinrichtungen wie Musik- oder Volkshochschule. Nun kann man nicht mehr von über 20 Mio., sondern „nur" noch von deutlich unter 20 Mio. € sprechen. Ob es den Diskussionen hilft? Franz Beckenbauer: „Schau'n mer mal."

Literatur

Baumann, M.-O. (2021). Die schöne Transparenz-Norm und das Biest des Politischen: Paradoxe Folgen einer neuen Ideologie der Öffentlichkeit; In: Leviathan, 42. Jg., 3/2014, S. 398–419.

Holm, H. (2021). Entscheidungsmethoden in der öffentlichen Verwaltung. Freiburg: Haufe.

Rouven Schoell ist Leiter Organisation und Kommunikation bei der Südwestdeutschen Philharmonie Konstanz.

Controlling und Kosten- und Leistungsrechnung im Theater

Gabriele Schäfer

Inhaltsverzeichnis

Zusammenfassung

Controlling und Kostenrechnung im Theater, geprägt von einzigartigen Herausforderungen, erfordern eine sensible Anpassung an eine spezielle Welt. Dieser Beitrag beleuchtet die Balance zwischen künstlerischer Freiheit und ökonomischer Vernunft sowie die Rolle von Transparenz und Ethik in der finanziellen Steuerung. Er bietet Einblicke in die Anpassung von Controlling- und Kostenrechnungssystemen an diese spezifischen Bedingungen.

Schlüsselwörter

Finanzethik • Korruptionsvermeidung • Anpassungsstrategien • Interessensausgleich

G. Schäfer (✉)
Hochschule Kempten, Kempten, Deutschland
E-Mail: gabriele.schaefer@hs-kempten.de

© Der/die Autor(en), exklusiv lizenziert an Springer Fachmedien Wiesbaden
GmbH, ein Teil von Springer Nature 2024
P. Schneidewind et al. (Hrsg.), *Theatercontrolling*,
https://doi.org/10.1007/978-3-658-44984-1_5

1 Worum geht es?

Seit meinen ersten Berührungspunkten mit angehenden Kulturmanager*innen der PH Ludwigsburg vor ca. 15 Jahren hat sich im Hinblick auf das Thema Rechnungswesen im Kulturbetrieb viel getan, nicht nur in der Selbstverständlichkeit, mit der heute auch klassische Kulturbetriebe wie Theater Rechenschaft über ihre Kostensituation sowie die Wirtschaftlichkeit ihrer Leistungen ablegen müssen, sondern vor allem auch in der Haltung zu diesem Thema. Musste in den ersten Jahren meiner Lehrtätigkeit noch ein Vormittag investiert werden, um die Teilnehmer*innen von der Notwendigkeit der Themen zu überzeugen (beliebter Spruch: „Kulturelle Leistungen kann man nicht messen"), so ist dies mittlerweile kein Thema mehr – die Einsicht in die Notwendigkeit ist zweifellos vorhanden. Aber wie soll man das Ganze angehen und worauf ist im Kontext Kulturbetrieb/ Theater zu achten?

Der folgende Beitrag soll einen kurzen Überblick über die Bedeutung und die Besonderheiten des Controllings sowie der Kosten- und Leistungsrechnung in Theaterbetrieben vermitteln. Eine detaillierte Anleitung für den konkreten Aufbau eines Controlling- und Kostenrechnungssystems in einem Theaterbetrieb kann aus Gründen des sehr begrenzten Umfangs dieses Beitrages leider nicht gegeben werden. Diesbezüglich wird auf die einschlägige Literatur mit best practice Beispielen verwiesen, die mittlerweile auch für Theaterbetriebe vorliegt.

Unter dem Begriff Controlling wird im Allgemeinen die Steuerung einer Organisation mithilfe von Planung und Kontrolle verstanden. Im Einzelnen umfasst dies Aufgaben wie die Mitwirkung bei der Erarbeitung von Unternehmenszielen, die Durchführung von Wirtschaftlichkeitsberechnungen sowie das laufende Berichtswesen (Weber, o. J.). Im Gegensatz zum Management ist das Controlling nicht mit betriebswirtschaftlichen Entscheidungsbefugnissen ausgestattet. Je nach Art und Größe einer Organisation bewegt sich das Selbstverständnis der jeweiligen Controllingfunktion zwischen der „Leitung des Rechnungswesens" und dem „Navigator" bis hin zum (Mit-)„Gestalter". Der Kosten- und Leistungsrechnung kommt dabei die Rolle des wesentlichen Informationslieferanten zu. Sie liefert die Basisdaten für Wirtschaftlichkeits- oder Kennzahlenberechnungen.

Kosten stellen den Ressourcenverbrauch eines Betriebs dar, die Leistungen umfassen die im Rahmen der betrieblichen Tätigkeit erzielten Erlöse, aber auch Eigenleistungen ohne Erlöserzielung. Die Kosten- und Leistungsrechnung bezieht ihre Informationen aus dem externen Rechnungswesen, d. h. aus der Finanzbuchhaltung einer Organisation. Warum reicht die Finanzbuchhaltung als Informationsquelle nicht aus? Die Frage lässt sich recht einfach beantworten: Was in die Finanzbuchhaltung aufgenommen werden darf und muss, ist gesetzlich geregelt, z. B. im HGB und in den verschiedenen Steuergesetzen. Nicht immer sind jedoch die gesetzlichen Regelungen im Sinne einer betriebswirtschaftlich fundierten und nachhaltigen Unternehmensführung sinnvoll. Da die Ergebnisse der Kostenrechnung unter anderem als Grundlage für die Preiskalkulation herangezogen werden, ergeben sich in der Praxis immer wieder Situationen, in denen eine Korrektur der Informationen aus der Finanzbuchhaltung sinnvoll erscheint.

Ein Beispiel hierfür sind Abschreibungen. Sie stellen den Werteverzehr durch die Nutzung abnutzbarer Vermögensgegenstände des Anlagevermögens dar. In der Finanzbuchhaltung sind sowohl nach dem Handelsgesetzbuch als auch nach den Steuergesetzen vorgegebene Regeln zur Ermittlung eines Abschreibungsbetrages strikt zu beachten. Grundsätzlich bilden die Anschaffungs- oder Herstellungskosten (AHK) die Basis für die Berechnung der Abschreibungen. Die Division der AHK durch die planmäßige Nutzungsdauer in Jahren ergibt den jährlichen Abschreibungsbetrag nach § 253 HGB. Das Steuerrecht erlaubt darüber hinaus die Berechnung der Abschreibungen nach der tatsächlichen Nutzung (§7 EStG). Dabei wird zunächst der Umfang der planmäßigen Nutzung in Stunden (bei Maschinen) bzw. Kilometern (bei Fahrzeugen) ermittelt. Die Anschaffungs- oder Herstellungskosten werden dann durch die Anzahl der planmäßigen Nutzungseinheiten dividiert, woraus sich ein Kostensatz pro Stunde bzw. pro Kilometer ergibt. So weit, so gut. Problematisch wird es, wenn sich die Anschaffungs- oder Herstellungskosten im Laufe der Zeit stark nach oben oder unten verändern. In Zeiten hoher Inflation sind Anschaffungs- oder Herstellungskosten von vor einigen Jahren zum jetzigen Zeitpunkt deutlich veraltet. Werden die Preise auf Basis dieser Informationen kalkuliert, reichen die erzielten Erlöse in einigen Jahren nicht aus, um die deutlich höheren Wiederbeschaffungskosten zu decken.

Die Diskrepanz zwischen Vergangenheit und Gegenwart kann durch die Kostenrechnung geschlossen werden. Da sie so gut wie keinen gesetzlichen Vorschriften unterliegt, können die Werte der Finanzbuchhaltung an die betrieblichen Erfordernisse bzw. an die Realität angepasst werden. Beispielsweise können anstelle der historischen Anschaffungs- oder Herstellungskosten aktuelle Wiederbeschaffungswerte verwendet und damit die Kalkulationsgrundlagen verbessert werden. Auch für andere wichtige Fragestellungen sind die Informationen aus der Finanzbuchhaltung nicht ausreichend. Weder die tatsächlichen Personalkosten unter Berücksichtigung von Urlaubs- und Krankheitszeiten noch die Kosten einer einzelnen Aufführung im Theater lassen sich aus der Finanzbuchhaltung direkt herauslesen. Um diese Informationen zu erhalten, sind mehr oder weniger umfangreiche Vorarbeiten und Berechnungen notwendig.

2   Rechnungswesen und Controlling im Theater

Sowohl die Kostenrechnung als auch das Controlling haben eine lange
Geschichte, wurden aber erst im Laufe des 19. Jahrhunderts wissenschaftlich
(weiter-)entwickelt (Konetzny, o. J.) und nahmen vor allem im industriellen
Bereich Fahrt auf. Treiber waren insbesondere die USA mit dem Eisenbahnsektor
oder Großkonzernen wie General Electric. Wichtige Methoden der Kostenrechnung wie Zuschlagskalkulation, Maschinenstundensatzkalkulation, Äquivalenz-
ziffernkalkulation, Prozesskostenrechnung, Target Costing oder Deckungsbeitragsrechnung sind überwiegend im industriellen Kontext entstanden und auf
dessen Belange zugeschnitten worden. Nicht alles ist eins zu eins auf Kulturbetriebe übertragbar. Was sind die Besonderheiten des Theaterbetriebs und was
ist bei der Adaption zu beachten?

Im Kontext des Controllings im Theaterbetrieb lassen sich verschiedene Spezifika identifizieren, die eine Abweichung von traditionellen Industriebranchen
wie dem Maschinenbau oder der Automobilindustrie bedingen. So zeichnet sich
der Theaterbetrieb durch eine ausgeprägte Projektorientierung aus. Anders als
in der Industrie, wo Produkte häufig in Serie bzw. Massenproduktion hergestellt
werden, stellt jede Theateraufführung bzw. -produktion ein singuläres Kunstwerk
dar. Daraus ergibt sich die Notwendigkeit, ein projektbezogenes Controllingsystem aufzubauen, das in der Lage ist, einzelne Produktionen isoliert zu überwachen
und auszuwerten, um eine differenzierte Kosten- und Erfolgsbetrachtung jeder
einzelnen Produktion zu gewährleisten.

Des Weiteren besteht im Theaterbetrieb ein inhärenter Konflikt zwischen
künstlerischer Freiheit und ökonomischer Rationalität. Während Industrieunternehmen in erster Linie gewinnorientiert agieren, stehen Theaterbetriebe ständig
vor der Herausforderung, künstlerische Ambitionen mit wirtschaftlichen Notwendigkeiten in Einklang zu bringen. Dabei gilt es, eine Balance zwischen
finanziellen Vorgaben und kreativer Entfaltung zu finden. Zu enge Budgetvor-
gaben können die künstlerische Freiheit einschränken, zu großzügige Budgets
die finanzielle Stabilität des Theaters gefährden.

Ein weiteres Merkmal ist die inhärente Unvorhersehbarkeit des Erfolgs im
Theater. Im Gegensatz zur kalkulierbaren Vorhersehbarkeit von Absatzmengen
in der Industrie durch Marktanalysen ist es im Kulturbereich selten möglich,
die Resonanz des Publikums auf eine Produktion genau vorherzusagen. Bei der
Budgetplanung ist daher ein besonderes Augenmerk auf mögliche Abweichungen nach unten oder auch nach oben zu legen, um im „worst case" rechtzeitig
Gegenmaßnahmen einleiten zu können. Unter anderem kann die zeitnahe Erfassung und Auswertung der Besucherzahlen helfen, Fehlentwicklungen rechtzeitig

zu erkennen. Auch Frühindikatoren wie Vorverkaufszahlen sollten berücksichtigt werden.

Theaterbetriebe sind häufig von Subventionen abhängig, während sich Industriebetriebe in erster Linie aus ihren Verkaufserlösen finanzieren. Für die finanzielle Nachhaltigkeit eines Theaters ist es daher unerlässlich, einen verlässlichen Mix aus verschiedenen Finanzierungsquellen zu entwickeln, systematische Akquiseprozesse z. B. für Sponsorengelder zu etablieren und die oft bürokratische Verwaltung öffentlicher Fördermittel durch geschickte Softwarelösungen, notfalls mit selbst erstellten Excel-Vorlagen, zu erleichtern. Es sollte darauf geachtet werden, unvermeidbare Ausgaben durch sicher verfügbare Mittel abzudecken bzw. Rückfalllösungen für den Fall des Ausfalls eingeplanter unsicherer Mittel zu schaffen.

Ein weiterer Punkt ist das Stakeholdermanagement, das im Theaterbereich durch eine besondere Komplexität gekennzeichnet ist. Während sich Industrieunternehmen eher auf ihre Kunden, Investoren und Beschäftigte konzentrieren, sind die Stakeholder von Theatern vielfältiger und umfassen zumindest bei öffentlichen Häusern auch die Politik als wichtigen Geldgeber. Diese Vielfalt erfordert ein angepasstes Berichtswesen, das den heterogenen Informationsbedürfnissen der verschiedenen Stakeholder Rechnung trägt.

Der Theaterbetrieb unterscheidet sich auch bei der Kosten- und Leistungsrechnung in verschiedenen Aspekten wesentlich von traditionellen Industriezweigen. Einer der auffälligsten Unterschiede ist die Einzelfertigung. Während die Industrie häufig auf Massenproduktion und Standardisierung setzt, ist jede Theateraufführung ein Unikat, was eine individuelle, detaillierte Kostenerfassung für jede Produktion erforderlich macht, um eine korrekte Zuordnung der Aufwendungen zu gewährleisten.

Sowohl Industrie- als auch Theaterunternehmen haben mit Fixkosten zu kämpfen. Im Theater sind es vor allem die Personalkosten, die das Budget belasten. Andererseits ist qualifiziertes Personal, insbesondere im künstlerischen Bereich, für den Erfolg eines Theaters unabdingbar. Einsparungen wären hier fehl am Platz. Aufgrund des persönlichen Dienstleistungscharakters des künstlerischen Leistungsprozesses sind Automatisierungsmöglichkeiten wie in der Industrie nicht gegeben. Einsparmöglichkeiten ergeben sich allenfalls bei administrativen Tätigkeiten (Shoplösungen für den Kartenverkauf) sowie bei der Auslagerung der Personalabrechnung oder der Finanzbuchhaltung. Zur Aufrechterhaltung einer hohen Qualität der Theaterproduktionen sollten die kalkulierten Kosten dem Nutzen für den Betrieb gegenübergestellt werden. Dabei geht es im Sinne des gesellschaftlichen Auftrags des Kultursektors nicht primär um die erzielten Einnahmen, sondern um Wirkung, Besucherzufriedenheit, Erfüllung des kulturellen Auftrags etc.

Die Möglichkeiten der Fixkostendegression durch Erhöhung der Verkaufszahlen sind bei Theatern sehr begrenzt bzw. nicht vorhanden. Die maximale Platzzahl eines Theaters ist vorgegeben und kann auch oder gerade bei steigenden Fixkosten nicht beliebig erhöht werden, ebenso sind die Möglichkeiten einer beliebigen Erhöhung der Vorstellungszahl sehr begrenzt.

Die Kalkulation einer Theaterproduktion ist nicht nur ein wesentliches internes Steuerungsinstrument, sondern auch eine wichtige vertrauensbildende Transparenzmaßnahme gegenüber externen Stakeholdern wie öffentlichen Förderern. Gerade bei öffentlich geförderten Theatern besteht häufig nicht die Erwartung, dass sich Produktionen finanziell selbst tragen. Dennoch ist es von strategischer Bedeutung, den finanziellen Fußabdruck jeder Produktion genau zu kennen. Die Frage, wie hoch das Defizit einer bestimmten Produktion ist und welche Aspekte der Produktion am meisten dazu beitragen, ist für ein nachhaltiges Management des Theaters von hoher Relevanz.

Es stellt sich jedoch die Frage, welche Kalkulationsmethode(n) zur Beantwortung dieser Fragen geeignet sind, wie z. B. die differenzierte Zuschlagskalkulation oder die mehrstufige Deckungsbeitragsrechnung, die beide aus dem industriellen Kontext stammen. Die differenzierte Zuschlagskalkulation setzt die Bildung von Kostenstellen voraus, um die Gemeinkosten adäquat verteilen zu können. Dies wäre an sich kein Problem. Problematisch ist jedoch, dass die Einzelkosten, wie z. B. Künstlergagen, stark variieren können und nicht unbedingt mit den jeweiligen Gemeinkosten korrelieren, die Gemeinkosten bei dieser Methode aber grundsätzlich in % der jeweiligen Einzelkosten berechnet werden. Eine pauschale Zuordnung der Gemeinkosten auf einzelne Produktionen oder Abteilungen kann jedoch zu verzerrten Ergebnissen führen. Ein Lösungsansatz wäre, nur die Standardeinzelkosten in die Berechnung der Gemeinkosten einzubeziehen und die spezifischen Einzelkosten als „Sonderkosten" zu berücksichtigen.

Die mehrstufige Deckungsbeitragsrechnung hat den Vorteil, dass unabhängig vom Gesamtergebnis einer Sparte gezeigt werden kann, dass eine einzelne Produktion einen positiven Deckungsbeitrag erwirtschaftet, obwohl die Sparte insgesamt aufgrund hoher Fixkosten ein negatives Ergebnis ausweisen muss. Dadurch kann im Idealfall die Bereitschaft der Kapitalgeber zur weiteren Finanzierung erhöht werden. Durch die Trennung von fixen und variablen Kosten bezogen auf die Produktion, die Sparte und schließlich das gesamte Theater kann der Deckungsbeitrag einzelner Produktionen oder Sparten ermittelt werden. Allerdings setzt diese Methode eine saubere Trennung dieser Kostenkategorien voraus, was in der Praxis nicht immer leicht umzusetzen ist.

Welche Kalkulationsmethode letztlich geeignet ist, hängt von vielen Rahmenbedingungen ab, wie z. B. der Verfügbarkeit der benötigten Daten, aber auch von den Informationsbedürfnissen eines Betriebes und seiner Stakeholder.

3 Aktuelle Herausforderungen für Theaterbetriebe

In jüngster Zeit sahen sich die Theater mit erheblichen finanziellen Herausforderungen konfrontiert, insbesondere aufgrund der Coronakrise und des Ukrainekriegs, die sich sowohl auf den Staatshaushalt als auch auf die traditionellen Finanzierungsquellen des Kultursektors ausgewirkt haben. Daher wird verstärkt nach neuen Finanzierungsformen gesucht, insbesondere in Form von Sponsoring aus dem privaten Sektor. Transparenz ist dabei von zentraler Bedeutung, um potenziellen Sponsoren deutlich zu machen, wofür ihre Mittel eingesetzt werden und welchen Nutzen sie daraus ziehen können.

Die Abhängigkeit von gemischten Finanzierungsmodellen unterstreicht die Notwendigkeit eines robusten Controlling- und Kostenrechnungssystems. Ein solches System sollte nicht nur die aktuelle finanzielle Situation widerspiegeln, sondern auch flexibel genug sein, um auf unvorhergesehene Krisen wie Pandemien oder die wirtschaftlichen und sozialen Auswirkungen des Klimawandels reagieren zu können. Ein gut entwickeltes Controlling ermöglicht es, die wirtschaftliche Bilanz der Produktionen zu überwachen und auf Veränderungen des Publikumsgeschmacks zu reagieren. Dies erhöht die Flexibilität in der Planung, wobei immer mehrere Szenarien inklusive eines „Plan B" in Betracht gezogen werden sollten.

Beim Controlling geht es jedoch nicht nur um finanzielle Aspekte. Integrität, Ethik und Transparenz sind mindestens ebenso wichtig. Der Finanzskandal des Wiener Burgtheaters im Jahr 2014, bei dem Intendanz und kaufmännische Direktion zusammenarbeiteten und finanzielle Unregelmäßigkeiten zu einem geschätzten Verlust von 21,2 Mio. Euro führten, zeigt die Gefahren mangelnder Kontrolle (Geinitz, 2018; Mattheis, 2014).

Ähnliche Vorfälle in anderen Kultureinrichtungen, wie die Korruptionsskandale im österreichischen Kulturbetrieb (Goldenberg und Herrnböck, 2019) unterstreichen die Bedeutung eines transparenten Controllingsystems. Transparenz nach innen reicht jedoch offenkundig nicht aus. Das Controlling muss auch

nach außen sichtbar und nachvollziehbar sein, um das Vertrauen der Öffentlichkeit und der Sponsoren zu gewinnen und zu erhalten. Wie der Fall des
Burgtheaters zeigt, können auch robuste Controllingsysteme manipuliert werden,
wenn es keine ausreichenden externen Kontrollmechanismen gibt. Ein transparentes Berichtswesen kann dazu beitragen, solche Manipulationen aufzudecken,
wie der Fall des Wiener Burgtheaters zeigt, bei dem die öffentliche Hand die
Kontrolle vernachlässigt oder sogar bewusst unterlassen hat (ORF.at, 2014).

Ein kritischer Aspekt ist die mögliche Doppelfunktion von Intendanz und
kaufmännischer Leitung in Theatern. Wie am Wiener Burgtheater geschehen,
eröffnet eine solche Konstellation Möglichkeiten für Machtmissbrauch und finanzielles Fehlverhalten. Eine getrennte Funktion würde dazu beitragen, „Checks
and Balances" zu etablieren und die Wahrscheinlichkeit von Fehlverhalten zu
verringern.

Abschließend sei betont, dass neben den finanziellen Aspekten auch die Integration von Umwelt- und Sozialstandards in die Kosten- und Leistungsrechnung
von Theatern eine wichtige Rolle spielt. Dies wird vor dem Hintergrund der
globalen Nachhaltigkeitsziele in den kommenden Jahren noch an Bedeutung
gewinnen. Es ist unerlässlich, dass Theater ihre Rolle als Kulturträger ernst nehmen und sowohl ethische als auch finanzielle Standards einhalten. Nur so können
sie das Vertrauen ihrer Stakeholder gewinnen und erhalten.

4   Die Rolle der Kommunikation

Die Einführung von Controlling- und Kostenrechnungssystemen in Theatern ist
ein komplexer Prozess, der letztlich zu einer Veränderung der Organisationskultur
führt (z. B. durch die Entwicklung einer Kultur des Kostenbewusstseins), und wie
bei allen tiefgreifenden Veränderungen kann es zu Widerständen kommen.

Es ist nicht ungewöhnlich, dass die Einführung neuer Ansätze im Rechnungswesen auf Skepsis stößt, insbesondere wenn Mitarbeitende befürchten, dass ihre
Abteilung finanziell benachteiligt wird. Dieser Widerstand kann besonders stark
sein, wenn durch die Anwendung neuer Gemeinkostenschlüssel plötzlich mehr
Kosten auf eine Abteilung umgelegt werden. Dahinter steht oft die Befürchtung, dass, wenn eine Abteilung als „teurer" erscheint, ihr Budget in Zukunft
gekürzt werden könnte, um Kosten zu sparen. Solche Ängste können sich in
offenem Widerstand, passiver Aggressivität (Verweigerung) oder einfach in einer
generellen Zurückhaltung gegenüber dem neuen System äußern.

Widerstand kann aber nicht nur aus Angst vor Budgetkürzungen entstehen.
Auch kulturelle Faktoren müssen berücksichtigt werden. Im kreativen Umfeld

eines Theaters kann die Einführung strenger finanzieller Kontrollen als Einschrän-
kung der künstlerischen Freiheit empfunden werden. Es könnte die Befürchtung
bestehen, dass die neuen Systeme die Kreativität einschränken, indem sie den
Schwerpunkt zu sehr auf finanzielle Aspekte verlagern.

Um diese Widerstände zu überwinden, ist eine klare und transparente Kommunikation seitens der Theaterleitung unabdingbar. Es sollte erklärt werden, warum
die neuen Systeme eingeführt werden, welche Vorteile sie bringen und wie sie
letztendlich dazu beitragen, den kreativen Prozess zu unterstützen und nicht zu
behindern. Workshops und Schulungen helfen, Missverständnisse auszuräumen
und den Betroffenen die Gewißheit zu vermitteln, dass die Veränderungen im
besten Interesse des gesamten Theaters sind. Die Mitarbeitenden des Theaters,
von der künstlerischen bis zur technischen Abteilung, müssen verstehen, warum
ein solches System notwendig ist und wie es ihre tägliche Arbeit beeinflussen
wird. Darüber hinaus muss die Einführung von Kostenrechnung und Controlling
zwingend von der Geschäftsführung unterstützt werden – sie ist Chef*innensache
und ohne dieses Commitment ist eine Einführung zum Scheitern verurteilt.

Die Kommunikation zwischen den verschiedenen Abteilungen ist ebenfalls
von entscheidender Bedeutung. Oft verfügen diese Abteilungen über spezifische
Informationen (z. B. Verteilung der Arbeitszeiten einzelner Mitarbeitenden auf
verschiedene Abteilungen) und finanzielle Anforderungen, die in das Gesamt-
system integriert werden müssen. Darüber hinaus ermöglicht eine regelmäßige
Kommunikation zwischen den Abteilungen und dem Controlling, potenzielle
finanzielle Probleme frühzeitig zu erkennen und anzugehen. Das Controlling
sollte sich zum Ziel setzen, von den Fachabteilungen als wertvolle Beratungsin-
stanz und nicht als verlängerter Arm der kaufmännischen Leitung wahrgenommen
zu werden.

Ein weiterer wichtiger Aspekt der Kommunikation ist die Aus- und Weiterbildung. Nicht jeder im Theater ist mit den Feinheiten der Kostenrechnung oder
den Techniken des Controllings vertraut. Daher ist es wichtig, regelmäßig Schulungen und Workshops anzubieten, um sicherzustellen, dass alle Beteiligten die
Instrumente und Prozesse verstehen und richtig anwenden können.

5   Vorgehensweise bei der Einführung

Die Einführung von Controlling und Kostenrechnung in einem Theater, das bisher
ohne diese Instrumente gearbeitet hat, ist ein entscheidender Schritt, um sowohl
die Wirtschaftlichkeit als auch die finanzielle Überlebensfähigkeit des Betriebes langfristig zu sichern und zu verbessern. Um diesen Prozess umfassend und
integriert zu gestalten, empfiehlt sich ein methodisches Vorgehen.

Für ein Theater, das noch kein Controlling- und Kostenrechnungssystem eingeführt hat, sollte der erste Schritt darin bestehen, ein Projektteam oder einen
Beauftragten zu benennen, der für die Einführung verantwortlich ist. Wie bereits
erwähnt, muss das Projekt unbedingt von der kaufmännischen und idealerweise
auch von der künstlerischen Leitung unterstützt werden. Das Projektteam sollte
zunächst eine gründliche Bestandsaufnahme der aktuellen Finanzprozesse und -
anforderungen durchführen. Gegebenenfalls ist es ratsam, externe Berater*innen
oder Expert*innen hinzuzuziehen, die bei der Entwicklung eines maßgeschneider-
ten Systems helfen, da jedes Kostenrechnungs- und Controllingsystem genau auf
die Bedürfnisse der jeweiligen Organisation und ihrer Stakeholder zugeschnitten
sein sollte. Während des gesamten Prozesses sollte das Projektteam regelmäßig
mit allen Abteilungen kommunizieren und Schulungen anbieten, um sicherzustellen, dass das System effektiv implementiert und von allen akzeptiert und
verstanden wird. Im Rahmen der Ist- und Bedarfsanalyse muss klar herausgearbeitet werden, welche Daten derzeit fehlen und auf welcher Grundlage zukünftige
Entscheidungen getroffen werden sollen. Anschließend müssen klare Ziele für
das Controlling und die Kostenrechnung definiert werden, wie z. B. eine höhere
Transparenz der Kostenstruktur, die Identifizierung von Prozessoptimierungspo-
tenzialen für sinnvolle Kosteneinsparungen oder ein zeitnahes Berichtswesen zum
Erfolg der einzelnen Produktionen für die Geldgeber.

Der nächste Schritt besteht in der Auswahl eines geeigneten Kostenrechnungssystems. Welches System letztlich geeignet ist, hängt u. a. von der Datenverfüg-
barkeit, den vorhandenen Auswertungssystemen (Excel versus SAP) sowie den
bestehenden Kompetenzen der mit der Einführung und Anwendung betrauten
Personen ab. Parallel dazu empfiehlt es sich, ein spezialisiertes Controlling-Team
aufzubauen oder eine*n erfahrene*n Controller*in zu beauftragen. Dieser sollte
sowohl über Fachkenntnisse im Bereich Controlling und Kostenrechnung als auch
idealerweise über Erfahrungen im Kulturbereich verfügen.

In der anschließenden Implementierungsphase wird ein detaillierter Plan für
die Einführung dieser Instrumente erarbeitet, wobei der Fokus zunächst auf
die kritischsten Bereiche bzw. die Bereiche mit dem größten Optimierungs-
potenzial gelegt werden sollte. Begleitende Schulungen und Workshops für

die Mitarbeiterinnen und Mitarbeiter sind unerlässlich, um sicherzustellen, dass die neuen Systeme richtig verstanden und angewendet werden. Im Zuge der Datenintegration müssen alle relevanten Daten aus den einzelnen Abteilungen des Theaters zusammengeführt werden, was die Einrichtung eines zentralen Datenmanagementsystems erforderlich machen kann.

Um die Nachhaltigkeit des Systems zu gewährleisten, wird eine kontinuierliche Überwachung und Anpassung empfohlen. Dabei sollten die Daten regelmäßig auf ihre Relevanz und Genauigkeit überprüft und das System auf Basis neuer Erkenntnisse angepasst werden. Ein Feedbacksystem und die regelmäßige Kommunikation der Ergebnisse an alle Beteiligten unterstützen diesen Prozess.

Schließlich darf die kontinuierliche Weiterentwicklung nicht vernachlässigt werden. Controlling und Kostenrechnung sind dynamische Systeme, die einer regelmäßigen Anpassung und Optimierung bedürfen. Es ist daher sinnvoll, die vorhandenen Instrumente in regelmäßigen Abständen, z. B. jährlich, einer umfassenden Überprüfung zu unterziehen.

6 Zusammenfassung und Ausblick

Zusammenfassend lässt sich festhalten, dass Controlling und Kostenrechnung in der heutigen Theaterlandschaft unverzichtbare Instrumente zur Sicherung der Existenz eines Kulturbetriebs darstellen. Die theaterspezifischen Anforderungen sind jedoch häufig von besonderer Art, sodass eine pauschale Anwendung standardisierter Controlling- und Kostenrechnungsverfahren nicht zu empfehlen ist. Vielmehr sollte eine maßgeschneiderte Anpassung dieser Verfahren an die jeweiligen Bedürfnisse und Gegebenheiten des Theaters erfolgen. Bei der Umsetzung ist es ratsam, mit kleinen, überschaubaren Schritten zu beginnen. Ein sinnvoller erster Schritt kann die Optimierung der bestehenden Finanzbuchhaltung sein, um eine solide Basis für weitere Entwicklungen zu schaffen. Darüber hinaus empfiehlt es sich, interdisziplinäre Teams zu bilden. Diese Teams, die sich aus Experten verschiedener Fachrichtungen – von der Finanzbuchhaltung über die künstlerische Planung bis hin zur Öffentlichkeitsarbeit – zusammensetzen, können sicherstellen, dass alle Aspekte des Theaterbetriebs in die Controlling- und Kostenrechnungssysteme einfließen.

Last but not least ist eine transparente Kommunikation sowohl innerhalb des Theaters als auch nach außen ein wichtiger Punkt. Es ist von entscheidender Bedeutung, allen Beteiligten den Nutzen und den Zweck von Controlling und Kostenrechnung klar zu vermitteln, um Akzeptanz und Verständnis zu schaffen.

Literatur

Geinitz, C. (2018). Letzter Akt im Trauerspiel am Burgtheater. https://www.faz.net/aktuell/
wirtschaft/unternehmen/finanzskandal-um-wiener-burgtheater-endet-in-vergleich-158
81825.html (letzter Abruf: 23.8.2023).
Goldenberg, A. und Herrnböck, J. (2019). Missbrauch mit Kultur. https://www.dossier.at/dos
siers/korruption/missbrauch-mit-kultur/ (letzter Abruf: 23.8.2023).
Konetzny, M. (o. J.). Controlling: Geschichte einer alten Erfolgsstory. https://www.exp
erto.de/businesstipps/controlling-geschichte-einer-alten-erfolgsstory.html (letzter Abruf:
30.8.2023).
Mattheis, U. (2014). Die letzten Kronjuwelen. https://taz.de/Finanzskandal-am-Wiener-Bur
gtheater/!5047851/ (letzter Abruf: 23.8.2023).
ORF.at (2014). Rechnungshof prüft Burgtheater. https://wien.orf.at/v2/news/stories/263
2753/ (letzter Abruf: 23.8.2023).
Weber, J. (o. J.). Controller. Ausführliche Definition im Online Lexikon. https://wirtschaftsl
exikon.gabler.de/definition/controller-28486 (letzter Abruf: 23.8.2023).

Gabriele Schäfer ist Professorin an der Hochschule Kempten und lehrt dort Allgemeine Betriebswirtschaftslehre, Rechnungswesen sowie Entrepreneurship. Daneben ist sie Lehrbeauftragte an verschiedenen Hochschulen, Autorin und Unternehmerin.

Der Weg zur „schwarzen Null" – Kostencontrolling im öffentlichen Theater

Stefan Mehrens

Inhaltsverzeichnis

Zusammenfassung

Auch wenn sich das Einsatzgebiet von Controlling an den deutschen Theatern in den letzten Jahren deutlich ausgeweitet hat, ist es auch heute noch in erster Linie ein Instrument zur Kostenüberwachung, zur Budgetierung und zur Steuerung von Budgets. Der vorliegende Beitrag stellt die Grundlagen und Vorgehensweisen bei der Entstehung, Steuerung und Kommunikation von Budgets im Theaterbetrieb dar und gibt einen Ausblick für mögliche Weiterentwicklungen.

Schlüsselwörter

Kostencontrolling • Budgetsteuerung • Kosten- und Leistungsrechnung

S. Mehrens (✉)
Braunschweig, Deutschland
E-Mail: info@theatermanagement.de

© Der/die Autor(en), exklusiv lizenziert an Springer Fachmedien Wiesbaden GmbH, ein Teil von Springer Nature 2024
P. Schneidewind et al. (Hrsg.), *Theatercontrolling*,
https://doi.org/10.1007/978-3-658-44984-1_6

55

1   Einführung

Controlling wurde an den öffentlichen Theatern in Deutschland seit den 1990er Jahren vor dem Hintergrund der Finanzierungskrise und betriebswirtschaftlicher Reformmodelle im öffentlichen Dienst verstärkt eingeführt. Auch wenn sich sein Einsatzgebiet mittlerweile auf Themen wie z. B. Marketing- oder Nachhaltigkeitscontrolling ausgeweitet hat, bedeutet Theatercontrolling auch heute noch in erster Linie Kostencontrolling.

Üblicherweise ist es das Ziel des Kostencontrollings im öffentlichen Theater, diese komplexen Organisationen so zu steuern, dass am Ende des Jahres (oder der Spielzeit) die Einnahmen genau die Kosten decken. Zumindest wäre das der Idealfall der „schwarzen Null". Im Laufe der Zeit hat sich für dieses anspruchsvolle Ziel ein theaterspezifisches Instrumentarium entwickelt. Das Forum Theatercontrolling hat zum Beispiel in einer Umfrage 2019 festgestellt, dass über 90 % der befragten Theater im Rahmen des operativen Controllings mit Hochrechnungen, SOLL-/IST-Vergleichen und Prognosen arbeiten (Forum Theatercontrolling, 2019, S. 32). Ein öffentliches Repertoire-Theater sollte meiner Meinung nach zur Kostensteuerung zumindest folgende Instrumente einsetzen:

- Eine gut strukturierte Kosten- und Leistungsrechnung,
- Commitment und Budgetverantwortung,
- Einen moderierten Budgetierungsprozess,
- Aktive Budgetsteuerung durch SOLL-/IST-Vergleiche und
- regelmäßige Budgetgespräche auf Augenhöhe.

2   Kosten- und Leistungsrechnung

Kostencontrolling braucht zunächst einmal eine verlässliche Datengrundlage. Die wichtigste (aber nicht die einzige) Informationsbasis dabei ist die Kosten- und Leistungsrechnung (im Folgenden kurz Kostenrechnung). Noch Ende der 1990er Jahre hatte nur etwa die Hälfte der öffentlichen Theater überhaupt eine Kostenrechnung (Hartung, 1998), heute verfügen über 90 % der Theater über ausdifferenzierte Kostenstellen-, Kostenträger- und Kostenartenrechnungen (Ahn et al., 2019). Von der Qualität dieser Kostenrechnungsdaten hängt wesentlich die Flexibilität und die Aussagefähigkeit des Kostencontrollings ab. Dafür ist es wichtig, dass fachkundige Personen den Buchungen der Finanzbuchhaltung weitere Informationen hinzufügen, insbesondere *Wo* (Kostenstelle), *Welche* (Kostenarten) und *Wofür* (Kostenträger) Kosten anfallen. Durch diese drei Informationen lassen sich die meisten Fragen beantworten, die in einem Theater in Hinblick auf seine finanzielle Situation üblicherweise gestellt werden. Jede Kostenrechnung muss individuell auf die Belange des jeweiligen Theaters abgestimmt werden. An vielen Häusern hat es sich aber durchgesetzt, dass die Abteilungen, so wie sie im Organigramm festgelegt sind, als Kostenstellen und die einzelnen Produktionen als Kostenträger bebucht werden. Die Kostenarten werden oft deckungsgleich zum Kontensystem der Finanzbuchhaltung genutzt.

3   Das Budget

Ein Budget bezeichnet zum einen das Geld, das dem Theater insgesamt aufgrund von öffentlicher Förderung, Karteneinnahmen und sonstigen Mitteln zur Verfügung steht. Zum anderen sind Budgets definierte finanzielle SOLL-Größen, die von einer Abteilung oder einer künstlerischen Produktion entweder nicht überschritten werden dürfen (Kosten-Soll) oder durch Einnahmen erreicht werden müssen (Erlös-Soll). Wenn im Theater von Budgets gesprochen wird, geht es meist um den finanziellen Rahmen, in dem die Abteilungen oder Produktionen ihre Aufgaben – nach dem Maximalprinzip – bestmöglich erfüllen sollen. Budgets spiegeln aber auch das operative Finanzziel des Theaters wider. Budgets haben in Theatern eine zentrale Steuerungsfunktion in Bezug auf seine finanziellen Zielvorgaben. Häufig besteht dieses Ziel darin, mit den Einnahmen die Gesamtheit der Ausgaben zu decken, also die oben erwähnte „schwarze Null" zu erreichen. Natürlich sind auch andere Ziele denkbar, zum Beispiel einen bestimmten Überschuss zu erwirtschaften.

3.1   Budgetverantwortung

Es ist eine Grundsatzentscheidung jedes Theaters, wie die Budgetverantwortung geregelt werden soll. Neben rechtlichen Fragen muss die Übertragung von Budgetverantwortung dabei vor allem zur Organisations- und Führungskultur des Theaters passen. Aufgrund der wachsenden Komplexität und Arbeitsteilung, aber auch vor dem Hintergrund der Strukturdiskussion und der zunehmenden Kritik an Machtballung und starrer Hierarchie, sehen viele in der dezentralen Budgetsteuerung eine zeitgemäße Form der Kostensteuerung. Bei der dezentralen Budgetverantwortung wird nicht mehr ein Gesamtbudget zentral durch die Theaterleitung verwaltet, sondern mehrere Teilbudgets dezentral durch die Abteilungs- und/oder Produktionsleitungen. Für jedes Teilbudget wird immer auch eine verantwortliche Person benannt, welche die Aufgabe hat, dafür zu sorgen, dass das Budget nicht überschritten wird bzw. die nötigen Einnahmen auch erreicht werden.

3.2 Der Budgetierungsprozess

Dieser Budgetierungsprozess – also die Aufteilung eines Gesamtbudgets in Teilbudgets – ist nicht nur ein finanzmathematischer, sondern vor allem ein kommunikativer Prozess. Mit der Einführung einer dezentralen Budgetsteuerung sollten Budgets nicht mehr top-down durch die Theaterleitung festgelegt werden, sondern in einem durch das Controlling moderierten Verfahren gemeinsam mit den Budgetverantwortlichen erarbeitet werden. Die Pläne der einzelnen Abteilungen für das folgende Kalenderjahr oder die folgende Spielzeit müssen dabei mit den zur Verfügung stehenden Mitteln in Ausgleich gebracht werden. Dezentrale Budgetierungsprozesse bringen einen deutlich höheren Kommunikationsaufwand mit sich als eine zentrale Budgetfestlegung durch die Theaterleitung. Aber nur im gemeinsamen Aushandeln kann ein Commitment, also ein gemeinsames Bekenntnis zu und Verständnis von einzelnen Budgets, hergestellt werden. Die Vereinbarung des Budgets ist wesentlich für die Übernahme von Budgetverantwortung im laufenden Theateralltag. Das gilt insbesondere für den volatilen künstlerischen Bereich. Bei der Ausstattung oder den künstlerischen Gästen wenden deshalb mittlerweile viele Häuser das sogenannte Gegenstromverfahren an (Abb. 1). Bei diesem Verfahren vermittelt das Controlling zwischen dem Wünschenswerten (bottom-up) und dem Machbaren (top-down). Dafür werden zunächst die Rahmenbedingungen durch die Theaterleitung gesetzt. Danach erfolgt eine erste Detailplanung auf Abteilungsebene. Wenn die Summe der Detailplanungen nicht zu einem ausgeglichenen Ergebnis führt, müssen Entscheidungen darüber getroffen werden, welche Projekte oder Aufgaben durchgeführt

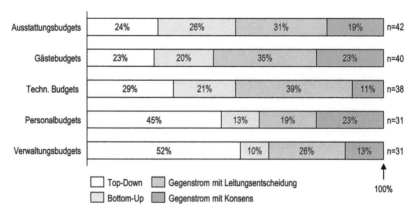

Abb. 1 Partizipation der Budgetverantwortlichen im Budgetierungsprozess (Ahn et al., 2019, S. 44)

werden können und welche nicht. Die endgültige Entscheidung kann dann durch die Theaterleitung selbst oder in einem Konsensverfahren getroffen werden.

3.3 Budgetsteuerung durch SOLL-/IST-Vergleiche

Nachdem die Budgets für die einzelnen Abteilungen und Projekte festgelegt wurden, muss unterjährig laufend kontrolliert werden, ob die tatsächlichen Kosten im Budget liegen. Dazu braucht es ein Berichtswesen, bei dem die Buchungen der Kostenrechnung (IST) laufend mit dem zur Verfügung stehenden Budget (SOLL) verglichen werden. Diese SOLL-/IST-Vergleiche helfen den Budgetverantwortlichen dabei, ihren Verantwortungsbereich entsprechend den budgetären Vorgaben zu steuern. Für ein aussagekräftiges Berichtswesen muss sichergestellt werden, dass die SOLL-Werte auf den gleichen Kostenstellen-/Kostenarten-/Kostenträger-Kombinationen wie die IST-Werte gebucht werden. Nur so lassen sich die gebuchten IST-Werte mit den SOLL-Werten vergleichen.

Im SOLL wird das Ergebnis des Budgetierungsprozesses dargestellt. Im Gegensatz zu einem Haushaltsplan ist das SOLL im operativen Controlling aber kein fester Wert. Ein Theaterbetrieb ist nicht vollständig im Vorhinein planbar. Das Controlling hat deshalb die Aufgabe, unterjährige Veränderungen zeitnah festzustellen und Handlungsoptionen aufzuzeigen. Im Zuge dessen kann sich das SOLL während des laufenden Jahres auch verändern, zum Beispiel durch Umschichtungen zwischen den Budgets („atmende Budgets").

Die IST-Werte basieren auf den Buchungen aus der Buchhaltung und sind deshalb grundsätzlich vergangenheitsorientiert. Zwischen Vertragsabschluss und Buchung einer Rechnung kann eine gewisse Zeit vergehen. Um die Berichte aktueller zu gestalten, kann als IST auch das Obligo verwendet werden, welches auch Verbindlichkeiten und künftige Zahlungsverpflichtungen aufgrund von vertraglichen Vereinbarungen umfasst. Obligos lassen sich zum Beispiel aus dem Bestellwesen generieren. Viele Theater nutzen deshalb neben den Buchhaltungssystemen auch Bestelldatenbanken zur Erfassung von IST-Werten.

3.3.1 Einfacher SOLL-/IST-Vergleich

Inhaltlich lassen sich mit SOLL-/IST-Vergleichen alle Aspekte der Kostensteuerung darstellen, die in der Kostenrechnung angelegt sind, wie folgende Beispiele zeigen:

- Reine Kostenartenberichte können genutzt werden, um das Gesamtbudget des Theaters abzubilden (z. B. „Wofür gibt das Theater Geld aus – Personal, Material, Gäste usw.?").

- Reine Kostenstellenberichte geben Auskunft über die Budgets einzelner Sparten oder Abteilungen (z. B. „Wo im Theater wird wieviel Geld ausgegeben?").
- Reine Kostenträgerberichte können bspw. für einen Vergleich der Produktionen oder Aufführungen genutzt werden (z. B. „Wie viel Geld benötigen die Produktionen und Aufführungen und wie viel spielen sie ein?").
- Mit Berichten, die Kostenstellen und Kostenarten kombinieren, lassen sich die Finanzbewegungen von Sparten oder Abteilungen detailliert abbilden (z. B. „Wie hoch waren die Ausgaben für IT je Abteilung?").
- Mit Berichten, die Kostenträger und Kostenarten kombinieren, können die Produktionen und Aufführungen genauer untersucht werden (z. B. „Wie viel wurde für das Bühnenbild der Produktion X ausgegeben?" oder „Wie hoch waren die Einnahmen bei den Aufführungen von Produktion X?").

Beim einfachen SOLL-/IST-Vergleich werden die jährlichen Planwerte aus dem Budgetierungsverfahren und die aktuellen IST-Werte aus der Kostenrechnung direkt miteinander verglichen. Die Differenz der beiden Werte sagt aus, wie viel bereits verbraucht wurde und ob noch Budget für die entsprechende Aufgabe zur Verfügung steht.

Tab. 1 stellt beispielhaft einen Kostenträger-/Kostenartenbericht für eine Produktion dar. Ein solcher Bericht könnte zum Beispiel zur Unterstützung der Produktionsleitung eingesetzt werden, um ein Produktionsbudget zu steuern.

In diesem Bericht werden alle Kosten dargestellt, die auf dem Kostenträger *Tosca* gebucht wurden, sortiert nach Kostenarten. Auf dieser Grundlage kann dann die Produktionsleitung erkennen, wie hoch das Budget für ihre Aufgabenerfüllung ist (SOLL), für welche Kostenarten sie bereits wie viel ausgegeben hat (IST) und wie viel sie bis zum Ende der Periode noch zur Verfügung hat (Differenz). Mit einfachen SOLL-/IST-Berichten kann man sich schnell einen Überblick über den finanziellen Stand der Produktion verschaffen und Entscheidungen darüber treffen, welche Maßnahmen noch umsetzbar sind.

Tab. 1 Einfacher Soll-/Ist-Vergleich für den Kostenträger Tosca. (Eigene Darstellung)

Kostenart	SOLL	IST	Differenz	in %
Gäste	90.000	45.650	44.350	51 %
Produktionsteam	36.500	36.500	0	100 %
Bühnenbild	16.000	24.500	−8500	153 %
Kostüm	10.000	4677	5323	47 %
Aushilfen	5000	4998	2	100 %
Gesamt	157.500	116.325	−41.175	74 %

3.3.2 Erweiterter SOLL-/IST Vergleich

Die einfache Form des SOLL-/IST-Vergleichs stellt den Abfluss der Mittel im Vergleich zum Budgetansatz dar. Das reicht für viele Anwendungen auch vollkommen aus. Für einige Anwendungsgebiete ist der einfache SOLL-/IST-Vergleich aber zu ungenau.

In der Tab. 2 ist beispielhaft ein Kostenstellen-/Kostenartenbericht einer Dramaturgie-Abteilung abgebildet. Die dargestellten Werte gelten hier für den Zeitraum Januar bis April der Periode, weshalb nur ein Teil des Budgets verbraucht ist.

Bei der Interpretation dieses Berichts stellt sich die Frage, ob rund 31 % verbrauchte Mittel bis April ein guter Wert ist und die Abteilung damit im Plan liegt oder nicht. Diese Frage lässt sich mit einem einfachen SOLL-/IST-Vergleich nicht ohne Weiteres beantworten, da sich die SOLL- und die IST-Werte auf unterschiedliche Zeiträume beziehen. Während der SOLL-Wert auf das gesamte Kalenderjahr (oder die Spielzeit) abstellt, beziehen sich die IST-Werte auf den Zeitraum seit Beginn des Berichtszeitraums. Die Interpretation wird weiter erschwert durch die Tatsache, dass einige Kosten nicht gleichmäßig jeden Monat in gleicher Höhe anfallen. Sie variieren von Monat zu Monat oder sind u. U. abhängig vom Spielplan (z. B. Gästekosten in Aufführungen). Für einen bewertbaren Vergleich sollten deshalb die Budgets zusätzlich auf Monatsebene geplant werden und auf diese Weise auch unregelmäßige Kostenverläufe abbilden. Der SOLL-/IST-Vergleich findet dann auf der kumulierten Monatsebene statt.

In der Tab. 3 wurde das vorhergehende Beispiel um einen kumulierten SOLL-Wert bis April hinzugefügt und mit den kumulierten IST-Werten der gleichen Periode verglichen.

Die Aussage, dass bis April 8.621 € weniger ausgegeben wurden als geplant, ist schon einmal deutlich aussagekräftiger als der pauschale Mittelabfluss im

Tab. 2 Einfacher Soll-/Ist-Vergleich für die Kostenstelle Dramaturgie Stand April. (Eigene Vorstellung)

Kostenart	SOLL	IST	Differenz	in %
Festpersonal	824.000	253.043	570.957	31 %
Aushilfen	12.000	4.200	7.800	35 %
Büromaterial	240	45	195	19 %
Fachliteratur	1.200	551	649	46 %
Übersetzungen	6.000	0	6.000	0 %
Gesamt	843.440	257.839	585.601	31 %

Tab. 3 Erweiterter Soll-/Ist-Vergleich für die Kostenstelle Dramaturgie. (Eigene Darstellung)

Kostenart	SOLL gesamt	SOLL bis April	IST bis April	Differenz	in %	Vorjahr
Festpersonal	824.000	260.000	253.043	6.957	97 %	249.556
Aushilfen	12.000	4.000	4.200	−200	105 %	5.013
Büromaterial	240	60	45	15	75 %	120
Fachliteratur	1.200	400	551	−151	138 %	340
Übersetzungen	6.000	2.000	0	2.000	0 %	2.200
Gesamt	843.440	266.460	257.839	8.621	97 %	257.229

einfachen SOLL-/IST-Vergleich. Zusätzlich kann auch ein Vorjahreswert dargestellt werden, mit dem man den Stand zum gleichen Zeitpunkt des Vorjahres in die Interpretation der Zahlen einfließen lassen kann. Diese Art des SOLL-/IST-Vergleichs hat sich vor allem bei den Abteilungsberichten etabliert.

3.3.3 SOLL-/IST-Vergleich mit Forecast

Die bisher vorgestellten Berichte vergleichen das Budget allein mit den Informationen aus der Buchhaltung. Buchhaltung ist aber aufgrund ihrer dokumentarischen Aufgabe stark vergangenheitsbezogen. Ein Instrument des operativen Controllings, mit dem neben Vergangenheitswerten auch zukünftige Entwicklungen in die Kostensteuerung integriert werden, ist der Forecast. Beim Forecast werden zu den bereits verbuchten IST-Werten aus der Buchhaltung geplante zukünftige Kosten addiert, die bis zum Jahres- bzw. Spielzeitende noch erwartet werden. Diesem Wert kann das gesamte SOLL gegenübergestellt und so ein prognostiziertes Ergebnis zum Ende der Periode betrachtet werden.

Tab. 4 zeigt einen Kostenarten-/Kostenträgerbericht, der die Bühnenbildkosten eines Theaters darstellt. Generell gehören Ausstattungskosten zu den Kosten, die sehr unregelmäßig abfließen. Je nach Premierendatum können die Kosten einer Produktion zum Zeitpunkt der Berichterstellung schon vollständig verbucht sein (IST) oder es ist bis zum Ende der Periode noch mit weiteren Kosten zu rechnen (Zu erwarten). Das Controlling muss deswegen regelmäßige Gespräche z. B. mit der Werkstattleitung führen, um solche zukunftsbezogenen Informationen zu erhalten. Beide Werte zusammen ergeben den Forecast, also das erwartete Ergebnis am Ende der Periode.

In diesem Beispiel sind *Tosca* und die *Studioproduktion 1* im Oktober bereits vollständig verbucht, bei den anderen Produktionen werden aber noch Kosten

Tab. 4 Soll-/Ist-Vergleich mit Forecast für die Kostenart Bühnenbild Stand Oktober. (Eigene Darstellung)

Kostträger	SOLL	IST	Offen	Forecast	Differenz	in %
Tosca	60.000	68.712	0	68.712	−8.712	115 %
Die Soldaten	30.000	12.455	16.500	28.955	1.045	97 %
Sommernachtstraum	25.000	32.311	1.500	33.811	−8.811	135 %
Othello	25.000	6.440	20.000	26.440	−1.440	106 %
Studio-produktion 1	10.000	4.998	0	4.998	5.002	50 %
Gesamt	150.000	124.916	38.000	162.916	−12.916	109 %

erwartet. Der Forecast drückt aus, dass die Kosten für Bühnenbilder am Ende der Periode 12.916 € höher liegen werden, als durch das SOLL finanziert ist.

Eine besondere Bedeutung haben Forecasts in Bezug auf das prognostizierte Jahresergebnis des gesamten Theaters. Die Summe aller Forecasts sollten daher monatlich in einem Kostenartenbericht dargestellt werden, der alle Erlöse und Kosten des Theaters umfasst. Mit dem gesamten Forecast lässt sich laufend prüfen, ob sich das Theater noch auf seinem Weg z. B. zur „schwarzen Null" befindet, oder ob Korrekturmaßnahmen notwendig sind.

3.3.4 Umschichtungen

Aus dem vorherigen Beispiel ergibt sich die Frage: Wie reagiert man auf die zu erwartende (offene) Überziehung in einem Teilbudget? Bei einer dezentralen Budgetverantwortung haben die Abteilungsleitungen die Aufgabe, ihr Budget einzuhalten. Überziehungen in ihrem Verantwortungsbereich müssen mit Einsparungen in einem anderen Teil ihres Verantwortungsbereiches ausgeglichen (umgeschichtet) werden. Um diese Umschichtungen transparent zu machen, werden im überschüssigen Teilbudget die Planwerte verringert, während sie im defizitären Teilbudget in gleicher Höhe erhöht werden. Dieser Vorgang soll an dem Bericht aus dem vorherigen Abschnitt verdeutlicht werden. Dafür sei angenommen, dass die Technische Direktion für die gesamten Ausstattungskosten verantwortlich ist, und dass neben dem Bühnenbildetat auch der Kostümbildetat in ihren Verantwortungsbereich fällt. Weiter sei angenommen, dass der Forecast im Kostümbildetat in diesem Jahr einen Überschuss in Höhe von 17.585 € ausweist (Tab. 5). Dann könnte die Technische Direktion das Defizit im Bühnenbildetat mit einer Entnahme (Umschichtung) aus dem Kostümetat ausgleichen.

Tab. 5 Soll-/Ist-Vergleich mit Forecast für die Kostenarten Bühnenbild und Kostümbild. (Eigene Darstellung)

Bühnenbild	SOLL	IST	Offen	Forecast	Differenz	in %
Tosca	60.000	68.712	0	68.712	−8.712	115 %
Die Soldaten	30.000	12.455	16.500	28.955	1.045	97 %
Sommernachtstraum	25.000	32.311	1.500	33.811	−8.811	135 %
Othello	25.000	6.440	20.000	26.440	−1.440	106 %
Studioproduktion 1	10.000	4.998	0	4.998	5.002	50 %
Gesamt	**150.000**	**124.916**	**38.000**	**162.916**	**−12.916**	**109 %**

Kostümbild	SOLL	IST	Offen	Forecast	Differenz	in %
Tosca	20.000	11.240	0	11.240	8.760	56 %
Die Soldaten	15.000	455	6.000	6.455	8.545	56 %
Sommernachtstraum	12.000	10.550	0	10.550	1.450	88 %
Othello	5.000	6.440	0	6.440	−1.440	129 %
Studioproduktion 1	1.000	230	500	730	270	73 %
Gesamt	**53.000**	**28.915**	**6500**	**35.415**	**17.585**	**67 %**

Wenn die Umschichtungen nicht zeitnah durchgeführt und im Berichtswesen sichtbar gemacht werden, kann dies zu Problemen führen. Zum einen ist der Etat (hier das Bühnenbild) nicht mehr steuerbar, weil er keinen Planwert mehr hat, an dem die Ausgaben gemessen werden können. Zum anderen besteht die Gefahr, bei der Steuerung des Kostümbildetats den freien Betrag auszugeben, obwohl er eigentlich als Ausgleich im Bühnenbildetat eingeplant ist. Die Aufgabe des Controllings liegt deswegen in einer zeitnahen Umschichtung. In Tab. 6 wird beispielhaft sichtbar, wie das SOLL des Kostümbildetats um insgesamt fast 13.000 € reduziert und zugunsten des SOLLs im Bühnenbild umgeschichtet wird.

Mit dieser Umschichtung ist wieder genügend Geld im Bühnenbildetat übrig, um die im Forecast erwarteten Kosten der Periode zu decken und gleichzeitig wurde wieder eine Grundlage geschaffen, die Ausstattungskosten mithilfe von SOLL-/IST-Vergleichen zu steuern.

Durch die Möglichkeit von Umschichtungen ist das SOLL kein statischer Wert mehr. Das SOLL wird den sich verändernden Anforderungen im Laufe des Jahres angepasst. Die Summe aller Umschichtungen muss dabei stets Null ergeben, damit der Gesamtetat unverändert bleibt und weiterhin das Ziel der Kostensteuerung (z. B. die „schwarze Null") erreicht wird.

Tab. 6 Umschichtungen auf den Kostenarten Bühnenbild und Kostümbild. (Eigene Darstellung)

Bühnenbild	SOLL alt	Umschichtung	SOLL neu	IST	Forecast	Differenz	in %
Tosca	60.000	8712	68.712	68.712	68.712	0	100 %
Die Soldaten	30.000	−1.045	28.955	12.455	28.955	0	100 %
Sommernachtstraum	25.000	8.811	33.811	32.311	33.811	0	100 %
Othello	25.000	1.440	26.440	6.440	26.440	0	100 %
Studioproduktion 1	10.000	−5.002	4.998	4.998	4.998	0	100 %
Gesamt	**150.000**	**12.916**	**162.916**	**124.916**	**162.916**	**0**	**100 %**

Kostümbild	SOLL alt	Umschichtung	SOLL neu	IST	Forecast	Differenz	in %
Tosca	20.000	−8760	11.240	11.240	11.240	0	100 %
Die Soldaten	15.000	−4146	10.854	455	6455	4399	59 %
Sommernachtstraum	12.000	−1450	10.550	10.550	10.550	0	100 %
Othello	5000	1440	6440	6440	6440	0	100 %
Studioproduktion 1	1000		1000	230	730	270	73 %
Gesamt	**53.000**	**−12.916**	**40.084**	**28.915**	**35.415**	**4669**	**88 %**

3.4 Budgetgespräche

Je dezentraler die Kostensteuerung aufgebaut ist und je weiter das Berichtswesen zu einem Prognose-Tool ausgebaut wird, desto wichtiger wird die Kommunikation. Die Qualität von SOLL-/IST-Vergleichen hängt wesentlich davon ab, wie gut sich das Controlling mit den Budgetverantwortlichen austauscht. Ein gutes Controlling zeichnet sich deshalb vor allem dadurch aus, dass es regelmäßig den Kontakt sucht, gemeinsam mit den Budgetverantwortlichen die Berichte bespricht und sich Informationen über die zukünftige Entwicklung des Fachbereiches einholt. Wichtige Fragen können sein: Stehen Personalwechsel an? Sind die Rohstoffpreise wieder gestiegen? Wird eine außergewöhnliche Produktion geplant? Diese Entwicklungen müssen im Forecast berücksichtigt werden.

Budgetgespräche sollten regelmäßig (z. B. monatlich) stattfinden und nicht nur anlassbezogen. Gute Budgetgespräche sind Ausdruck einer Organisationskultur, die sich in einer vertrauensvollen Atmosphäre und Arbeiten auf Augenhöhe ausdrückt. Das Ziel der Budgetgespräche sollte es sein, die Aussagekraft der Berichte zu verbessern und gemeinsam Handlungsoptionen zu entwickeln, um auf Veränderungen gegenüber dem ursprünglichen Plan zu reagieren.

4   Schlussbemerkung und Ausblick

Organisation und Inhalt des Controllings an den deutschen Theatern sind so vielfältig wie die deutsche Theaterlandschaft selbst. Aber man kann 40 Jahre nach Einführung der ersten Controlling Abteilungen beobachten, dass sich bestimmte Elemente des Kostencontrollings entwickelt haben, die den besonderen Ansprüchen und Zielen des Theaters, seiner Komplexität und Arbeitsteilung gerecht werden. Im Hinblick auf die Strukturdebatte und die Kritik an der hierarchischen Struktur von Theatern rücken Elemente wie dezentrale Budgetverantwortung und partizipative Budgetierungsprozesse in den Fokus. Dadurch verändern sich auch die Ansprüche an Controller und Controllerinnen massiv. Sie müssen in den unvermeidlichen Konflikten des Budgetierungsprozesses und des laufenden Kostencontrollings vermitteln, nicht nur zwischen der Theaterleitung und den Abteilungsverantwortlichen, sondern auch zwischen den Abteilungsverantwortlichen selbst. Ein deutlicher Nachteil der dezentralen Verantwortung liegt nämlich in der Gefahr eines Silodenkens und eines Abteilungs- und Spartenegoismus, sodass Verschiebungen oder Ausgleiche zwischen verschiedenen Abteilungs- oder Produktionsbudgets schwieriger durchzuführen sind als in einer zentralen Budgetsteuerung. Es besteht sogar die Gefahr eines neuen „Dezemberfiebers", von dem die Reformen der letzten Jahrzehnte die Theater eigentlich kurieren sollten. Die Einführung einer dezentralen Budgetsteuerung muss deswegen auch mit einer Änderung der Organisationskultur einhergehen: Auf der einen Seite bedingt dezentrale Budgetverantwortung, dass die Theaterleitung bereit ist diese Verantwortung an die Budgetverantwortlichen abzugeben. Auf der anderen Seite müssen Budgetverantwortliche und Controlling gerade in einer dezentralen Budgetverantwortung bereit sein, ganzheitlich im Sinne des gesamten Theaters zu denken. So kann es z. B. für den Erfolg einer Produktion essentiell wichtig sein zwischen dem Ausstattungsbudget und dem Gästebudget umzuschichten, auch wenn diese Budgets von verschiedenen Personen verantwortet werden. In der freien Marktwirtschaft spricht man von „Intrapreneuren" – also Mitarbeitenden, die wie

Unternehmer und Unternehmerinnen im eigenen Unternehmen denken und arbeiten. Dezentrales Kostencontrolling in einem öffentlichen Theater braucht Akteure, die nicht abteilungsegoistisch denken, sondern den künstlerischen wie den finanziellen Erfolg des ganzen Theaters im Blick haben. Der Weg zur schwarzen Null ist ein gemeinsamer Weg aller Beteiligten.

Literatur

Ahn, H., Clermont, M., Harms, S. G. & C. Spang (2019). Einsatz von Controlling-Instrumenten in öffentlichen Theatern. Ergebnisse einer empirischen Studie. In: Controlling 31 (4/2019).

Forum Theater-Controlling (Hrsg.) (2019). Controlling im Theater. Unter Mitarbeit von Jürgen Pelz, Bettina Reinhart, Petra Schneidewind und Tom Schößler. Hg. v. Forum Theater-Controlling (Hrsg.). Institut für Kulturmanagement Ludwigsburg. Ludwigsburg.

Hartung, A. (1998). Controlling in öffentlichen Kulturbetrieben. Sinnvolle Steuerung vorhandener Mittel unter Berücksichtigung des kulturpolitischen Auftrags. Bonn: Kulturpolit. Ges (Den Wandel durch Fortbildung begleiten, 2).

Stefan Mehrens ist Verwaltungsdirektor am Staatstheater Braunschweig. Er unterrichtet an der Universität Bayreuth und der Ludwig-Maximilians-Universität München verschiede Aspekte des Kulturmanagements.

ESG Reporting – was kommt auf die Theater zu?

Knut Henkel

Inhaltsverzeichnis

Zusammenfassung

Für Geschäftsjahre ab 2024 müssen die ersten Unternehmen einen Nachhaltigkeitsbericht gemäß der CSRD erstellen und veröffentlichen. Der Beitrag gibt einen Überblick über dieses neue ESG-Reporting. Für die Ermittlung der neuen „grünen" KPIs sind sämtliche Wirtschaftsaktivitäten eines Theaters auf Konformität mit der EU Taxonomie hin zu überprüfen. Zudem sind eine Vielzahl von einzelnen ESG-Informationen gemäß der Nachhaltigkeitsstandards ESRS offenzulegen. Beim Klima-ESRS sind beispielsweise im Rahmen der CO_2-Bilanzierung die vom Theater verursachten direkten und indirekten Emissionen offenzulegen. Ein wichtiges Element der indirekten CO_2-Emissionen

K. Henkel (✉)
Hochschule Emden/Leer, Emden, Deutschland
E-Mail: knut.henkel@hs-emden-leer.de

© Der/die Autor(en), exklusiv lizenziert an Springer Fachmedien Wiesbaden GmbH, ein Teil von Springer Nature 2024
P. Schneidewind et al. (Hrsg.), *Theatercontrolling,*
https://doi.org/10.1007/978-3-658-44984-1_7

von Theatern sind die durch die Besucher verursachten CO_2-Emissionen für Theaterbesuche.

Schlüsselwörter

Neue Nachhaltigkeitsberichterstattung • CSRD • EU Taxonomie • ESRS • „grüne" KPIs • CO_2-Bilanzierung

1   Ausgangslage

Gegenstand des Geschäftsberichtes ist bei den meisten Unternehmen bisher die Finanzberichterstattung, nicht aber eine Berichterstattung zur Nachhaltigkeit.[1] Im Rahmen der Finanzberichterstattung haben die Unternehmen u. a. den Jahresabschluss, bestehend aus der Bilanz, der Gewinn- und Verlustrechnung und dem Anhang, sowie den Lagebericht zu veröffentlichen; entweder nach HGB oder IAS/IFRS. Im Vordergrund stehen hier die finanziellen Aspekte (F) eines Unternehmens. Zukünftig werden viele Unternehmen zusätzlich einen gleichwertigen Nachhaltigkeitsbericht im Geschäftsbericht veröffentlichen müssen. Unter Nachhaltigkeit versteht man hier eine Berichterstattung über die Aspekte Umwelt (*Environment* E), Soziales (*Social* S) und gute Unternehmensführung (*Governance* G), was auch unter der Abkürzung ESG subsumiert wird. Der Hauptfokus der aktuellen Nachhaltigkeitsdiskussion liegt – durch das drängendste Problem der CO_2-Vermeidung beziehungsweise -Reduktion – auf den Umweltaspekten (E). Daher ist anstatt von einer „nachhaltigen" oft auch von einer „grünen" Aktivität die Rede. Die neue Berichterstattung soll eine integrierte Berichterstattung sein, in der in einem Bericht sowohl der Finanzbericht (F) als auch der Nachhaltigkeitsbericht (ESG) abgebildet werden (F-ESG) (Abb. 1). Bereits heute veröffentlichen Unternehmen Nachhaltigkeitsberichte. Diese sind aber weniger umfangreich als das, was die neue Nachhaltigkeitsberichterstattung vorsieht. Für Kulturbetriebe, die bereits einen Nachhaltigkeitsbericht erstellen, siehe u. a. Baumast (2023) sowie Gruber/Herzig (2022).

Was ist die Grundlage dieser neuen Nachhaltigkeitsberichterstattung? Basierend auf dem Pariser Klimaabkommen 2016 und der Agenda 2030 der Vereinten Nationen hat die EU-Kommission am 8. März 2018 den Aktionsplan für ein nachhaltiges Finanzwesen *(sustainable finance)* veröffentlicht, wodurch (private) Kapitalströme sukzessive in nachhaltige Investitionen gelenkt werden sollen und das Thema Nachhaltigkeit bei Investitionsentscheidungen stärker in den Fokus

---

[1] Dieser Artikel basiert auf Henkel/Wietjes (2022) und Henkel (2022) und hat den Rechtsstand November 2023.

Abb. 1 Integrierte
Berichterstattung. (Quelle:
Eigene Darstellung)

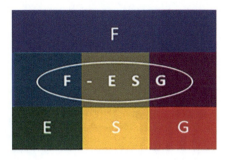

rücken soll (Europäische Kommission, 2018, S. 1 ff.). Daran anknüpfend hat
die EU-Kommission am 19. Dezember 2019 eine Strategie mit einem weit-
umfassenden Maßnahmenpaket unter dem Namen EU Green Deal vorgestellt,
wodurch

> „die EU zu einer fairen und wohlhabenden Gesellschaft mit einer modernen, ressour-
> ceneffizienten und wettbewerbsfähigen Wirtschaft werden soll, in der im Jahr 2050
> keine Netto-Treibhausgasemissionen mehr freigesetzt werden und das Wirtschafts-
> wachstum von der Ressourcennutzung abgekoppelt ist" (Europäische Kommission,
> 2019, S. 2).

Die EU-Kommission rechnet für die Erreichung des Ziels im Jahr 2050 mit
jährlichen Investitionen von 260 Mrd. €, Experten erwarten sogar Kosten bis
zu 500 Mrd. € jährlich (Fischer 2020). In der nächsten Dekade ist dies also
ein Volumen zwischen 2,6 und 5 Billionen Euro. Ein Teil dieser finanziellen
Mittel, die für die Transformation zu einer CO_2-neutralen Wirtschaft benötigt werden, wird aus den öffentlichen Haushalten kommen. Der mit Abstand
größte Teil ist jedoch von den Kapitalmärkten zur Verfügung zu stellen. Es wird
erwartet, dass Nachhaltigkeitsrisiken (ESG) als Teil der Markt- und Kreditrisi-
ken – auch aufgrund des EU Green Deals – in Zukunft immer bedeutsamer
für eine Investitionsentscheidung werden. Aus Sicht der Investoren stellt sich
dann die Frage, woher die Informationen stammen, wie nachhaltig ein Unternehmen ist und vor allem, was genau unter Nachhaltigkeit zu verstehen ist.
Die Berichtspflicht der Unternehmen über Nachhaltigkeit regelt die Corporate
Sustainability Reporting Directive CSRD (2022), und die EU Taxonomie Verordnung EU TaxVO (2020) definiert einheitlich für den europäischen Rechtsraum,
was unter einer nachhaltigen Wirtschaftsaktivität verstanden wird. Zusammenfassend kann festgehalten werden, dass die Unternehmen für die Transformation
der Wirtschaft bis 2050 hin zur CO_2-Neutralität viel Kapital benötigen, welches

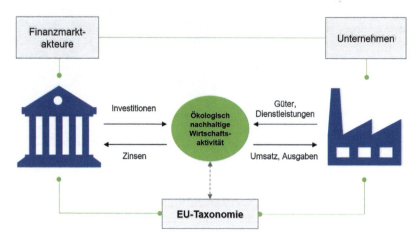

Abb. 2 EU-Taxonomie als zentraler Baustein des EU Green Deals (ICV, 2021, S. 20)

größtenteils von den Finanzmarktakteuren bereitgestellt wird. Im Fokus dieses Systems steht die EU-Taxonomie, die für alle Beteiligten definiert, was eine nachhaltige Wirtschaftsaktivität genau ist. Über die CSRD in Verbindung mit den (europäischen) Nachhaltigkeitsstandards ESRS werden die Unternehmen verpflichtet, den Finanzmarktakteuren Nachhaltigkeitsinformationen bereitzustellen, die diese für ihre Investitionsentscheidung benötigen, damit die Unternehmen das Geld erhalten, das sie für die Transformation ihres Geschäftsmodells Richtung Net Zero benötigen (Abb. 2).

Nachfolgend werden die EU TaxVO (Kap. 2) und die CSRD (Kap. 3) näher erläutert. Die CSRD sieht auch die Etablierung europäischer Nachhaltigkeitsstandards vor, der European Sustainability Reporting Standards ESRS (CSRD, 2022, Artikel 19b), die unter anderem auch eine Berichterstattung über die CO_2-Bilanzierung vorsehen. Dieses ist Gegenstand des Kap. 4. Der Beitrag schließt mit einem Ausblick (Kap. 5).

2 EU Taxonomie Verordnung (EU TaxVO)

Die folgenden beiden Fragen sollen in diesem Kapitel mithilfe der EU TaxVO geklärt werden.

- Wann ist eine Wirtschaftsaktivität „grün"?
- Wie ermittelt man „grüne" Kennziffern (Key Performance Indicators, KPIs)?

2.1 Wann ist eine Wirtschaftsaktivität „grün"?

Gemäß der EU TaxVO ist eine Wirtschaftsaktivität dann „grün" (beziehungsweise „nachhaltig"), wenn folgende drei Kriterien kumulativ erfüllt sind:

1. „Wesentlicher" Beitrag zu einem der sechs in der EU TaxVO festgelegten Umweltziele:
   - Klimaschutz
   - Anpassung an den Klimawandel
   - Nachhaltige Nutzung und Schutz von Wasser- und Meeresressourcen
   - Übergang zur Kreislaufwirtschaft
   - Vermeidung und Verminderung von Umweltverschmutzung
   - Schutz und Wiederherstellung von Biodiversität und Ökosystemen
2. Keine „erhebliche" Beeinträchtigung eines der anderen fünf Umweltziele (engl. „do not significant harm" DNSH).
3. Einhaltung des sozialen Mindestschutzes

Besagter sozialer Mindestschutz ist gegeben, wenn auf Unternehmensebene die gängigen internationalen Sozialkonventionen der UN, OECD und ILO eingehalten werden (Abb. 3).

Da die Begriffe „wesentlich" und „erheblich" Interpretationsspielraum lassen, werden sogenannte technische Bewertungskriterien definiert, anhand derer eindeutig ermittelt werden kann, wann ein Beitrag als wesentlich gilt beziehungsweise eine Beeinträchtigung als erheblich einzustufen ist. Diese finden sich in entsprechenden Anhängen von insgesamt vier delegierten Verordnungen zur EU TaxVO (2021a, 2022, 2023a, 2023b) wieder und umfassen aktuell 153 verschiedene Wirtschaftstätigkeiten aus 17 Branchen (Henkel und Lay-Kumar, 2023).

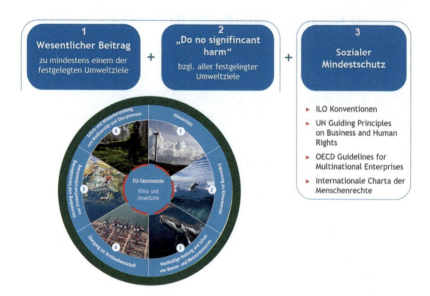

Abb. 3 Wann ist eine Wirtschaftsaktivität „grün"? (in Anlehnung an WWF, 2021, S. 2)

Der mit Abstand größte Teil der Wirtschaftsaktivitäten entfällt zurzeit auf die Umweltziele 1 und 2.

Die zuvor skizzierte Vorgehensweise soll im Folgenden anhand eines Beispiels aus der Wirtschaft erläutert werden, welches analog aber auch für Wirtschaftsaktivitäten von Theater gilt. Gegeben sei ein kleiner, fiktiver VW-Konzern, der nur drei Wirtschaftsaktivitäten ausführt. Bau des Autos „VW Arteon Shooting Brake", einmal als Diesel und einmal als eHybrid. Zudem wird ein Ersatzteilhandel betrieben. Gegeben sind die CO_2-Emissionen pro gefahrenen Kilometer für den Diesel (107 g/km) als auch eHybrid (36 bis 40 g/km). Die Tätigkeit „Herstellung von Kraftwagen und Kraftwagenmotoren" ist dem sogenannten NACE-Code „C.29.1." zugeordnet. Der NACE-Code ist ein Klassifikationssystem für Wirtschaftszweige, mit dem alle Wirtschaftsaktivitäten einheitlich in amtlichen Statistiken erfasst werden und auf welches auch die EU TaxVO zurückgreift (Abb. 4).

Im Rahmen des ersten Prüfungsschrittes, ob ein wesentlicher Beitrag zum ersten Umweltziel (Klimaschutz) vorliegt, ergibt sich aus der entsprechenden delegierten Verordnung zur EU TaxVO (2021a) zu dem NACE-Code C.29.1 als technisches Bewertungskriterium ein Wert von „weniger als 50 g CO_2 pro km".

■ **Ausgangslage**
 – Produktion „VW Arteon Shooting Brake"
 (Diesel und ehybrid) sowie Ersatzteilhandel
 – CO2-Emission
  – eHybrid: 36-40 g/km
  – Diesel: 107 g/km
 – **NACE Code: C.29.1**
 „Herstellung von Kraftwagen und Kraftwagenmotoren"

Abb. 4 Beispiel Taxonomiekonformität. (Eigene Darstellung, VW 2022)

Somit wird mit dem Bau des eHybrids, der mit einem Ausstoß von 36 bis 40 g CO_2 pro km unter diesem Bewertungskriterium liegt, ein wesentlicher Beitrag zur Erfüllung des ersten Umweltzieles getätigt. Sämtliche drei Prüfungsschritte sind formal für jede Wirtschaftsaktivität für alle sechs Umweltziele zu durchlaufen (Abb. 5).

Um das Beispiel an dieser Stelle abzukürzen, unterstellen wir, dass im Rahmen des zweiten Prüfungsschrittes (bezüglich des eHybrids) das DNSH-Kriterium genauso erfüllt sei wie beim dritten Prüfungsschritt, der Einhaltung der sozialen Mindeststandards (wie zum Beispiel Einhaltung der Menschenrechte entlang der Lieferkette).

„Wesentlicher Beitrag" ?
Kapitel 3.3. „Herstellung von CO2-armen Verkehrstechnologien", S. 47 f.
Anlage 1 zu C(2021) 2800: Technische Bewertungskriterien bezüglich Art. 10 TaxonomieVO = Umweltziel 1

Die Wirtschaftstätigkeiten in dieser Kategorie können gemäß der mit der Verordnung (EG) Nr. 1893/2006 aufgestellten statistischen Systematik der Wirtschaftszweige mehreren NACE-Codes, insbesondere C.29.1, C.30.1, C.30.2, C.30.9, C.33.15 und C.33.17, zugeordnet werden.

`C.29.1`

Werden.

Technische Bewertungskriterien

eHybrid	Diesel
☑	☒

Wesentlicher Beitrag zum Klimaschutz

Im Rahmen der Wirtschaftstätigkeit wird Folgendes hergestellt, repariert, gewartet, nachgerüstet[74], umgenutzt oder aufgerüstet:
…

(f) als Personenkraftwagen und leichte Nutzfahrzeuge eingestufte Fahrzeuge der Klassen M1 und N1[80] mit

  i) bis zum 31. Dezember 2025: spezifischen CO_2-Emissionen im Sinne von Artikel 3 Absatz 1 Buchstabe h der Verordnung (EU) 2019/631 des Europäischen Parlaments und des Rates[81] von weniger als 50 g CO_2/km (emissionsarme und emissionsfreie Personenkraftwagen und leichte Nutzfahrzeuge);

eHybrid
36 bis 40 < 50 g/CO_2

Diesel
107 > 50 g/CO_2

Abb. 5 Beispiel Taxonomiekonformität (2/3). (Quelle: Eigene Darstellung)

- **Wirtschaftsaktivitäten**
  1. Produktion „VW Arteon Shooting Brake" eHybrid
  2. Produktion „VW Arteon Shooting Brake" Diesel
  3. Ersatzteilhandel

- **Ergebnis**

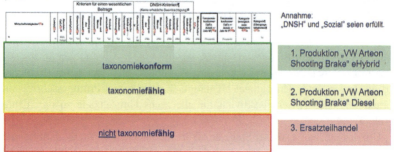

Abb. 6 Beispiel Taxonomiekonformität (3/3). (Quelle: Eigene Darstellung (VW 2022))

Dann wäre das Ergebnis bezüglich der Prüfung, welche der drei relevanten Wirtschaftsaktivitäten „grün" im Sinne der EU TaxVO ist, wie folgt. Der Ersatzteilhandel ist nicht taxonomiefähig, weil diese Wirtschaftsaktivität gar nicht in der entsprechenden delegierten Verordnung mit den technischen Bewertungskriterien aufgeführt ist. Der Bau des Diesels fällt zwar unter eine der in der delegierten Verordnung aufgeführten Wirtschaftstätigkeiten und ist daher taxonomiefähig, erfüllt aber nicht das dort genannte technische Bewertungskriterium. Lediglich der Bau des eHybrids ist taxonomiekonform, da er mit dem Erfüllen des technischen Bewertungskriteriums (Ausstoß von weniger als 50 g CO_2 pro gefahrenen Kilometer) einen wesentlichen Beitrag zu Umweltziel 1 leistet. Eine „grüne" beziehungsweise „nachhaltige" Wirtschaftsaktivität im Sinne der TaxVO stellen ausschließlich die sogenannten taxonomiekonformen Wirtschaftsaktivitäten dar (Abb. 6).

2.2 Wie ermittelt man „grüne" Kennziffern (KPIs)?

Die Prüfung der Taxonomiekonformität schafft die Grundlage für die Bestimmung „grüner" Key Performance Indicators (KPIs), die sich aus dem Artikel 8 der EU TaxVO ergeben. Realwirtschaftliche Unternehmen müssen diesbezüglich den prozentualen Anteil ökologisch nachhaltiger (grüner) Aktivitäten hinsichtlich des Umsatzes, der Investitionsausgaben (capital expenditures, CapEx) und der Betriebsausgaben (operational expenditures, OpEx) ermitteln. Im Zähler dürfen hier ausschließlich Werte von taxonomiekonformen Wirtschaftsaktivitäten einfließen. Insofern stellen diese grünen KPIs eine integrierte Berichterstattung dar, weil sowohl ESG- als auch F-Informationen kombiniert abgebildet werden. Die detaillierte Definition, was bei der Berechnung des Quotienten in den Zähler beziehungsweise Nenner fließt, ergibt sich aus einer weiteren, zweiten delegierten Verordnung zur EU TaxVO (2021b).

Die Funktionsweise der grünen KPIs soll auch hier anhand des vorherigen Beispiels an der Kennziffer OpEx erläutert werden. Die IFRS-Konzern-Gewinn- und Verlustrechnung des fiktiven VW-Konzerns beinhaltet insgesamt Betriebsausgaben (OpEx) in Höhe von 100.000 €. Davon entfallen 10.000 € auf die Reparatur der Produktionsanlage, mit der der eHybrid gebaut wird, und 70.000 € auf die, mit der der Diesel gebaut wird. Weitere 20.000 € entfallen auf die Reparatur der Lagerhalle, wo die Teile für den Ersatzteilhandel gelagert werden. Somit beträgt der „grüne" Anteil an den Betriebsausgaben in dem Beispiel 10 %. Je höher die grünen KPIs sind, desto nachhaltiger ist also das Geschäftsmodell eines Unternehmens einzustufen (Abb. 7).

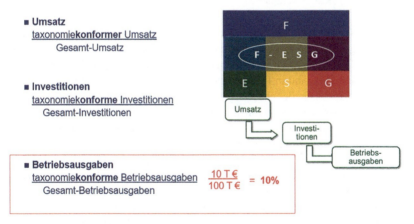

Abb. 7 Grüne KPIs bei realwirtschaftlichen Unternehmen (2022). (Quelle: Eigene Darstellung)

Bei Kreditinstituten ist die sogenannte Green Asset Ratio (GAR) und bei Vermögensverwaltern/Assetmanagern/Wertpapierfirmen die sogenannte Green Investment Ratio (GIR) zu ermitteln. Hier werden jeweils die taxonomiekonformen finanziellen Aktiva ins Verhältnis zu den Gesamtaktiva gesetzt. Ähnlich wird die Quote bei den Kapitalanlagen von Versicherern ermittelt. Hingegen werden bei den versicherungstechnischen Aktivitäten von Versicherern und Rückversicherern die gebuchten taxonomiekonformen Nichtlebens-Bruttoprämien ins Verhältnis zu den gesamten gebuchten Nichtlebens-Bruttoprämien gesetzt.

3 Corporate Sustainability Reporting Directive (CSRD)

Die CSRD verpflichtet bestimmte Unternehmen, die im vorherigen Kapitel beschriebenen grünen KPIs offenzulegen. Hinsichtlich der Nachhaltigkeitsberichterstattung gilt aktuell die Non-Financial Reporting Directive (NFRD). Im April 2021 legte die EU-Kommission einen CSRD-Richtlinienentwurf vor, der Art und Umfang der Nachhaltigkeitsberichterstattung umfassend verändern wird (CSRD, 2022). Diese Richtlinie wird ab dem Geschäftsjahr 2024 eingeführt werden. In dieser Übergangszeit müssen Unternehmen, die der NFRD unterliegen, bereits bestimmte Informationen der EU TaxVO veröffentlichen: Welche Unternehmen müssen die CSRD anwenden?

- 2024 (2025): NFRD-pflichtige Unternehmen (insbesondere kapitalmarktorientierte „große" Unternehmen mit mehr als 500 Mitarbeitern) sollen erstmalig für das Geschäftsjahr 2024, dann erstmalig berichtend im Jahr 2025, die CSRD anwenden. Dies sind in Deutschland ca. 500 bis 600 Unternehmen.
- 2025 (2026): „Große" Kapitalgesellschaften sollen dann erstmalig für das Geschäftsjahr 2025 mit erstmaliger Berichterstattung im Jahr 2026 die CSRD anwenden. Hier wird mit ca. 15.000 deutschen Unternehmen gerechnet, die nach der CSRD erstmalig einen Nachhaltigkeitsbericht erstellen müssen.
- 2026 (2027) bis 2028 (2029): Kapitalmarktorientierte „kleinere und mittlere" Unternehmen (KMU) sollen erstmalig für das Geschäftsjahr 2026 (erstmalig berichtend im Jahr 2027) die CSRD anwenden, allerdings in einer auf KMU zugeschnittene Fassung mit Erleichterungen. Zudem soll ein Wahlrecht bestehen, bis zu zwei Jahre später mit der CSRD-Berichterstattung beginnen zu können (sogenannte Opt-out Möglichkeit).

- 2028 (2029): Nicht-EU-Unternehmen mit über 150 Mio. € Umsatz innerhalb der EU und mit einer EU-Niederlassung oder einem EU-Tochterunternehmen sollen mit der CSRD-Berichterstattung beginnen.

„Große" Unternehmen im Sinne der CSRD sind Unternehmen, die zwei der drei nachfolgenden Kriterien erfüllen:

- Zahl der Beschäftigten im Jahresdurchschnitt: > 250
- Bilanzsumme > 25 Mio. €
- Nettoumsatzerlöse > 50 Mio. €

„Kleinere und mittlere" Unternehmen sind Unternehmen, die weniger als zwei der oben genannten drei Kriterien erfüllen.

Laut Statistik des Deutschen Bühnenvereins (2023) für die Spielzeit 2020/21 liegt etwa die Hälfte der 132 öffentlichen Theaterbetriebe oberhalb der Marke von 250 Beschäftigten. Umsatzerlöse (inkl. Betriebszuschüsse) von über 50 Mio. € erreichten hingegen nur wenige Theater, vorwiegend die großen Stadt- und Staatstheater, sowie einige Einsparten-Opernhäuser, wobei mögliche Verzerrungen durch den Einfluss der Corona-Krise berücksichtigt werden müssen. Beispielhafte Theaterbetriebe, die unter „Einnahmen gesamt" in der Theaterstatistik 2020/21 in der Nähe von 50 Mio. € liegen, sind etwa die Staatstheater in Darmstadt, Kassel, Karlsruhe oder Wiesbaden. Da für Bilanzsummen keine vergleichende Statistik vorliegt, kann nur anhand von Einzelfällen vermutet werden, dass die Grenze von 25 Mio. € von mehr Theatern erreicht wird als die Umsatzgrenze, jedoch von weniger als die Beschäftigtengrenze. Beispielhaft zu nennen sind die Theater in Bonn, Mannheim oder Erfurt mit Bilanzsummen um jeweils rund 40 Mio. € und damit deutlich über dem Grenzwert. Private Nonprofit-Theater dürften diese Grenzen nur in Ausnahmefällen überschreiten. Unter den kommerziellen Privattheatern dürften es auch lediglich die größeren Musicalhäuser sein, die in diesem Sinne als groß gelten.

Insbesondere auch für Theater ist zudem zu berücksichtigen, dass eine CSRD-Berichterstellungspflicht über den Umweg von landes- bzw. kommunalpolitischen gesetzlichen Vorgaben erfolgen kann. Landesrechtliche Vorschriften, Satzungen oder Gesellschaftsverträge verlangen regelmäßig, dass öffentliche Unternehmen – unabhängig von ihrer tatsächlichen Größe – wie „große" Kapitalgesellschaften zu bilanzieren haben. Auch kleine und mittelgroße Unternehmen in öffentlicher Hand würden dann künftig der Pflicht zur Nachhaltigkeitsberichterstattung unterliegen (IDW, 2022, S. 2 f.).

Neben dem deutlichen Anstieg der berichtspflichtigen Unternehmen erhöht sich darüber hinaus ebenfalls der Umfang der Inhalte, über die zu berichten sein wird. Neben den bereits dargestellten grünen KPIs zu den fest vorgegebenen sechs Umweltzielen (E) sind dies (qualitative) Informationen zu den ESG-Dimensionen Soziales (S) und gute Unternehmensführung/Governance (G). Eine nicht abschließende Liste, was zu den beiden letztgenannten Faktoren zählt, ist Gegenstand der Abb. 8.

Über die einzelnen (qualitativen) ESG-Sachverhalte ist nur zu berichten, wenn diese wesentlich sind. Anders als bei der Finanzberichterstattung unterliegt die Nachhaltigkeitsberichterstattung der sogenannten doppelten Wesentlichkeit, die sowohl die Outside-in- als auch die Inside-out-Perspektive beinhaltet. Die Outside-in-Perspektive betrachtet Nachhaltigkeitsaspekte, die sich auf die wirtschaftliche Lage des Unternehmens auswirken. Die Inside-out-Perspektive hingegen umfasst dabei wesentliche Auswirkungen der Unternehmenstätigkeiten auf Nachhaltigkeitsaspekte. Dazu gehören zum einen Tätigkeiten, die beim Unternehmen selbst ihren Ursprung und einen erheblichen negativen Einfluss auf Umwelt, Soziales und/oder Governance haben. Zum anderen fallen darunter ebenfalls Auswirkungen entlang der Wertschöpfungskette, die nicht vom Unternehmen selbst,

Abb. 8 ESG-Berichtspflichten gem. Art 19b BilanzRL i. d. F. der CSRD (in Anlehnung an Hartke, 2022)

sondern von der Geschäftstätigkeit eines Zulieferers stammen (EFRAG, 2022, S. 4 ff.; Schneider, 2020, o. S.).

Die gemäß der CSRD zu berichtenden Nachhaltigkeitsinformationen sind zwingend als Teil des Lageberichtes zu veröffentlichen. Die CSRD sieht erstmalig eine verpflichtende externe Prüfung der darin veröffentlichten Nachhaltigkeitsinformationen vor.

Um eine Vergleichbarkeit und Überprüfbarkeit von Nachhaltigkeitsangaben gewährleisten zu können, bedarf es der Schaffung und Implementierung einheitlicher und (international) anerkannter europäischer Nachhaltigkeitsstandards, wie es beispielsweise bei der finanziellen Berichterstattung mit dem International Financial Reporting Standards (IFRS) der Fall ist. Zudem geben die Standards den Unternehmen eine Orientierung und erleichtern die Umsetzung der zahlreichen neuen Anforderungen bezüglich der nichtfinanziellen Berichterstattung. Die CSRD sieht die Implementierung solcher europäischen Nachhaltigkeitsstandards vor. Details hierzu sind Gegensand des folgenden Kapitels.

4 European Sustainability Reporting Standards (ESRS) und CO_2-Bilanzierung

In der CSRD hat der Gesetzgeber festgelegt, dass die Nachhaltigkeitsberichterstattung durch die Schaffung europäischer Standards (European Sustainability Reporting Standards, ESRS) weiter geregelt werden soll. Im Juni 2023 hat die EU Kommission das erste Set an Nachhaltigkeitsstandards veröffentlicht, die die sektorübergreifenden Standards abdecken. Später sollen noch sektorspezifische Standards und darüber hinaus Standards für KMU veröffentlicht werden (Abb. 9).

Die veröffentlichten 12 ESRS-Standards umfassen zwei Standards zu Querschnittsthemen, fünf Standards zum Aspekt Umwelt[2] (E), vier Standards zum Aspekt Soziales (S) und ein Standard zum Aspekt Unternehmensführung (G).

Gegenstand des Standards E1 zum Klimawandel sind unter anderem Angaben zu der CO_2-Bilanzierung, auch als Carbon Footprint eines Unternehmens bezeichnet. So sind beispielsweise konkrete Angaben über die direkt und indirekt ausgestoßenen Treibhausgasemissionen (THG-Emissionen) offenzulegen. Die Reduktion von Treibhausgasen – in erster Linie CO_2– bildet eines der zentralen Bestandteile dieses Standards, so wie dies beispielsweise auch seitens des

---

[2] Die fünf Umweltstandards decken genau die sechs Umweltthemen aus der EU TaxVO ab. Dabei sind die Umweltziele 1 und 2 der EU TaxVO gemeinsam Gegenstand des ESRS E1.

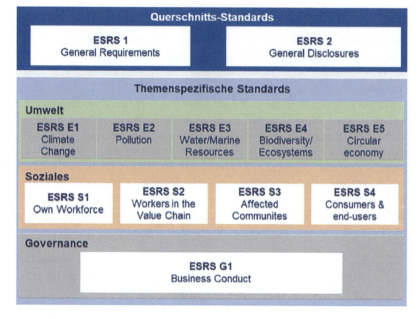

Abb. 9 Übersicht des ersten Sets an ESRS vom 06/2023 (DRSC, 2022)

Pariser Klimaabkommens oder des EU Green Deals der Fall ist. Auch die Erfüllung vieler technischer Bewertungskriterien für die Umweltziele 1 und 2 der EU TaxVO ist an (Best-in-Class-Prinzip) CO_2-Schwellenwerte geknüpft. Anknüpfend an die Systematik des sogenannten Greenhouse-Gas-(GHG)-Protokolls sollen in dem Standard ESRS E1 die CO_2-Werte für drei verschiedene Bereiche erhoben werden (Scope 1, Scope 2, Scope 3) (Abb. 10).

Abb. 10 CO_2-Bilanzierung gem. ESRS E1 (2023 AR 48)

Unter Scope 1 fallen dabei direkte THG-Emissionen, also solche, die aus Quellen stammen, die sich im Besitz oder unter direkter Kontrolle des Unternehmens befinden (zum Beispiel Fuhrpark oder Verbrennung fossiler Brennstoffe für die Erzeugung von Wärme). Scope 2 beinhaltet indirekte Emissionen eingekaufter Energie, wobei diese aus Quellen stammt, die im Besitz anderer Unternehmen sind (zum Beispiel zugekaufter Strom). Eine Berichterstattung von Scope 1 und 2 stellt eine Mindestanforderung an die Unternehmen dar. Scope 3 hingegen, worunter alle anderen indirekten THG-Emissionen fallen, ist nicht für alle CSRD-Anwender ab dem Erstjahr zwingend zu veröffentlichen. Die Scope-3-Emissionen ergeben sich als Folge von Handlungen oder Tätigkeiten des Unternehmens, stammen aber aus externen Quellen. Differenziert wird dabei zwischen vorgelagerten Aktivitäten (Upstream) und nachgelagerten Aktivitäten (Downstream). Vorgelagerte Aktivitäten sind beispielsweise für die Produktion eingekaufte Materialen oder Geschäftsreisen, nachgelagerte Aktivitäten beispielhaft der bei der Nutzung der verkauften Produkte entstehende CO_2-Ausstoss.

Das nachfolgende Praxisbeispiel der Klimabilanz des Theaters Regensburg soll verdeutlichen, welche Emissionsquellen konkret bei einem Theater anfallen können (Abb. 11).

Mit 456,23 t CO_2e stellt die Publikumsmobilität den größten Posten dar. Durch Besucherbefragungen ergaben sich folgende Detailwerte (Abb. 12).

Scope	Emissionsquelle	CO2e (in t)	%
Scope 1	Kältemittel	0,00	
	Unternehmensfuhrpark	7,94	
	Gas	134,46	
	Scope 1	**142,4**	**12,13%**
Scope 2	Strom	256,58	
	Fernwärme	99,07	
	Scope 2	**355,65**	**30,31%**
Scope 3	Mitarbeiter:innenmobilität	152,91	
	Publikumsmobilität	456,36	
	Wasser und Abwasser	2,61	
	Papier und Druckerzeugnisse	5,69	
	Abfall	57,03	
	Ausgelagerte Transporte	0,83	
	Scope 3	**675,43**	**57,56%**
Gesamt		**1.173,48**	**100,00%**

Abb. 11 Klimabilanz des Theaters Regensburg vom 02.03.2022 (1/2) (Theater Regensburg, 2022, S. 8)[3]

II. Publikumsmobilität			CO2e (in t) 456,36

Emissionsquelle	Menge	Einheit	CO2e (in t)
Pkw-Mittelklasse*	2.068.320	km	380,57
Pkw-Mittelklasse Elektro	110.339	km	7,83
Motorrad	0	km	0,00
Zug	481.162	km	40,90
Bus	243.710	km	27,05
Fahrrad	147.623	km	0,00
zu Fuß	203.164	km	0,00

Abb. 12 Klimabilanz des Theaters Regensburg vom 02.03.2022 (2/2) (Theater Regensburg, 2022, S. 16)

---

[3] Folgende Scope 3-Daten wurden noch nicht erhoben: Emissionen durch Dienstreisen, Mobilität Gastkünstler, Zulieferer und Lieferanten sowie Gastronomie/Catering.

5 Ausblick

Aufgrund des EU Green Deals im Allgemeinen und der CSRD sowie der EU TaxVO im Speziellen haben in Zukunft viel mehr Unternehmen als bisher einen Nachhaltigkeitsbericht – als gleichwertigen und verpflichtenden – Bestandteil der Finanzberichterstattung zu veröffentlichen. Die CSRD ist für ca. 15.000 Unternehmen erstmalig für das Geschäftsjahr 2025 (berichtend in 2026) anzuwenden. Darunter fallen auch öffentliche Unternehmen, die große Unternehmen i.S.d. HGB darstellen oder wie diese bilanzieren. Dies betrifft auch Theater.

Es bleibt abzuwarten, inwiefern die neue Nachhaltigkeitsberichterstattung auch für nicht CSRD-pflichtige Unternehmen zu einer gewissen Benchmark wird und entsprechende ESG-Informationen möglicherweise von den Banken – im Rahmen von Refinanzierungen der Firmenkunden – oder aber von anderen Stakeholdergruppen dennoch gefordert werden. Bei Theatern öffentlicher Unternehmen kann dies beispielsweise die Trägerschaft sein. So fordert die Finanzbehörde der Freien und Hansestadt Hamburg ihre Unternehmen der öffentlichen Hand auf, einen Nachhaltigkeitsbericht zu veröffentlichen. Dazu zählt bei den Kulturinstitutionen u. a. auch das Thalia-Theater (Gruber/Herzig, 2022, S. 256). Einen Schritt weiter geht das Deutsche Theater Göttingen (2023) und integriert Nachhaltigkeit im Rahmen einer sog. Gemeinwohl-Bilanz in die Bilanzierung.

Die grobe Richtung der neuen Nachhaltigkeitsberichterstattung lässt sich erkennen und wurde in diesem Beitrag skizziert. Zu beachten ist allerdings, dass es bisher wenige technische Bewertungskriterien zu den Umweltzielen 3 bis 6 gibt sowie die sektorspezifischen ESRS noch gänzlich ausstehen. Insbesondere zu den S- und E-Bereichen von ESG sind in der Zukunft von bestimmten Unternehmen weitere Gesetze und damit Berichtspflichten anzuwenden und umzusetzen. Erwähnt seien hier vor allem das (deutsche) Lieferkettensorgfaltspflichtengesetz (LkSG) und das europäische Pendant, die Corporate Sustainability Due Diligence Directive (CSDDD).

Literatur

Baumast, A. (Hrsg.) (2023). Kultur & Nachhaltigkeit – Nachhaltigkeitsberichterstattung von Kulturbetrieben, abgerufen am 29.08.2023 unter: https://kultur-nachhaltig.de/links-tools/nachhaltigkeitsberichterstattung-von-kulturbetrieben/.

CSRD (2022). Richtlinie (EU) 2022/2464 zur Änderung der Verordnung (EU) Nr. 537/2014 und der Richtlinien 2004/109/EG, 2006/43/EG und 2013/34/EU hinsichtlich der Nachhaltigkeitsberichterstattung von Unternehmen (engl. Corporate Sustainability Directive – CSRD,14.12.2022, Amtsblatt der Europäischen Union, Brüssel.

Deutscher Bühnenverein (2023). Deutscher Bühnenverein, Theaterstatistik 2020 | 2021, 56. Ausgabe, abgerufen am 20.09.2023 unter: https://www.buehnenverein.de/de/publikati onen-und-statistiken/statistiken/theaterstatistik.html.

Deutsches Theater Göttingen (Hrsg.) (2023). Gemeinwohl-Ökonomie, abgerufen am 29.08.2023 unter: https://www.dt-goettingen.de/stueck/gemeinwohl-oekonomie.

DRSC (2022). Der Deutsche Rechnungslegungs Standards Committee (DRSC), Briefing Paper: European Sustainability Reporting Standards (ESRS) – aktueller Stand zum 22. November 2022, S. 1.

EFRAG (2022). [Draft] European Sustainability Reporting Guidelines 1 Double materiality conceptual guidelines for standard-setting, EFRAG, Brüssel.

ESRS E1 (2023). Delegierte Verordnung C (2023) 5303 zur Ergänzung der Richtlinie 2013/34/EU des Europäischen Parlaments und des Rates durch Standards für die Nachhaltig-keitsberichterstattung, Anhang I – Europäische Standards für die Nachhaltigkeitsbericht-erstattung (ESRS), S. 75 ff.

EU Taxonomie Verordnung (2020). Verordnung (EU) 2020/852 des Europäischen Parla-ments und des Rates, Amtsblatt der Europäischen Union, Brüssel.

EU Taxonomie Verordnung (2021a). Delegierte Verordnung (EU) 2021/2139 der Kommis-sion zur Ergänzung der Verordnung (EU) 2020/852 des Europäischen Parlaments und des Rates, technische Bewertungskriterien zu den Umweltzielen 1 und 2, 04.06.2021, Amtsblatt der Europäischen Union, Brüssel.

EU Taxonomie Verordnung (2021b). Delegierte Verordnung (EU) 2021/2178 der Kommis-sion zur Ergänzung der Verordnung (EU) 2020/852 des Europäischen Parlaments und des Rates, „Grüne" KPIs, 06.07.2021, Amtsblatt der Europäischen Union, Brüssel.

EU Taxonomie Verordnung (2022). Delegierte Verordnung (EU) 2022/1214 der Kommis-sion zur Ergänzung der Verordnung (EU) 2020/852 des Europäischen Parlaments und des Rates, weitere technische Bewertungskriterien zu den Umweltzielen 1 und 2 bezüglich bestimmter Energiesektoren, 09.03.2022, Amtsblatt der Europäischen Union, Brüssel.

EU Taxonomie Verordnung (2023a). Delegierte Verordnung ((C(2023) 3850 der Kommis-sion zur Ergänzung der Verordnung (EU) 2020/852 des Europäischen Parlaments und des Rates, weitere technische Bewertungskriterien zu den Umweltzielen 1 und 2, 27.06.2023, Amtsblatt der Europäischen Union, Brüssel.

EU Taxonomie Verordnung (2023b). Delegierte Verordnung ((C(2023) 3851 der Kommis-sion zur Ergänzung der Verordnung (EU) 2020/852 des Europäischen Parlaments und des Rates, technische Bewertungskriterien zu den Umweltzielen 3 bis 6, 27.06.2023, Amtsblatt der Europäischen Union, Brüssel.

Europäische Kommission (2018). COM(2018) 97 final, Aktionsplan: Finanzierung nachhal-tiges Wachstum, Amtsblatt der Europäischen Union, Brüssel.

Europäische Kommission (2019). COM(2019) 640 final, Der europäische Green Deal, Amts-blatt der Europäischen Union, Brüssel.

Fischer, E. (2020). Green Deal – Billionen-Plan der EU-Kommission fürs Klima wird konkret, Handelsblatt (online) abgerufen am 18.10.2022 unter: https://www.handelsbl

88 K. Henkel

att.com/politik/international/green-deal-billionen-plan-der-eu-kommission-fuers-klima-wird-konkret/25405002.html.

Gruber, K.; Herzig, C. (2022). Braucht es einen Nachhaltigkeitskodex für die Kultur? Überlegungen zur Nachhaltigkeitsberichterstattung und -strategie im Kulturbetrieb, in: Kröger, F.; Mohr, H., Sievers, N.; Weiß, R. (Hrsg.), Jahrbuch für Kulturpolitik 2021/22 – Kultur der Nachhaltigkeit, 2022, Bielefeld, S. 252–261

Hartke, V. (2022). Green and more: Nachhaltigkeitsberichterstattung bald auch im Mittelstand, Übersicht 1, Fachzeitschrift Die Wirtschaftsprüfung (WPg), 22.2021, S. 1405.

Henkel, K. (2022). Impulsvortrag zur Nachhaltigkeitsberichterstattung als Teil des EU Green Deals, 18. Forum Theater-Controlling, 29.10.2022, abgerufen am 29.08.2023 unter: https://www.theatermanagement-aktuell.de/18-forum-theater-controlling-legte-schwerpunkt-auf-nachhaltigkeit/.

Henkel, K. & Lay-Kumar, J. (2023). EU-Taxonomie: Übersicht aller „grünen" Wirtschaftstätigkeiten zum Stand 13.06.2023, in: Die Zeitschrift für internationale und kapitalmarktorientierte Rechnungslegung (KoR), Nr. 07–08, 14.07.2023, S. 316–324.

Henkel, K.; Wietjes, C. (2022): Geschäftsbericht: Nachhaltigkeitsbericht zukünftig – als gleichwertiger und verpflichtender – Bestandteil der Finanzberichterstattung, in: Eller, R./Heinrich, M./Schober, M. (Hrsg.), Geldanlegen wie die Profis, Finanzbuch Verlag, ein Imprint der Münchner Verlagsgruppe GmbH, München, S. 175–191.

ICV (2021). Internationalen Controller Verein (ICV): EU-Taxonomie für Sustainable Finance – Die Rolle des Green Controllings bei der Umsetzung des European Green Deals, White Paper des Fachkreises Green Controlling for Responsible Business im ICV, Wörthsee, November 2021.

IDW (2022). Institut der Wirtschaftsprüfer (IDW), Schreiben zur Nachhaltigkeitsberichterstattung öffentlicher Unternehmen, 08.09.2022.

Schneider, G. (2020). Klimabezogene Berichterstattung: Wesentlichkeitsbegriff unter der Lupe, Der Betrieb [online] abgerufen am 11.05.2022 unter: https://www.der-betrieb.de/interview/klimabezogene-berichterstattung-wesentlichkeitsbegriff-unter-der-lupe/.

Schönauer, K. (2021). Prüfungspflichten bei der Nachhaltigkeitsberichterstattung – EU-Richtlinie für Corporate Sustainability Reporting (CSRD), KPMG [online] abgerufen am 23.03.2022 unter: https://home.kpmg/at/de/home/insights/2021/08/pruefungspflichten-bei-der-nachhaltigkeitesberichterstattung.html.

Theater Regensburg (Hrsg.) (2022). Klimabilanz, 02.03.2023.

Volkswagen (VW) (2022). Der Arteon Shooting Brake, [online] abgerufen am 18.10.2022 unter: https://www.volkswagen.de/de/modelle/arteon-shooting-brake.html.

WWF (2021). WWF: Ein Meilenstein für mehr Nachhaltigkeitstransparenz, 07/2021.

Knut Henkel ist Professor für Bilanzielles Rechnungswesen an der Hochschule Emden/Leer.

Perspektive: Kunden

Vertriebscontrolling an deutschen Theater- und Konzerthäusern

Elise Radeke

Inhaltsverzeichnis

Zusammenfassung

Vertriebscontrolling hat in den letzten Jahren an deutschen Theater- und Orchesterbetrieben an Bedeutung gewonnen. Der Beitrag nimmt wichtige Voraussetzungen für die erfolgreiche Umsetzung in den Blick und beschreibt anhand von vier Einsatzbereichen die Potenziale von Vertriebscontrolling: Auslastung, Preisgestaltung, Kundenbindung und Distribution. Vertriebscontrolling zielt dabei nicht nur auf monetären Erfolg ab, sondern soll auch einen Beitrag leisten, das Publikum zurück in die Häuser zu holen, langfristig zu

E. Radeke (✉)
Leitung Kommunikation und Vertrieb, Musiktheater im Revier GmbH, Gelsenkirchen, Deutschland
E-Mail: mail@eliseradeke.de

© Der/die Autor(en), exklusiv lizenziert an Springer Fachmedien Wiesbaden GmbH, ein Teil von Springer Nature 2024
P. Schneidewind et al. (Hrsg.), *Theatercontrolling*,
https://doi.org/10.1007/978-3-658-44984-1_8

binden und so eine wichtige Basis für einen zukunftsfähigen Kulturbetrieb zu schaffen.

Schlüsselwörter

Erlöscontrolling • Preisgestaltung • Distribution • Ticketing • Kundenbindung

1 Problemlage

Theater- und Konzerthäuser stehen aktuell vor großen Herausforderungen. Ein deutlich sichtbares Problem sind dabei die sinkenden Besucherzahlen. Denn wenn die Säle leerbleiben und die Menschen nicht mehr ins Theater oder Konzert gehen, hat das nicht nur direkte Auswirkungen auf die Einnahmen eines Hauses. In Zeiten von Haushaltskürzungen und Sparmaßnahmen besteht die Gefahr, dass der Rückhalt in der Gesellschaft und Politik für kulturelle Institutionen schwindet und in der Konsequenz Zuschüsse gestrichen werden, da ja „sowieso keiner mehr hin geht". Aber auch psychologisch haben halbleere Säle sowohl auf die anwesenden Zuschauenden als auf die Belegschaft des Hauses eine negative Wirkung. Oft leidet die Atmosphäre am Abend der Vorstellung, was zu einem eingetrübten Besuchserlebnis führt. Fehlende Zuschauende können außerdem dazu führen, dass Mitarbeitende sich um die Zukunft des Hauses und damit Ihrer Beschäftigung sorgen. Das kann wiederum direkten Einfluss auf die Arbeitsleistung haben. Gerade in einem künstlerischen und meist familiären Arbeitsumfeld können solche Stimmungen eine stärkere direktere Auswirkung haben als bei großen Unternehmen der freien Wirtschaft.

Gründe für das Wegbleiben des Publikums sind unter anderem die Überalterung des Publikums bei gleichzeitig fehlenden Neukund*innen und das stetig wachsende Konkurrenzangebot bei der Freizeitgestaltung. Diese Entwicklung war bereits vor der Corona-Pandemie zu erkennen. Aber erst durch die Ausnahmesituation des Lockdowns wurde ein breites Bewusstsein dafür geschaffen, dass es zwingend notwendig ist, Veränderungsprozesse anzustoßen, um zukunftsfähig zu bleiben. In den Leitungsebenen von Theater- und Konzerthäusern ist der Publikumsschwund inzwischen ein zentrales Thema und seine Bekämpfung mithilfe von Vertriebsmaßnahmen ein wichtiges Ziel.

Der vorliegende Beitrag widmet sich zunächst den Voraussetzungen für ein erfolgreiches Vertriebscontrolling, bevor vier zentrale Handlungsfelder des Vertriebscontrollings beleuchtet werden: Auslastung, Erlöse, Kundenbindung und Distribution. Dabei handelt es sich keineswegs um eine vollständige oder gar abschließende Liste dessen, was Controlling tun kann oder sollte, sondern vielmehr um eine erfahrungsorientierte Markierung der aus Praxissicht wichtigen

Elemente des Vertriebscontrollings in Theater- und Konzertbetrieben, unterfüttert mit Beispielen aus Stationen meines bisherigen beruflichen Werdegangs.

2 Ziele und Voraussetzungen des Vertriebscontrollings an Theater- und Konzerthäusern

Die Vertriebsabteilung eines Hauses ist eine zentrale Schnittstelle zum Publikum und in den meisten Fällen der erste direkte Kontaktpunkt des Besuchenden. Beim Kartenkauf über das Ticketsystem werden wertvolle Daten erhoben, die Aufschlüsse über das Verhalten der Kund*innen geben können. Hier machen sich außerdem Auswirkungen von Marketingmaßnahmen meist als erstes bemerkbar. Im Vertriebscontrolling werden all jene Vorgänge gesteuert, die Auskunft über die Leistungsfähigkeit des Vertriebs geben. Vertriebscontrolling kann dabei helfen, den Status Quo eines Hauses zu ermitteln, notwendige zu bearbeitende Themenfelder aufzudecken, den Veränderungsprozess zu begleiten und den Erfolg der Maßnahmen zu messen und zu dokumentieren. In der Praxis lassen sich vier Ziele des Vertriebscontrollings beobachten, aus denen vier zentrale Felder abgeleitet werden können:

1. Besuchsziele: Die abgesetzten Tickets und die Auslastung der Veranstaltungen sind in allen Theater- und Konzertbetrieben bedeutsame Kennzahlen
2. Erlösziele: Der durch verkaufte Tickets erzielte Umsatz, sowie die Analyse der Eintrittspreisgestaltung werden im Erlöscontrolling gebündelt und i. d. R. im Rahmen des Vertriebscontrollings gesteuert
3. Kundenbindungsziele: Treue Besucher*innen dürften in allen Theater- und Konzertbetrieben gewünscht sein. Das Abonnement ist dafür weiterhin ein wichtiges Instrument.
4. Distributionsziele: Effizient gesteuerte Absatzkanäle, eine leistungsfähige Vertriebsorganisation und Kundenservice tragen zu einem erfolgreichen Vertrieb bei.

Es lässt sich an deutschen Theater- und Konzerthäusern zudem beobachten, dass der Erfolg des Vertriebscontrollings abhängig von verschiedenen Grundvoraussetzungen ist, die erfüllt sein sollten. Neben der organisatorischen Verankerung und Akzeptanz des Vertriebs, über die fachlichen Anforderungen an das Vertriebspersonal bis zu den technischen Voraussetzungen an Hardware, Software und Daten gilt es für das Theatermanagement, die richtigen Rahmenbedingungen für erfolgreichen Vertrieb zu schaffen.

Erfolgreiches Vertriebscontrolling steht und fällt mit dem Bewusstsein der Mitarbeitenden für dieses Thema und seine Notwendigkeit, beginnend bei der Theaterleitung, die die personellen und strukturellen Voraussetzungen hierfür schaffen muss bis hin zum Mitarbeitenden an der Kasse. Vom Veränderungsprozess betroffene Mitarbeitende müssen in den Prozess mit einbezogen werden.

Betrachtet man ältere Organigramme der deutschen Theater- und Konzerthäuser, findet man in den seltensten Fällen zuständige Mitarbeitende für den Vertrieb. Das gängige Bild war die Trennung in eine Marketingabteilung und die Theater- oder Konzertkasse. Hier hat sich in den letzten Jahren vieles zum Positiven entwickelt. Die beiden Bereiche verzahnen sich stärker bzw. sind in einigen Häusern sogar personell in einer Hand. Hier lohnt es sich, historisch gewachsenen Stellenpläne und Hierarchien zu hinterfragen und ggf. neu zu organisieren.

Ein zukunftsorientierter Vertrieb in Theater- und Konzerthäusern fordert von den Mitarbeitenden betriebswirtschaftliches Fachwissen in den Bereichen Controlling, Marketing und Marktforschung. Der früher oft übliche Weg vom „Hineinwachsen" in bestimmte Positionen am Theater ohne ein fachspezifisches Studium oder eine entsprechende Ausbildung scheint in meinen Augen für diese Anforderungen nicht mehr zeitgemäß. Personalabteilungen sollten diese Entwicklungen bei der Gewinnung von neuem Personal berücksichtigen und entsprechende Anreize für theaterferne Fachkräfte schaffen.

Ein Großteil der Analysedaten sind über den Kartenkauf erhobene Informationen wie Kundendaten, Anzahl und Zeitpunkt des Kaufs, Vertriebskanal, Zahlungsmittel und andere Daten. Diese werden über das Ticketsystem des jeweiligen Hauses erfasst und sind essenziell, um das Verhalten der Besuchenden zu analysieren und daraus Handlungsempfehlungen abzuleiten. Fehlerhafte Dateneingaben durch Mitarbeitende, eine hohe Anzahl von sogenannte „Gastverkäufen", bei denen keine Daten des Kunden aufgenommen werden, fehlende Daten bei Verkäufen über externe Vorverkaufsstellen und eine mangelhafte Bereinigung von doppelten Datensätzen (Dubletten) können die Datenqualität erheblich mindern. Ferner wächst der Bedarf, externe Daten zu integrieren. Das „Koppeln" von internen (u. a. Besucher*innenbefragungen) und externen Informationen (von Konkurrenzangeboten bis zum Wetter) können hilfreiche Ergänzungen sein, um sich ein Gesamtbild der Vertriebsvorgänge zu schaffen.

Auch im technischen Bereich hat sich der Vertrieb an Theater- und Konzerthäusern in den letzten Jahren stark weiterentwickelt. Um Kundendaten aus dem Ticketsystem zu analysieren, müssen diese einfach und in der richtigen Form aus dem Ticketsystem exportierbar sein. Die meisten Ticketsysteme bieten inzwischen eigene Berichte und Analysen innerhalb des Systems oder aber Schnittstellen zu externen Auswertungsprogrammen an, mit denen umfangreiche und zielgenaue Auswertungen durchgeführt werden können. Aber auch die Website des Betriebes, Newsletter und Social Media Seiten bieten Möglichkeiten, die Klickwege der Nutzer*innen zu tracken und auszuwerten.

Sind diese Voraussetzungen gegeben, steht das Vertriebscontrolling auf einem guten Fundament.

3 Auslastungscontrolling

Fragt man nach den wichtigsten Erfolgsfaktoren an Theater- und Konzerthäusern, steht oft die Auslastung an erster Stelle. Sie ist ohne komplizierte Messinstrumente sichtbar, es reicht für eine erste Einschätzung ein Blick in den Zuschauerraum. Gut gefüllte Säle sorgen meist für höhere Erlöse, eine positive Stimmung bei Mitarbeitenden auf und hinter der Bühne und bei den Gästen des Hauses. Daher ist es nicht verwunderlich, dass bei vielen Leitungsteams eine gute Auslastung als oberstes Ziel ausgerufen wird. Doch was heißt das genau? Zwei Monate vor der Vorstellung ein ausverkauftes Haus oder 90% belegte Plätze? Oder 5% höher als in der letzten Saison? Je nach Ausrichtung des Hauses können diese Ziele durchaus variieren. Aus ökonomischer Sicht wird bei frühzeitig ausverkauften Vorstellungen Potenzial zur Erlösoptimierung verschenkt. Bei einem idealtypischen Buchungsverlauf verkauft sich die letzte Karte für die Veranstaltung kurz vor Vorstellungsbeginn. Die Auslastung sollte außerdem nach Möglichkeit in Relation zu weiteren Werten betrachtet werden, wie z. B. dem Zeitverlauf, den Erlösen, den angesetzten Produktionen und den Vergangenheitswerten des Hauses. Auslastungen in Teilbereichen wie z. B. in Preiskategorien oder Tarifarten können Optimierungsbedarf aufzeigen oder zur Operationalisierung von Zielen wie z. B. die Erhöhung des Anteils von Studierenden und Schüler*innen genutzt werden.

3.1 Auswertung und Prognose

Eine Überwachung der Auslastungszahlen erfolgt in den meisten Fällen über einfache Ist-Zahlen der Veranstaltungen oder Buchungsverläufe. Vorteil der Buchungsverläufe ist die Abbildung der verkauften Karten im Zeitverlauf, die sich auch gut zur Prognose eignen. Hierbei gilt es zu berücksichtigen, dass der Buchungszeitpunkt je nach Veranstaltung und Genre unterschiedlich ausfallen kann. So bucht z. B. am Musiktheater im Revier Gelsenkirchen das Opern-, Operetten- und Konzertpublikum im Schnitt deutlich früher, als Besuchende der Sparten Tanz und Puppentheater. Als Vergleichswert bietet sich daher ein Mittelwert aus Vergangenheitsdaten an, die der betrachteten Produktion ähneln oder bei Repertoirevorstellungen im Idealfall identisch sind. Mit diesem Verfahren können erfahrungsgemäß bereits drei Monate vor der Veranstaltung – bei guter Datenlage sogar noch früher – entsprechende Aussagen über die finale Anzahl an Besuchenden getroffen werden. Hierbei sollte die Datenbasis so groß wie möglich gewählt werden, um die Auswirkung von eventuellen Ausreißern durch externe Faktoren zu minimieren.

3.2 Steuerung

Sind über den Buchungsverlauf Veranstaltungen identifiziert worden, bei denen Handlungsbedarf besteht, stellt sich die Frage nach den geeigneten Mitteln, um die gewünschten Ziele zu erreichen. Nach Abschluss der Aktion können Buchungsverläufe genutzt werden, um den Erfolg von Marketingmaßnahmen zu evaluieren.

Steuerung überdurchschnittlich ausgelasteter Veranstaltungen
Hier kann je nach Voraussetzungen die Kapazität erhöht werden z. B. durch frühzeitiges Öffnen von gesperrten Bereichen (Rang, Chorpodium). Dies hat an vielen Häusern eine Auswirkung auf die Einsatzplanung des Vorderhauses. Somit kann die rechtzeitige Anzeige solcher Fälle sich neben der Steigerung der Auslastung und der Erlöse auch positiv auf eine entspannte Personalplanung auswirken. Auch das Ansetzen von Zusatzvorstellungen ist eine Möglichkeit, die Kapazität zu erweitern. Alternativ können die Preise für solche Veranstaltungen erhöht werden, um bei gleichbleibender Vollauslastung den Gewinn zu maximieren. Dieses Dynamic Pricing wird bei den meisten großen Theater- und Konzerthäusern noch nicht angewendet, in einzelnen Institutionen oder in der Musicalbranche ist es aber weit verbreitet.

Steuerung unterdurchschnittlich ausgelasteter Veranstaltungen
Bei unterdurchschnittlich ausgelasteten Veranstaltungen kann über verschiedene Maßnahmen versucht werden, zusätzliches Publikum zu generieren. Da für ein erfolgreiches Gelingen solcher Aktionen für die Kommunikation Zeitaufwand einzuplanen ist, sollten hier nach meiner Erfahrung spätestens acht Wochen vor der

entsprechenden Veranstaltung Maßnahmen eingeleitet werden. Eine mögliche übliche Maßnahme ist z. B. verstärkt über die Veranstaltung zu berichten: Im Newsletter, via Social Media über Posts und digitale Anzeigen oder aber zusätzliche Kommunikationswege über Communities zu nutzen, falls diese Wege nicht schon über ein grundsätzliches zielgruppenspezifisches Marketing bespielt werden. Oftmals bietet sich eine Kombination mit einer Rabattaktion an. Meist sind solche Aktionen mühsam und nicht immer von Erfolg gekrönt. Daher sollte gut überlegt werden, ob bei einer unterdurchschnittlich ausgelasteten Veranstaltung der Einsatz von entsprechenden Ressourcen gewünscht und gerechtfertigt ist. Bei guter Planung können sie sichtbar zur Steigerung der Auslastung beitragen.

Beispiel Verkaufsaktion bei unterdurchschnittlich ausgelasteter Veranstaltung: Musiktheater im Revier Gelsenkirchen

Anhand eines Buchungsverlaufes konnten Anfang des Jahres 2023 fünf Veranstaltungen in den Osterferien identifiziert werden, deren Auslastung unterdurchschnittlich performte. Mit einer gezielten Osteraktion, die einen 50% Rabatt inkludierte, wurde die Auslastung bei fast allen Veranstaltungen auf oder über den Durchschnittswert angehoben. Die Aktion wurde über mehrere Kanäle mit werblichen Texten und Bildmaterial beworben. Nach Abschluss erfolgte eine Auswertung der eingesetzten Mittel, die in Relation zu den über die Aktion verkauften Karten gesetzt wurde.◄

Abzugrenzen von solchen anlassbezogenen Aktionen sind langfristig geplante Maßnahmen mit von vornherein rabattierte Vorstellungen (Beispiel: „Pay what you want" an der Deutschen Oper am Rhein, Düsseldorf). Hier wird bereits vor dem Verkaufsstart der jeweiligen Veranstaltung ein Sonderpreis festgelegt und kommuniziert. Solche Veranstaltungen sind vom Buchungsverlauf her gesondert zu betrachten.

4 Erlöscontrolling

Neben der Auslastung sind die Erlöse eine wichtige Größe an Theater- und Konzerthäusern. Je stärker ein Haus sich aus eigenen Mitteln finanzieren kann, desto unabhängiger und flexibler ist es. Und je mehr es auf Einnahmen aus Kartenkäufen angewiesen ist, desto wichtiger ist das Erlöscontrolling. Auch für Stakeholder sind die Erlöszahlen eine wichtige Größe.

4.1   Auswertung und Prognose

Weit verbreitet zur Bewertung ist die maximale Einnahme pro Vorstellung. Diese kalkulatorische Größe berechnet sich aus der Anzahl der verfügbaren Plätze multipliziert mit dem jeweiligen Maximal- oder Vollpreis pro Platz. Diese Kennzahl kann man z. B. nutzen um Anpassungen von Saalplänen und/oder Preisgefügen zu bewerten. Aber auch im Vergleich mit den tatsächlich erzielten Einnahmen können Aussagen getroffen werden, wie gut das Einnahmepotenzial ausgeschöpft wird. Auslastung und Erlöse können aber nicht nur getrennt voneinander betrachtet werden. Vielmehr gibt es eine wichtige Kennzahl, die beide Werte miteinander verbindet: Die durchschnittliche Einnahme pro Besuch. Diese kann insgesamt, pro Sparte, pro Vorstellung, pro Preisgruppe und sogar pro Platz berechnet werden. Anhand dieser Kennzahl können z. B. Informationen über die Zahlungsbereitschaft der Kund*innen abgeleitet werden, die Verteilung von Ermäßigungen ausgewertet oder erlössteigernde Maßnahmen kontrolliert werden.

4.2   Steuerung durch Preisgestaltung

Grundpreise
Der Grundpreis wird auch als Maximal- oder Vollpreis bezeichnet und ist der Kartenpreis ohne Ermäßigungen oder Rabattierungen. Veränderungen am Grundpreis werden von einigen Theatern- und Konzerthäusern oftmals sehr zögerlich umgesetzt, da eine hohe Preissensibilität vermutet wird. Diese ist aber nicht bei allen Besuchenden gleichermaßen vorhanden. Die Erfahrung von vielen Vertriebskolleg*innen zeigt, dass gerade in den oberen Preiskategorien Erhöhungen meist ohne sichtbare Veränderung des Kaufverhaltens durchgesetzt werden können. Die Käufer*innen der unteren Preiskategorien sind hingegen deutlich preissensibler. Neben dem Preisniveau lohnt es sich bei Veranstaltungen mit mehreren Preiskategorien auch die gesamte Preisspanne bzw. die Abstände zwischen den Preiskategorien zu überprüfen.

Beispiel Preisunsensibilität in der obersten Preiskategorie: Tonhalle Düsseldorf

Zur Spielzeit 2020/21 führte die Tonhalle Düsseldorf für die Sinfoniekonzerte eine neue Preiskategorie Premium auf den 100 besten Plätzen im Saal ein. Der Einzelkartenpreis stieg um 31% von 45,- € auf 59,- €. Fast alle Abonnementkund*innen behielten trotz des starken Anstiegs ihren Platz in der neuen

Kategorie. Auch das Verhalten der Einzelkartenkäufe für diese Plätze zeigt keine signifikante Abweichung.◄

Ermäßigungen

Auch durch die Überarbeitung von Ermäßigungen können Erlöse optimiert werden. Preisreduktionen können prozentual auf den Vollpreis oder als pauschaler Preis unabhängig von der Preiskategorie gewährt werden. Pauschale Ermäßigungen sollten einer genauen Betrachtung unterzogen werden, da hier oftmals die Zahlungsbereitschaft der Kund*innen nicht ausgeschöpft wird bzw. sie sich negativ auf die Einnahmen pro Besuch auswirken können. Sie sollten idealerweise nur mit ergänzenden Steuerungsmechanismen im Vertrieb genutzt werden, wie z. B. durch eine zeitliche Begrenzung bei Last Minute Preisen oder durch Kapazitätsbeschränkungen wie einer Gültigkeit nur in bestimmten Preiskategorien. Beim Thema Ermäßigungen für bestimmte Gruppen stehen wirtschaftliche Motive oft gesellschaftlich-politischen Interessen des kulturellen Bildungsauftrags entgegen z. B. bei pauschalen günstigen Preisen für Schüler*innen oder andere Besuchergruppen.

Beispiel Überarbeitung der Ermäßigung für Studierende: Tonhalle Düsseldorf

Bis zur Spielzeit 2017/18 galt für Studierende ein pauschaler Preis von 10,- € in den Preiskategorien 3, 4 und 5. In den oberen Preiskategorien 1 und 2 mussten Studierende den vollen Preis bezahlen. Zur Spielzeit 2018/19 wurde ein prozentualer Rabatt von 50% in allen Preiskategorien eingeführt. In der günstigsten Preiskategorie zahlten Studierenden damit 9,50 € pro Karte, die oberste Preiskategorie kostete neu 22,50 €.◄

Verkaufsaktionen

Verkaufsaktionen mit bestimmten Rabatten können gezielt dazu genutzt werden, das Buchungsverhalten zu beeinflussen, Aufmerksamkeit und Verkaufsdruck zu erzeugen und Kund*innen an das Haus zu binden. Insbesondere für neue Zielgruppen und Impulskäufer eignen sich solche Aktionen. Stark rabattierte Aktionen wie z. B. „Pay what you want" sorgen zwar für ausverkaufte Häuser, haben aber erfahrungsgemäß eine niedrige Einnahme pro Besuch. Deshalb empfiehlt es sich, gerade für diese Maßnahmen eine klare Zielsetzung und -kontrolle vorzunehmen, da diese Aktionen meist erst langfristig über eine höhere Auslastung zur Erlösoptimierung beitragen. Spannend ist hier die Beobachtung, ob Besuchende nur aufgrund der Verkaufsaktion (erstmalig) eine Vorstellung besuchen und ob sie in normal bepreiste

Veranstaltungen abwandern. Gerade bei groß angelegten Aktionen bietet es sich an, neben den Verkaufszahlen eine kurze Umfrage unter den Besuchenden durchzuführen, um Erkenntnisse über das Publikumsverhalten zu gewinnen. Verkaufsaktionen mit rabattierten Preisen sollten langfristig in die Erlös- und Vertriebsplanung eingebunden, sparsam eingesetzt und durch eine zielgerichtete Kundenkommunikation begleitet werden.

Dynamic Pricing

Beim Dynamic Pricing wird der Preis an die aktuelle Marktsituation angepasst. Bei kommerziellen Musical- und Tourneeveranstaltern ist dieses Vorgehen schon seit geraumer Zeit üblich. An deutschen Theater- und Konzerthäusern findet man oft eine preisliche Unterscheidung der Wochentage bei gleicher Produktion oder höhere Preise bei beliebten Werken oder Terminen wie z. B. Silvestervorstellungen. Klassisches Dynamic Pricing, also eine Anpassung der Preise im laufenden Verkauf an die aktuelle Nachfragesituation, ist hingegen weniger verbreitet, wird aber bereits vereinzelt umgesetzt. Neben individuellen Vorbehalten gegenüber dieser Preisgestaltungsmethode sind hierfür technische und personelle Voraussetzungen der häufigste Hinderungsgrund für die Umsetzung.

4.3   Steuerung durch Saalplangestaltung

Ein weiterer Bereich der Erlösoptimierung stellt die Gestaltung von Saalplänen bei Häusern mit mehreren Preiskategorien dar. Die verschiedenen Kategorien bilden die Zahlungsbereitschaft der Kund*innen ab. Ist die Differenz zwischen dem Preis und der Leistung, also der Qualität des Platzes, zu groß, führt das zur Erlösminderung (bei zu niedrigem Preis) oder zu Kundenunzufriedenheit (bei zu hohem Preis).

Um Saalpläne zu analysieren, eignen sich sogenannte Heat-Maps. Hierbei wird ausgewertet, zu welchem Zeitpunkt vor der Veranstaltung sich ein Platz verkauft, und ermittelt, welche Plätze am beliebtesten also „heißesten" sind. Das sind potenziell Plätze, die in eine höhere Preiskategorie genommen werden können. Unbeliebte Plätze können als Ausgleich in eine günstigere Preiskategorie wandern. Heat-Maps sollten immer gemeinsam mit der Auslastung pro Preiskategorie betrachtet werden. Ausverkaufte Preiskategorien bei nicht voll besuchtem Haus können ein Indiz für Potenziale zur Erlösoptimierung sein. Diese können wie bereits beschrieben durch Preiserhöhungen und/oder Saalplananpassungen ausgeschöpft werden.

Beispiel Saalplanumgestaltung: Tonhalle Düsseldorf

In Vorbereitung zur Einführung eines neuen Saalplans zur Spielzeit 2020/21 wurden an der Tonhalle Düsseldorf zahlreiche Analysen durchgeführt und unter anderem die Auslastung der Preisgruppen betrachtet und Heat-Maps genutzt. Die Analyse zeigte eine unterdurchschnittliche Auslastung in der Preiskategorie 5 und eine überdurchschnittliche Auslastung in der Kategorie 4. Die Preiskategorie 4 wurde daraufhin deutlich vergrößert von 52 auf 214 Plätze und beinhaltete nach der Umstellung die beliebten Plätze der Kategorie 5 und die unbeliebten Plätze der Kategorie 3. Preiskategorie 5 hingegen wurde von 196 auf 118 Plätze reduziert. Die 100 beliebtesten Plätze wanderten in eine neue Premiumkategorie. Die Grenzen zwischen den Kategorien 1, 2 und 3 wurden den Heat-Maps angepasst, beliebte Plätze kamen in eine hochwertigere Kategorie, unbeliebte Plätze in eine niederwertigere. Durch diese Maßnahmen konnte die Einnahme pro Besuch in der Saison um mehr als 15% gesteigert werden. Obwohl durch die pandemiebedingten Kapazitätsbeschränkungen die Zuschauerzahlen in der Spielzeit 2020/21 stark rückläufig waren, konnten Erlöseinbußen verhindert werden.◄

Beispiel: Einfügen einer neuen Kategorie im mittleren Bereich: Komische Oper Berlin

Zur Spielzeit 2013/14 erweiterte die Komische Oper Berlin ihre Preiskategorien von 6 auf insgesamt 7. Hintergrund war eine stets ausverkaufte Preisgruppe 4 bei noch zahlreichen verfügbaren Plätzen in der Kategorie 3 in Verbindung mit einem hohen Preissprung zwischen den Kategorien 3 und 4. Kund*innen, die bereit dazu waren, den Preis der Kategorie 4 zu bezahlen, wechselten bei ausverkaufter Kategorie 4 in die günstigere Kategorie 5 und waren nicht bereit, die Differenz für eine bessere Kategorie zu bezahlen. Im Preisgefüge wurde daraufhin zwischen der Kategorie 3 und 4 eine neue Kategorie geschaffen. Dadurch verteilten sich die Gäste in der kommenden Spielzeit sichtbar gleichmäßiger auf die Preiskategorien.◄

5 Kundenbindungscontrolling

Eine erfolgreiche Kundenbindung und damit verbunden ein großes Stammpublikum verschaffen einem Haus eine gewisse Planbarkeit und Sicherheit. Hierzu zählen die klassischen Instrumente, wie Abonnements, Mitgliedschaften und Anreize für Mehrfachbesuchende. Ebenfalls wichtig ist eine gute Feedbackkultur und Servicequalität beim Kundenkontakt in allen Bereichen (Kasse, Vorderhaus, etc.).

5.1 Auswertung und Prognose

Abonnements, Mitgliedschaften und Aktionen lassen sich einfach über die Verkaufszahlen auswerten. Es sollten aber nicht nur die absoluten Zahlen pro Angebot betrachtet werden, auch die Bewegung der Kund*innen innerhalb des Angebotes können Erkenntnisse bringen und helfen, das Angebot weiter zu optimieren und die Kundenkommunikation auf das Verhalten der Besuchenden abzustimmen. Zusätzlich dazu lohnt es sich, das Feedback-Management zu strukturieren und Auswertungsmöglichkeiten zu schaffen. Erfahrungsgemäß wird sich oft zu sehr auf das Bauchgefühl verlassen, einzelne Beschwerden können so aber ein zu großes Gewicht erhalten, was zu einer Verzerrung der Relationen führen kann. Auch die Qualität der Antworten kann eine Auswirkung auf die Kundenbindung haben. Eine Antwort eines geschulten Mitarbeitenden auf negatives Feedback baut Brücken und ist unabdingbar für eine gute Kundenkommunikation und -bindung.

5.2 Steuerung

Abonnements und Mitgliedschaften
Wichtig bei Produkten für Stammbesuchende ist eine klare und verständliche Darstellung. Die Vorteile müssen schnell erkennbar und die Angebote gut gegeneinander abgrenzbar sein. Im Idealfall schafft man für jeden Stammbesuchenden ein Angebot, in dem er sich wiederfindet, ohne die Anzahl der Produkte so in die Höhe zu schrauben, dass die Übersichtlichkeit verloren geht. Es empfiehlt sich, regelmäßig zu überprüfen, ob für einzelne Angebote (noch) eine Nachfrage besteht. Oftmals bestehen Vorbehalte, über die Jahrzehnte gewachsenen Abonnementstrukturen aufzubrechen, aus Angst Kund*innen zu verlieren. Jedoch ist dieser Schritt in meinen

Augen aufgrund der Veränderungen im Nutzungsverhalten und der Demografie unabdingbar, um zukunftsfähig zu bleiben.

Beispiel Angebotsauffächerung Abonnement: Tonhalle Düsseldorf

2014 hatte die Tonhalle Düsseldorf mit sinkenden Abonnementzahlen zu kämpfen. Zu diesem Zeitpunkt gab es für die Sinfoniekonzerte nur ein Abonnement mit allen 12 Konzerten in der Saison. Zur Spielzeit 2015/16 wurden zusätzlich zwei neue Abonnements mit 5 und 7 Terminen hinzugefügt. Beide Abonnements sind miteinander verzahnt, sodass ein Konzert entweder in der 5er Reihe oder der 7er Reihe stattfindet. Anschließend wurde mit einer Abo-Wanderungsstatistik die Buchungen von Neu- und Bestandskund*innen abgebildet und das Kaufverhalten über den Zeitverlauf analysiert. Es konnte aufgezeigt werden, dass insbesondere Neueinsteiger die Variante mit 5 Terminen wählen und in den Folgejahren oft auf 7 oder 12 Termine aufstocken. Umgekehrt wandern Abonnent*innen, die aus Alters- oder Zeitgründen keine 12 Termine mehr wahrnehmen wollen, in die Angebote mit weniger Terminen ab, anstatt zu kündigen. Kombiniert mit weiteren Vertriebsmaßnahmen (Darstellung des Angebotes, zielgruppengenaue Bewerbung) konnten die Abonnementzahlen innerhalb von drei Jahren mehr als verdoppelt werden. ◄

Beispiel Struktur und Darstellung des Angebotes: Musiktheater im Revier Gelsenkirchen

Zur Spielzeit 2022/23 hatte das Musiktheater ein Wochentags-Abonnement im Angebot, dass 6 feste Termine Oper, Operette und Musical, eine Vorstellung Tanz und eine Vorstellung zur Wahl beinhaltete. Die Namensgebung der Abonnements orientierte sich an den Wochentagen (Freitag, Samstag, etc.). Zur Spielzeit 2023/24 wurde dieses Abonnement umgestaltet und beinhaltet 6 feste Termine Oper, Operette und Musical. Das Abonnement wird als „Musiktheater-Abonnement" beworben, in dem sich die Kund*innen bei der Buchung anschließend ihren favorisierten Wochentag wählen. Ergänzend wird verstärkt auf das bereits bestehende Angebot verwiesen, dass Abonnent*in rabattierte Karten für zusätzliche Vorstellungen kaufen können. Die strukturellen Änderungen sind hier gering, durch die Namensänderung wird aber schnell klar, was der Inhalt des Produktes ist. Ergänzt wird die Kommunikation durch kurze beschreibende werbliche Texte und einen Flyer zu den angebotenen Abonnements. Zum Buchungsstand 30.06.2023 konnte bereits ein Anstieg um 22% für die beschriebenen Musiktheater-Abonnements verzeichnet werden. ◄

Beispiel Abgrenzung der Angebote: Musiktheater im Revier Gelsenkirchen

Zusätzlich zu den Abonnements bietet das Musiktheater im Revier (MiR) eine einjährige Mitgliedschaft in Form der MiR Card an. Mit ihr erhalten Kund*innen Rabatt auf eine bzw. zwei Karten je nach gewählter Mitgliedschaft und können ihre Termine und die jeweilige Preiskategorie flexibel wählen. In der Kommunikation wird dieses Angebot deutlich zum Abonnement abgegrenzt und die jeweiligen Vorteile herausgearbeitet. Dadurch wird ein Kannibalisierungseffekt der Angebote verhindert. Das bis zur Spielzeit 2022/23 bestehende Wahlabonnement (5er bzw. 10er-Karte) wurde hingegen zugunsten der MiR Card aufgegeben, da sich beide Angebote zu sehr ähnelten. Betroffenen Kund*innen wurde die MiR Card als Alternative angeboten. Die Verkaufszahlen für Abonnement liegen zum 30.06.2023 bereits deutlich über den Zahlen des vergangenen Jahres, die Anzahl der MiR Card Nutzer*innen hat sich zur Spielzeit 2023/24 mehr als verdreifacht.◄

Feedbackmanagement

Strukturierte Feedback-Systeme helfen, einen Überblick über die Themenfelder zu bekommen und Maßnahmen abzuleiten. Antwortbausteine für häufige Fragen und Schulungen unterstützen eine einheitliche Kommunikation nach außen.

Beispiel Feedback-Management: Tonhalle Düsseldorf

Eingehendes Feedback wird seit der Spielzeit 2020/21 über ein sogenanntes Help-Desk-System bearbeitet. Alle eingehenden Anfragen per Brief, Mail, Telefon und bei Bedarf Social Media werden dort eingespeist. Es erfolgt eine Kategorisierung, nach der sich der weitere Bearbeitungs- und Freigabeprozess richtet. Zusätzlich gibt es Flags, mit denen das eingehende Feedback zu verschiedenen Themen markiert werden kann (z. B. Webshop, Abonnement, Vorderhauspersonal, Vorstellung, Kartenkauf, Catering, etc). Kund*innen erhalten zeitnah auf Ihre Anfrage eine Rückmeldung, gegebenenfalls die Information, dass die Bearbeitung noch etwas Zeit in Anspruch nimmt. Antworten müssen immer durch eine zweite Person freigegeben werden, je nach Kategorie der Customer Relationship Manager, die Abteilungsleitung Vertrieb oder die Geschäftsführung. Es erfolgen regelmäßige Auswertungen nach Kategorien und Flags.◄

Weitere Kundenbindungsinstrumente

Zusätzlich zu den beschriebenen Faktoren ist auch der Grad der Digitalisierung ein wichtiges Kundenbindungsinstrument. Der Kartenkauf via Smartphone ist inzwischen gerade in den jüngeren Zielgruppen Standard. Ein einfacher und optisch ansprechender Verkaufsprozess im Webshop des Hauses sollte daher für eine erfolgreiche Kundenbindung nicht außer Acht gelassen werden. Auch das grundsätzliche Layout von Karten und Dokumenten wird unterbewusst von Kund*innen wahrgenommen und prägt das Bild und Besuchserlebnis des Hauses. Allgemeine Ansprachen sollten in Dokumenten vermieden werden und immer die direkte persönliche Ansprache mit Namen bevorzugt werden. Persönliche Angebote abgestimmt auf das Nutzungsverhalten der Kund*innen schaffen ein Gefühl der Vertrautheit und Nahbarkeit.

6   Distributionscontrolling

Klassischerweise nutzen Theater- und Konzerthäuser im B2C-Bereich drei Vertriebswege: Den Direktverkauf vor Ort und am Telefon, den hauseigenen Webshop und ein vom Ticketsystemdienstleister angebotenes Netz von Vorverkaufsstellen. Für Häuser, deren Publikum gezielt nach ihrem Angebot sucht oder durch Werbung darauf aufmerksam gemacht wurde, reichen die ersten beiden Kanäle in der Regel aus. Um touristische Besuchende anzusprechen, ist es hingegen wichtig, ein breites Netz von Vorverkaufsstellen zu haben und an den neuralgischen Punkten wie z. B. Touristeninformationen präsent zu sein. Grundsätzlich gilt, dass der Verkauf für die Kund*innen so einfach, transparent und verständlich wie möglich gestaltet werden sollte.

Im B2B-Bereich sind historisch gewachsen die Besuchergruppen wie z. B. Theatergemeinden ein großer Abnehmer. Diese haben in den letzten Jahren allerdings mit rückläufigen Mitgliederzahlen zu kämpfen, weshalb es sinnvoll ist, auch in diesem Bereich neue Vertriebswege aufzubauen. Möglichkeiten bieten z. B. die Zusammenarbeit mit Hotels oder Sponsoren und Partnerfirmen, die einen Vertrieb über das Intranet anbieten können. Auch der Vertrieb an Reiseunternehmen kann ein Standbein sein.

Eine weitere Möglichkeit zur Distribution sind sogenannte Wiederverkaufsplattformen, bei denen Besuchende bereits gekaufte, nicht benötigte Karten weiterverkaufen können. Externe Wiederverkaufsplattformen können allerdings nicht kontrolliert werden und es gibt leider einige intransparente Anbieter, die in einer rechtlichen Grauzone horrende Preise weit über dem eigentlichen Kartenpreis oder hohe Gebühren verlangen. Eine eigene Wiederverkaufsplattform hingegen bietet für Kund*innen einen sicheren Weg, um Karten weiterzuverkaufen und für Käufer*innen die Gewissheit, dass die Karten gültig sind und zu einem fairen Preis weiterverkauft werden. Bei vielen Bundesligavereinen ist dieses Vorgehen bereits gängige Praxis. Alternativ können kulante Rückgabe- und Stornierungsbedingungen helfen, dass erst gar keine Tickets auf solchen Plattformen angeboten werden.

Ein kleiner aber wichtiger Teil der Distribution sind die angebotenen Zahlarten und Versandwege. Neben Kartenzahlung sollte jedes Haus auch andere Zahlungsdienstleister wie PayPal, Giropay, Sofortüberweisung oder Klarna im Portfolio anbieten. Es empfiehlt sich, immer eine kostenfreie Versandart anzubieten (meist Print@Home) sowie die Zusendung von Hardtickets per Post gegen Aufpreis. Ein grundsätzlich kostenpflichtiger Versand ist nach meiner Erfahrung nicht zu empfehlen, da der Grund dafür sich gerade bei online bereitgestellten Karten für viele Kund*innen nicht erschließt und das Kundenerlebnis negativ beeinflusst.

6.1 Auswertung und Prognose

Die Verkäufe über die einzelnen Vertriebswege sollten in regelmäßigen Abständen ausgewertet und analysiert werden. Moderne Telefonanlagen können ergänzend Auskunft über das Anrufaufkommen an der Kasse liefern, sodass Dienstpläne und Öffnungszeiten angepasst werden können. Für die Auswertung der Verkäufe im Webshop gibt es inzwischen zahlreiche Tools wie z. B. die Auswertung der Klickwege oder Abbruchraten. Sie können helfen, mögliche Barrieren zu identifizieren. Ergänzend hierzu kann Optimierungsbedarf auch durch eine strukturierte Auswertung von Kundenfeedback aufgedeckt werden. Das gilt auch für Zahl- und Versandarten. Für Vorverkaufsstellen, Besuchergruppen, Partner*innen und Reiseveranstalter*innen ist neben einfachen und transparenten Bedingungen der persönliche, regelmäßige Kontakt ein sehr wichtiger Faktor und eine gute Quelle zur Evaluation des jeweiligen Vertriebsweges.

6.2 Steuerung

Die direkten Vertriebswege Kasse und Webshop können über die Kundenansprache gesteuert werden. Kundenfreundliche Öffnungszeiten auch abends und am Wochenende und eine gute Erreichbarkeit per Telefon und Email stärken diesen

Vertriebsweg. Anrufbeantworter sollten nur angeboten werden, wenn eine zeitnahe Rückmeldung möglich ist. Erfahrungsgemäß ist eine Warteschleife ohne Anrufbeantworter effizienter, da Doppelungen (Kunde hinterlässt Nachricht auf Anrufbeantworter und schreibt zusätzlich eine E-Mail) vermieden werden können. Durch Hinweise in der Telefonansage auf den Webshop können Besuchende auf diesen Kanal umgelenkt werden. Wie bereits für die Kundenbindung ist ein ansprechender und leicht zu bedienender Webshop auch für die Distribution essenziell.

7 Fazit

Die Möglichkeiten des Vertriebscontrollings sind in der Vergangenheit an vielen Theater- und Konzerthäusern nicht voll ausgeschöpft worden. In den letzten Jahren ist das Thema nicht nur wegen der Corona-Pandemie verstärkt in den Fokus gerückt. Ein neues Bewusstsein für Potenziale entsteht, an vielen Häusern findet sich Vertriebscontrolling mittlerweile in Stellenprofilen der Mitarbeitenden mit steigender Tendenz. Wichtig ist eine gemeinsame Umsetzung der beteiligten Abteilungen, insbesondere eine enge Verzahnung der Bereiche Marketing, Vertrieb und Kasse mit gegenseitiger Anerkennung der jeweiligen Expertise. Zusätzlich müssen technische und personelle Grundvoraussetzungen gegeben sein, außerdem ein Bewusstsein der Mitarbeitenden für die Notwendigkeit einer guten Datenqualität. Offenheit gegenüber neuen Formaten, Angeboten und Ideen unterstützt eine flexible Anpassung der Vertriebskonzepte. Durch Vertriebscontrolling können bereits mit relativ einfachen und kostengünstigen Mitteln Erfolge erzielt werden. Denn eine solide Auslastung, stabile Einnahmen aus Kartenverkäufen, ein treues Stammpublikum und eine an das sich verändernde Nutzungsverhalten angepasste Distribution sind wichtige Bausteine, um das Publikum zurück in die Häuser zu holen und langfristig zu binden und so eine wichtige Basis für einen zukunftsfähigen Kulturbetrieb zu schaffen.

Elise Radeke ist Leiterin Kommunikation und Vertrieb am Musiktheater im Revier in Gelsenkirchen. Vorherige berufliche Stationen waren u. a. die Tonhalle Düsseldorf und die Komische Oper Berlin.

Kund*innenmanagement

David Michalski

Inhaltsverzeichnis

Zusammenfassung

Eine wichtige Voraussetzung für ein funktionierendes Controlling auf der Einnahmenseite ist eine gut aufgestellte Abteilung Ticketing/Vertrieb. Der Autor beleuchtet aus seiner Erfahrung heraus, mit welchen unterschiedlichsten Gegebenheiten Theater hier konfrontiert sind, stellt Lösungsansätze vor und stellt sie in einen Zusammenhang mit den Themen Digitalisierung, Inklusion und Mitarbeitendenführung.

Schlüsselwörter

Kundenmanagement • Digitalisierung • Changemanagement • Vertrieb • Ticketing

D. Michalski (✉)
Rheinisches Landestheater Neuss, Neuss, Deutschland
E-Mail: d.michalski@rlt-neuss.de

© Der/die Autor(en), exklusiv lizenziert an Springer Fachmedien Wiesbaden GmbH, ein Teil von Springer Nature 2024
P. Schneidewind et al. (Hrsg.), *Theatercontrolling*,
https://doi.org/10.1007/978-3-658-44984-1_9

1 Kundenmanagement

Der Begriff „Kundenmanagement" wird in Theatern häufig und an unterschiedlichsten Stellen aufgeführt. Eine passende Definition zu „Kundenmanagement" liest man bei bwl-lexikon.de:

Definition. Kundenmanagement bezeichnet in der Betriebswirtschaft ein Instrument für eine Organisation, zielgerichtete Maßnahmen einzusetzen, die zur besseren Kundenorientierung führen. Es dient dazu die Kundenzufriedenheit und Kundenbindung systematisch zu verbessern, zu pflegen und zu stärken. Zudem erhöht erfolgreiches Kundenmanagement letztlich den Kundenwert und schafft damit einen Mehrwert für das Unternehmen.

Auch aus der Sicht des Controllings ist Kundenmanagement in einem Theaterbetrieb unerlässlich. Es ist nur schwer vorstellbar, dass ein Theater Kund*innen begrüßt, denen das Äußere und Innere gänzlich egal ist, die sich also lediglich auf die Qualität der Stücke konzentrieren und die Umstände ihres Besuchs keine Bedeutung haben. Das Gegenteil ist der Fall. Zwar lässt sich beobachten und untersuchen, dass der Grad einer Kundenbindung von Mensch zu Mensch, von Haus zu Haus stark differiert, aber Tatsache ist: Kundenmanagement ist wichtig, weil sich eine erhöhte Zahl von Besucher*innen und deren Besuche durch ein gutes Kundenmanagement nachweislich steuern lässt und es in Zeiten von knappen Mitteln und steigenden Kosten unerlässlich ist, mit diesem Instrument zu arbeiten.

Nachdem in den Artikeln zum Controlling im Marketing und Vertrieb bereits viele Tools und Herangehensweisen besprochen wurden, soll es in diesem Artikel um die praktische Umsetzung dieser in den kund*innenorientierten Abteilungen Theaterkasse und Einlasspersonal gehen. Keine anderen Abteilungen stehen so für den ersten Eindruck des Hauses. Sei es via Mail, online, Telefon oder im persönlichen Gespräch beim Kartenkauf. Spätestens beim Betreten des Hauses wird den Besucher*innen mindestens unterbewusst gezeigt, ob sie willkommen sind und wertgeschätzt werden. Eine besondere Herausforderung ist hierbei der Umgang mit den Mitarbeitenden dieser beiden Abteilungen, auf den speziell eingegangen werden soll.

2 Die Gegebenheiten und die Kund*innen kennenlernen

Möchte ein Theater ein gutes Kund*innenmanagement etablieren, gilt es zunächst einmal dafür die Voraussetzungen zu schaffen. Was nützt einem das bestdurchdachteste Kund*innenbindungs-Tool, wenn Kund*innen bei der ersten Nachfrage am Telefon missverstanden oder schlecht behandelt werden und damit die vorangegangenen Bemühungen zunichte gemacht werden? Egal ob man eine Abteilung mit einer Führungsaufgabe in diesem Bereich neu übernimmt oder seine bisherige Arbeit neu überdenkt: Man sollte zu Beginn seiner Analyse und der Implementierung eines Kund*innenmanagements die (regionalen) Gegebenheiten überprüfen.

Als erstes zu nennen sind hier die *strukturellen Gegebenheiten:* Bin ich an einem Theater, wo die Intendantin seit 20 Jahren am Haus ist und es eine stringente und offene Art der Kommunikation nach außen hin gibt oder ist das Haus durch viele Personalwechsel an der Spitze gebeutelt und Corporate Identity, Kommunikation und Identifikation sind in allen Bereichen aufgrund der vielen Wechsel eher als schwierig zu beschreiben? Ist Erstes der Fall findet man eine (gewollt oder natürlich) gewachsene Struktur vor, auf der es sich meistens lohnt aufzubauen. Ist das Theater generell erfolgreich, verstört man Gewohnheiten von Gästen und Mitarbeitenden mit einer kompletten Neuaufstellung seines Vertriebs. Vielmehr ist es wichtig, aktuelle Strukturen genau zu analysieren und punktuell zu bewerten, wo kleine Veränderungen sinnvoll und vermittelbar sind. Wurde allerdings ein Haus mit vielen Wechseln konfrontiert, kann es Sinn machen, eine Struktur generell neu aufzubauen und beispielsweise zu einem Spielzeitstart mit einem generellen Cut eine neue Struktur zu kommunizieren. Das bedeutet einen deutlich höheren Aufwand bei der Einrichtung der Software, der Schulung der Mitarbeitenden und der Kommunikation an das Publikum, kann aber langfristig Zeit und vor allem Geld sparen. Wenn die neuen Ideen gut umgesetzt sind, können aus der Controlling-Sicht schneller Einnahmen gesteigert und die Auslastung verbessert werden.

Die *regionalen Gegebenheiten* eines Theaters sind in Bezug auf ein gutes Kund*innenmanagement ebenfalls relevant. Befinde ich mich in einer Kleinstadt in Bayern oder in der Bundeshauptstadt Berlin? – wird zur wichtigen Frage, wenn ich über Kund*innenansprache und -bindung spreche. Während ein großer Betrieb in der Bundeshauptstadt vermutlich mehr auf eine gebrandete Sprache setzt, sind in regionaleren kleineren Häusern bekannte Gesichter an der Theaterkasse wichtig, welche den Dialekt verstehen und selbst sprechen. In Berlin sollten die Kassenmitarbeitenden sehr gut Englisch sprechen, wenn ich ein internationales Publikum ansprechen möchte. Sowieso sind gut verwurzelte und lang an einem Haus arbeitende Mitarbeitende an der Theaterkasse und beim Einlasspersonal besonders wichtig, um einen Wiedererkennungseffekt des Publikums auch abseits der Bühnengeschehnisse zu implementieren. Oft arbeiten in diesen Bereichen hoch motivierte Menschen mit einem großen Interesse der Produkte auf der eigenen Bühne. Einige sind in der Stadt aufgewachsen, haben vielleicht schon in Spielclubs selbst mitgespielt und hatten einen Elternteil, der eventuell z. B. in der Requisite gearbeitet hat. Solche Theaterbiografien gibt es in diesen zwei Abteilungen meistens zahlreich und sie schaffen eine emotionale Bindung an den Betrieb, die ihresgleichen sucht. Diese Bindung zu erkennen, sie anzuerkennen und zu fördern sollte oberste Aufgabe einer Theaterleitung sein.

Schlussendlich sollte man seine *Kund*innen kennen*. Das ist leichter gesagt als getan bei eventuell mehreren zehntausend verschiedenen Personen, welche innerhalb einer Spielzeit ein (größeres) Theater besuchen. Mit „Kennen" ist hier auch nicht ausschließlich persönlicher Kontakt gemeint, sondern als Mix aus persönlicher Ansprache und dem Gefühl, für sein Publikum ansprechbar zu sein und deren Umstände und Bedürfnisse zu kennen. Dazu sollte man sich marketingrelevante Fragen stellen, z.B.: Wie oft kommunizieren wir mit unseren Gästen? Wie sprechen wir sie an? Welche Sonderangebote bekommen unsere Besucher*innen? Weiterhin ist es wichtig, häufige Rückfragen ernst zu nehmen, um daraus entsprechende Rückschlüsse zu ziehen. Dazu kommen Vielbesucher*innen, welche man dann schlussendlich auch persönlich kennen wird und diese auch zuvorkommend behandeln sollte. Noch viel zu selten bekommen Abonnent*innen im Abonnementbüro automatisch einen Kaffee oder ein Wasser angeboten oder es werden heftige Kämpfe aufgrund einer Kulanz ausgefochten. Bei diesem Thema steht am Ende immer das Theater als Verlierer da. Vielbesucher*innen haben eine hohe Bindung und eine große Strahlkraft in die Stadtgesellschaft hinein. Gerade in Serviceberufen mit einer hohen Anzahl an Mitarbeitenden ist der Wunsch nach Regeln oft hoch. Doch zu viele Regeln schränken ein und führen zu den beschriebenen eher abschreckenden Effekten.

3   Die Datenlage kennen und ggf. ausbauen

Eine gute Datengrundlage ist zur Implementierung eines guten Controllings unverzichtbar und das aus mehreren Gründen. Zum einen ist die Arbeit mit Daten speziell für die Abteilung Theaterkasse existentiell wichtig. Ohne die entsprechenden Daten kann kaum ein Buchungsprozess vernünftig vorgenommen werden, Kund*innendaten können den Vorgängen nicht sicher zugeordnet werden und Marketingaktionen, wie ein Geburtstagsmailing, sind nicht durchführbar. Oft zu beobachten ist, dass die Daten in den einschlägigen Ticketing-Softwares nicht ausreichend gut gepflegt sind. Nicht nur für Marketingaktionen, sondern auch für eine professionelle Handhabung intern und gegenüber den Kund*innen sollte darauf ein großes Augenmerk gerichtet werden. Dafür hilft es, abteilungsintern eine Richtlinie zu erarbeiten und sicherzustellen, wie Fehler im Tagesgeschäft korrigiert werden können. Nicht nur Fehler sollten thematisiert werden, sondern auch die Vervollständigung von Daten. Das ist anstrengend und sehr kleinteilig, hilft dem Theater aber. Beispielsweise das Geburtsdatum wird von vielen Theatern nur freiwillig oder gar nicht abgefragt. Neben allen datenschutzrechtlichen Aspekten, ist das Geburtsdatum jedoch eines der wichtigsten Daten, die in jedem Ticketing erfragt werden sollten. Nicht nur für eine gute Zuordenbarkeit für Vorgänge, sondern auch für Auswertung im Controlling ist eine Kenntnis über das Alter der Besucher*innen unverzichtbar. Einziges Manko hierbei: Wir kennen nur die Daten der Besteller*innen, nicht die der Begleitpersonen, weshalb ergänzende Umfragen weiterhin wichtig sind.

4   Altes bewahren, Neues implementieren

In den allermeisten Fällen ist es so, dass ein Theater in den Bereichen Theaterkasse und Einlasspersonal historisch gewachsen ist und einen guten Stand an Regeln, Vorgehensweisen und Verhalten vorweisen kann. Von diesem Fall ausgehend empfiehlt es sich bei einer kritischen Betrachtung des Ist-Zustandes die gut laufenden Dinge nicht aus dem Auge zu verlieren oder sie gar auszutauschen. Die Verlockung mag groß sein, neu entwickelte Programme oder Strategien direkt 1:1 auf das eigene Theater anzuwenden, doch hier ist aus mehrerer Hinsicht Vorsicht geboten. Mitarbeitende nämlich können jahre- oder gar jahrzehntelang Praktiziertes nicht von heute auf morgen ändern. Weiterhin neigt der euphorische Blick dazu, sich nicht ausreichend mit den gegebenen Umständen auseinanderzusetzen und dann Entscheidungen zu treffen, die unumkehrbar sind. Auch hier gilt, was im ersten Abschnitt des Artikels besprochen wurde: Die strukturellen und regionalen Gegebenheiten analysieren und ein Gefühl dafür entwickeln, wie die eigene Mitarbeiterschaft und das Publikum denken und handeln. Auch empfiehlt es sich, in der Analyse genau hinzuschauen und viele Gespräche, auch mit dem Publikum zu führen. Warum kommen Sie ins Theater? Warum fühlen Sie sich hier wohl? Die meisten Antworten sind wahrscheinlich deutlich positiver, als Sie vermuten und zeigen Ihnen, welche Bereiche in Ihrem Kundenmanagement bereits gut laufen und nicht zwingend verändert werden müssen.

Ist das sichergestellt, ist vielmehr ein Implementieren von ausgewählten Neuerungen zu bevorzugen, die weder Mitarbeiter*innen noch Kund*innen überfordern. Wenn das unter Einbeziehung der Mitarbeiterschaft geschieht, kann man zudem eine deutlich höhere Identifikation mit dem Thema und eine bessere Umsetzung erwarten und stärkt zudem das Wir-Gefühl. Eine der besten Abo-Kampagnen, die ich erlebt habe, wurde von einer Abonnement-Mitarbeiterin selbst entwickelt. Die Idee kam ihr in einer Sitzung und der Stolz, als die Kampagne hing, war verständlicherweise groß. Wichtig ist, dass Neuerungen maximal gut kommuniziert werden. Im hektischen Alltagsgeschäft ist es allzu üblich, dass eventuell zu wenig Zeit besteht, um vor allem Neues zu besprechen. Hier kann es ratsam sein in regelmäßigen Abteilungstreffen Zeitslots einzubauen, wo Ruhe und Zeit existieren, sich bedacht mit diesen Themen auseinanderzusetzen. Denn nichts ist schlimmer als halb durchdachte Strategien, welche halbgar und vielleicht noch mit systemischen Fehlern behaftet öffentlich kommuniziert werden.

5   Digitalisierung vs. Papier

Anschließend an das vorherige Kapitel lohnt es sich den Blick speziell auf das Thema der Digitalisierung zu richten. Denn sind wir ehrlich: Auch das Controlling und in diesem Fall das Ticketing und der Service eines Hauses werden die aktuellen Entwicklungen mitgehen (müssen).

Schaut man auf den aktuellen Stand der verschiedenen Theater, zeichnet sich ein unterschiedliches Bild. Während einige Theater bereits sehr digital aufgestellt sind, verschlägt es einem beim Grad der Digitalisierung anderswo noch die Sprache. Dort werden Tickets in einem düster gehaltenen Webshop (vorausgesetzt, man findet diesen auf der Website) fast in einer geheimnisvollen Art und Weise versucht an die Frau oder den Mann zu bringen. Wenn man dann bezahlen möchte geht das nur mit Kreditkarte und nur im Versand. Wenn Sie einen Tag vor der Premiere kaufen, dann müssen Sie eben persönlich vorbeikommen, ganz gleich wo Sie wohnen. Wollen Sie dann auch noch Informationen zu dem Stück erhalten oder gar ein Programmheft dazu kaufen, werden Sie enttäuscht abbrechen. Eine Behinderung sollten Sie am besten auch nicht haben, denn Sie wissen schlichtweg nicht, wie Sie das Haus betreten können, ob es eine Hörunterstützung oder die Erlaubnis zur Mitnahme eines Assistenzhundes gibt.

Welchen Einfluss hat eine solche Situation auf das Controlling und in unserem Fall auf das Ticketing und den Service? Klar ist, dass sich eine Theaterleitung die beste Strategie zur Erreichung von Kennzahlen ausdenken kann: Wenn die Grundlagen nicht geklärt sind, wird die Strategie nur sehr schwer und vor allem mit einem viel zu großen personellen und finanziellen Aufwand zu meistern sein, als das eigentlich notwendig wäre. In zehn Jahren wird das auch anders sein, aber in der heutigen Zeit sollte es auch an Theatern selbstverständlich sein, dass Kund*innen eine maximale Eigenständigkeit zugetraut und angeboten wird. Abos und Tickets sollte man sich selbstständig barrierefrei kaufen und auch stornieren und umtauschen können. Unter der Hinzunahme von maximal vielen Zahlarten (PayPal, Kreditkarte, Lastschrift, Kundenkonto etc.) muss ein Ticket sowohl digital als auch haptisch existieren können. Am Düsseldorfer Schauspielhaus werden die Tickets beispielsweise seit einiger Zeit in einer Mail versandt, welche einen QR Code, ein Wallet und ein Print@home Ticket zum Selberausdrucken enthalten. Man kann sich schlussendlich selbst aussuchen, welche Variante man beim Einlass wählt und das Haus spart Unmengen an Geld und Papier.

Das Thema der Digitalisierung geht in diesem Bereich natürlich noch weiter: Abonnement-Rechnungen, Umtauschkarten, Ticketkontrolle, Premiereneinladungen: Zu viele Bereiche werden noch ausschließlich über Papier abgedeckt. Auch die jetzige Theatergänger*innengeneration hat einen hohen Technologisierungsstand und ihr ist zuzumuten, mit Apps, Wallets und QR-Codes umzugehen.

Nichtsdestotrotz: Es empfiehlt sich gerade bei einem älteren Durchschnittspublikum eine haptische Variante nie auszuschließen, jedoch eine digitale immer an die erste Stelle zu stellen und diese zu bewerben. So schafft man den Wandel, verprellt aber keine wichtigen Kund*innen.

6 Der persönliche Kontakt

Wie eingangs erwähnt, ist ein persönlicher Kontakt zu jeder*m einzelnen Kund*in durch eine Abteilungsleitung nicht herstellbar. Doch gelingt das durch Ihre Mitarbeiter*innen. Denn auch wenn Tickets im Webshop gekauft werden: Spätestens im Haus werden die Kund*innen durch das Einlasspersonal begrüßt und kontrolliert und hier zeigt sich, wie das Haus diesbezüglich aufgestellt ist und Kundenkontakt interpretiert.

Bereits über die Theaterkasse sollten Sie sicherstellen, dass ein persönlicher Kontakt gelingen kann. Wer nicht nur mit studentischen Aushilfen arbeitet, welche alle 2–3 Jahre wechseln, wird merken, dass die Kund*innenbindung steigt. Es gibt Geschichten von Kund*innen, welche den Dienstplan der Kassenmitarbeitenden dahingehend genau kennen, dass sie genau wissen, wann ihr*e Lieblingsmitarbeiter*in anzutreffen ist, um gut beraten zu werden und mit ihr eventuell noch einen Schwatz zu halten. Ich kenne es, dass daraus teilweise sogar Freundschaften entstehen, dass Kassenmitarbeitende auf dem Rückweg nach Hause der Nachbarin noch die Tickets in den Briefkasten werfen oder im Biergarten auf die gelungene letzte Premiere angesprochen werden. All das kann man nicht planen und schon gar nicht voraussetzen, aber es sind schöne Nebeneffekte eines guten persönlichen Kontaktes. Um diesen zu ermöglichen, brauchen Sie dem Bedarf entsprechend einen hohen Mitarbeitendenstamm, der sich Zeit für seine Kundschaft nehmen kann und auch einen ansprechenden Raum für diese Gespräche hat. In einer lauten Halle mit viel Hintergrundmusik spricht niemand gern. Ältere Käufer*innen freuen sich eventuell über eine Sitzgelegenheit. Eine Mitarbeiterin aus meiner Zeit an der Theaterkasse verschenkte immer Bonbons an die Kundschaft. Und so sind die Mitarbeitenden nicht nur Sprachrohr des Hauses und Dienstleister – sie sind viel mehr. Sie sind auch Freund*innen, Psycholog*innen, Berater*innen und Alltagshelfer*innen. Sie geben dem Haus so ein menschliches Gesicht, was mich sicher sein lässt, dass wir auch in 50 Jahren eine Face-to-Face Beratung haben, weil das kein Ticketing-System jemals ersetzen werden kann.

Spätestens beim Einlasspersonal sollten Sie darauf achten, mit ausschließlich maximal serviceorientierten Menschen zu arbeiten. Schauen Sie hierbei auf einen guten Mix aus Jung und Alt, aus neu und erfahren, aus theateraffin und entdeckungsfreudig. Auch hier ist es wichtig, dem Personal Raum für Gespräche mit den Besucher*innen zu geben. Zwar tickt da jede*r anders, doch nicht selten kommt es vor, dass einige Besuchende in der Pause oder nach der Vorstellung das Bedürfnis haben, über das Erlebte zu sprechen – sei es lobend oder kritisch. Schaffen Sie dazu eine gute Struktur, um die Rückmeldungen in den Serviceabteilungen zu bündeln und auszuwerten. Wenn sich eine Kundin eventuell lautstark bei der Geschäftsführung über eine falsch zugestellte Eintrittskarte beschwert, kann das eventuell mehr Nachhall bewirken als eine hundertfach gegebene Rückmeldung, dass es im Saal immer zu kalt ist.

Aber auch andere Tools können unter dem persönlichen Kontakt im erweiterten Sinne gezählt werden: Ein personalisiertes Premailing etwa, was die Kund*innen Tage vor Stattfinden der Veranstaltung über die wichtigsten Gegebenheiten informiert, sollte Standard sein. Weiterhin gibt es beispielsweise im Einzelhandel bereits viele Chatfunktionen über die Website. Warum nicht auch im Theater? Sowieso sollte man die Bestellung von Tickets nicht nur auf die klassischen Werkzeuge wie Theaterkasse, Telefon, Mail oder den Webshop beschränken: Lassen Sie die Kund*innen über Whatsapp bestellen – Sie werden sehen, dass sich die Bindung gerade zu einer jüngeren Generation verstärkt und sie der Entwicklung der Freizeitverknappung Rechnung tragen, die sich positiv auf Ihre Zahlen auswirken wird. Regelmäßige wertschätzende und personalisierte Marketingaktionen lassen ebenfalls eine Art persönlichen Kontakt entstehen.

7 Inklusion

Ein leider noch viel zu oft übersehener Aspekt ist der inklusive Theaterbesuch. Da, wo viele Häuser noch mit zwei Sätzen auf die wenigen Rollstuhlplätze hinweisen sind andere Theater, wie beispielsweise das Schauspiel Leipzig, schon viel weiter. Und ja, es kostet sehr viel Geld, vielleicht die Gesamtsumme einer Produktion, sich mit dem Thema Inklusion auseinanderzusetzen. Aber es lohnt sich und sollte eine Selbstverständlichkeit sein, als von allen Bürger*innen der Stadt mitfinanziertes Haus auch für alle diejenigen erreichbar zu sein, welche das Haus besuchen möchten. Herausforderungen gibt es zahlreiche. Oftmals sind bereits bauliche Hürden vorhanden, welchen einen hundertprozentig inklusiven Besuch kaum zulassen. Eine Bereitstellung von Audiodeskription, Übertitelung, Gebärdensprache, einer leichten Sprache, Hinweisen auf Assistenzhunde, einer Wegbeschreibung für blinde Menschen, dem Hinweis auf sensible Inhalte und die erwähnten baulichen und technischen Voraussetzungen scheitern an den allermeisten Häusern am Geld, an der Zeit und am Know-How. Das sollte aber keine Ausrede sein. Denn allein diese Umstände rechtfertigen es wohl kaum, einen Teil der Gesellschaft somit auszuschließen und ein diverses Publikum zu ermöglichen.

Viele Themen sind bereits auch ohne viel Geld umsetzbar, brauchen aber die nötige Expertise und verantwortliche Personen mit Zeit. Beispielsweise mit der Un-Label Performing Arts Company mit Sitz in Köln gibt es bereits zahlreiche Projekte und einen starken Fokus auf dieses wichtige Thema, was Mut macht, dass dieses Thema in ein paar Jahren selbstverständlich mitgedacht und mitgeplant wird.

8 Mitarbeiterführung

Wenn Sie sich einen guten Umgang ihrer Mitarbeitenden gegenüber Ihrer Kundschaft wünschen, sollten Sie erst einmal schauen, wie sich die Situation in der eigenen Abteilung darstellt. Haben Sie in der Abteilung eine gute Stimmung, einen guten Zusammenhalt und eine gute Leistungsfähigkeit, wird sich das positiv auf Ihre Besucher*innen und Ihre Zahlen auswirken, definitiv. Denn Ihre Kundschaft merkt sehr schnell, wie das Haus organisiert ist, spürt, welche Atmosphäre herrscht und ob eine ex- oder intrinsische Motivation vorherrscht.

Eine gute Atmosphäre ist hierbei ganz und gar kein Selbstläufer. Zu unterscheiden gilt es, ob ein Team groß oder klein ist, bereits schon lange da arbeitet oder mit vielen studentischen Aushilfen besetzt ist und häufig wechselt. Wichtig ist, ob das Team an der Theaterkasse und im Einlassdienst theateraffin ist, also die Stücke besucht oder sich mindestens in die Stücke einliest – also schlichtweg mitreden kann, wenn das Publikum diese Anknüpfungspunkte sucht. Tut es das nicht, und die Person(en) verbringen ihre Zeit damit, lediglich ihr Geld zu verdienen, haben Sie eine Chance verpasst. Ob ein Team (übrigens völlig unabhängig des Alters) technikaffin ist, kann übrigens auch eine wichtige Antwort auf Ihre Frage sein, wenn Sie sich wundern, warum Ihr Anteil an Handytickets einfach nicht steigt.

Wichtig für eine Analyse ist es, sich dieser Gegebenheiten bewusst zu machen und sie zu analysieren. Denn geht man hier von falschen Annahmen aus, können Sie sich alle weiteren Überlegungen dahingehend direkt sparen.

Gehen wir von dem nicht ganz unwahrscheinlichen Fall aus, dass in einigen dieser wichtigen Abteilungen Kolleg*innen arbeiten, welche bereits seit mehreren Jahrzehnten am Haus arbeiten und Neuerungen gegenüber sehr negativ eingestellt sind und in der Abteilung sogar Stimmung machen, ist ein schnelles Handeln gefordert. Schaffen Sie die Grundlage für eine gute Kommunikation der gesamten Abteilung untereinander, aber auch im Einzelnen und nehmen Sie die Rückmeldungen ernst. Wie vorher beschrieben macht es in diesem Fall Sinn, nicht mit der Tür ins Haus zu fallen und direkt alles ändern zu wollen. Versuchen Sie auch bei weniger motivierten Mitarbeitenden von deren langjähriger Erfahrung zu profitieren und sie gedanklich mitzunehmen. Bei den meisten hilft das, es gibt aber auch gegenteilige Erfahrungen. Hier ist es wichtig, auf der einen Seite die Kommunikation aufrechtzuerhalten, aber auch Grenzen aufzuzeigen und klarzumachen, welches Verhalten man nicht akzeptieren kann.

Klar muss sein: „Der Kunde ist König". Diese alte Weisheit gilt nach wie vor. Wer seine komplizierte Art oder seine Demotivation gegenüber den Kund*innen nicht verbergen kann, hat in Serviceberufen nichts verloren und schadet ohne Ausnahme dem gesamten Haus.

Wenn Sie ein Team haben, welches gut kommuniziert und mit dem Publikum seines Hauses interagiert, haben Sie die halbe Miete. Gehen Sie noch einen Schritt weiter: Für eine Legitimation des Controllings (was für viele Mitarbeitenden auf den ersten Blick wie eine fremde Welt erscheinen mag) ist es wichtig, genau diese in regelmäßigen Meetings mit dem Thema vertraut zu machen und ganz aktiv daran zu beteiligen. Gerade im Bereich der Kennzahlen kann es wahnsinnig motivierend sein, zwei Monate vor dem Spielzeitende zu erfahren, dass man an der Auslastung der vorherigen Spielzeit nah dran ist und es eventuell einige als positive Herausforderung sehen werden, ihren kleinen Beitrag dazu zu leisten, um das Ziel zu erreichen. Und wenn es die Betriebsstruktur und -philosophie erlaubt: Warum arbeiten Sie auch nicht einmal mit erfolgsorientierten Prämien? Ein Versuch ist es wert.

9   Kund*innen als Teil des Controllings

Sie können nicht nur Ihre Mitarbeitenden, sondern auch ihre Besucher*innen für Ihr Controlling begeistern. Spätestens für Abfragen der Träger eines Theaters, in Wirtschaftsplänen oder Rechenschaftsberichten werden Sie Ihre Kennzahlen aufbereiten. Warum nicht auch öffentlich? Lassen Sie das Publikum Teil dieser Entwicklung werden. Und spätestens wenn es positive Entwicklungen gibt, wäre es eine mehr als vertane Chance, sie beispielsweise am Ende einer Spielzeit nicht zu verkünden und so eine große Masse an Menschen an diesem Aspekt zu beteiligen. Gerade Besucher*innen, die häufiger in das Theater gehen, bekommen ein stärkeres Wir-Gefühl vermittelt, wenn sie wissen, dass ihr Kommen wahrgenommen wird und nicht nur für sie selbst eine Bedeutung hat, sondern sie das Theater als Ganzes begreifen und punktuelle betriebswirtschaftliche Aspekte hinter den Kulissen verstehen. Das Publikum kann neben seinem Kaufverhalten auch ganz aktiv mit Teilnahmen an Umfragen dazu beitragen, dass ein gutes Controlling gelingen kann und die Bedürfnisse auf das bereits vorhandene Publikum gut abgestimmt werden können.

David Michalski ist Verwaltungsdirektor am Rheinischen Landestheater Neuss.

Digitale Transformation im Theater

Jens Peter Kempkes, Katharina Kreuzhage, Dennis Kundisch,
Janina Seutter und Christoph Weskamp

Inhaltsverzeichnis

Zusammenfassung

Vor und während einer Spielzeit müssen Theaterbetriebe zahlreiche kaufmännische und künstlerische Entscheidungen treffen, welche sich auf die
Besucherzufriedenheit, aber auch die wirtschaftliche Situation des Betriebs
insgesamt auswirken. Katharina Kreuzhage, Intendantin des Theaters Paderborn, erläutert: „Beispielsweise müssen wir entscheiden, welche Stücke in
der nächsten Spielzeit aufgeführt werden, an welchem Wochentag Premieren

J. P. Kempkes (✉)
Optano GmbH, Paderborn, Deutschland
E-Mail: jens.peter.kempkes@optano.com

K. Kreuzhage
Theater Paderborn, Paderborn, Deutschland
E-Mail: kreuzhage@theater-paderborn.de

D. Kundisch · J. Seutter · C. Weskamp
Universität Paderborn, Paderborn, Deutschland
E-Mail: dennis.kundisch@wiwi.uni-paderborn.de

J. Seutter
E-Mail: janina.seutter@wiwi.uni-paderborn.de

C. Weskamp
E-Mail: christoph.weskamp@uni-paderborn.de

© Der/die Autor(en), exklusiv lizenziert an Springer Fachmedien Wiesbaden
GmbH, ein Teil von Springer Nature 2024
P. Schneidewind et al. (Hrsg.), *Theatercontrolling*,
https://doi.org/10.1007/978-3-658-44984-1_10

terminiert werden und ob wir zusätzliche Veranstaltungstermine für besonders erfolgreiche Stücke anbieten. Bisher wurden diese Entscheidungen häufig auf Grundlage von persönlichen Erfahrungen und damit aus dem Bauch heraus getroffen." Hier hat das Projekt TheaterLytics angesetzt und unterstützt mit den Ergebnissen in Zukunft Theaterbetriebe dabei, ihre Angebote zielgerichteter auf die Wünsche der Besucher*innen auszurichten und dadurch die Besucherauslastung ihrer Häuser zu steigern.

Schlüsselwörter

Transformation • Besucherzufriedenheit • Auslastung • Erlöscontrolling

---

1 Vorgehensmodell zur Unterstützung von Theatern bei der Angebotsgestaltung

Im interdisziplinären Projekt haben der SICP – Software Innovation Campus Paderborn der Universität Paderborn, das Theater Paderborn und die Optano GmbH ein Werkzeug zur Entscheidungsunterstützung für Theaterbetriebe entwickelt. Gefördert wurde das Projekt TheaterLytics im Rahmen der Digitalen Modellregion OWL mit rund 692.000 € durch das nordrhein-westfälische Ministerium für Wirtschaft, Innovation, Digitalisierung und Energie (MWIDE).

Die Mehrwerte der Entscheidungsunterstützung fasst Dr. Jens Peter Kempkes, Geschäftsführer der Optano GmbH, wie folgt zusammen: „Zum einen haben wir innerhalb des Projekts Methoden für die gezielte Auswertung des Besuchsverhaltens sowie zur Analyse der Wahrnehmung von Leistungsaspekten bei Nicht-Besucher*innen entwickelt. Zum anderen ist ein Entscheidungsunterstützungssystem entstanden, welches den Verantwortlichen von Theatern Hilfestellung bei der systematischen Datenauswertung leistet und Unterstützung bei der Stückauswahl, Premierenterminierung und zum Saalplatzmanagement bietet." Aufbereitet wurden die Ergebnisse in einem Vorgehensmodell (vgl. Abb. 1), welches Theaterbetrieben in sieben Schritten Hilfestellung bietet:

Abb. 1 Vorgehensmodell bei der Unterstützung von Theatern bei der Angebotsgestaltung. (Eigene Darstellung)

Schritt 1: Prozessanalyse und Zieldefinition

Im ersten Schritt werden die Prozesse zur Angebotsgestaltung und zum Erlösmanagement aufgenommen und analysiert. Dazu zählen der Prozess der Stückauswahl, der Prozess zur Veranstaltungsterminierung und die Prozesse zum Saalplatzmanagement sowie zur Preisgestaltung. Für jeden Prozess wird dabei untersucht, welche Handlungsmöglichkeiten für den Theaterbetrieb bestehen, welche konkreten Maßnahmen umgesetzt werden könnten und welches Zielbild in Form von zu erreichenden Kennzahlen angestrebt wird. „Die systematische Betrachtung der Prozesse in einem Theater schafft dabei Verständnis für die Vorgehensweise

und ermöglicht, die Komplexität der Handlungen zu reduzieren, um Schwach-
stellen und Verbesserungspotenziale zu erkennen und zu bewerten", betont Janina
Seutter, Projektmitarbeiterin und wissenschaftliche Mitarbeiterin am Lehrstuhl für
Wirtschaftsinformatik, insb. Digitale Märkte der Universität Paderborn.

Schritt 2: Dateninventur im und außerhalb des Theaters

Im nächsten Schritt wird eine Dateninventur durchgeführt und interne sowie externe
Datenquellen erschlossen und Daten strukturiert abgelegt. Beispiele für interne
Daten sind historische Verkaufsdaten aus dem Ticketsystem. Zu den externen Daten
zählen bspw. die Theater- und Spielstatistik des Deutschen Bühnenvereins.

Schritt 3: Controlling von Kennzahlen

Das Controlling von Kennzahlen und damit das Wissen um die aktuelle Situation ist die Basis, um Entscheidungen zu treffen. Was ist zu tun, damit wir uns
verbessern? Wie erreichen wir unsere Ziele bzw. die Soll-Kennzahlwerte? Das
Controlling-Werkzeug zeigt für eine Auswahl von Maßnahmen (siehe Schritt 1)
die erwarteten Auswirkungen auf die definierten Kennzahlen auf. Hierzu zählen
beispielsweise Maßnahmen zur Verkaufssteigerung auf den Verkaufsverlauf. D. h.,
eine Zeitreihenanalyse der Verkaufszahlen eines Stücks zur Bewertung, wie früh
der Verkauf stattgefunden hat und in welcher Geschwindigkeit die Nachfrage steigt.
Auch Auswirkungen der Preisgestaltung auf das Kaufverhalten lassen sich hiermit
überwachen. Abb. 2 stellt einen Ausschnitt des Controlling-Werkzeugs dar.

Schritt 4: (Nicht-)Besucherforschung

Entscheidungen zur Angebotsgestaltung sollen mittelfristig auch zu einer höheren
Besucherzufriedenheit führen sowie neue Besucher*innen für ein Theater begeistern. Damit die Maßnahmen den gewünschten Effekt zeigen, ist es wichtig, vorab
durch Besucherforschung Transparenz bezüglich Besucherrealität zu schaffen und
ein Verständnis über die Besuchererwartungen sowie das Besucherverhalten zu
erlangen. Dazu stehen qualitative und quantitative Ansätze zur Besucherforschung
zur Verfügung (Abb. 1).

Als Werkzeug zur qualitativen Besucherforschung wurde ein Interviewleitfaden
für die strukturierte Erfassung von Motiven, Treibern und Hemmnissen für Besuchs-
entscheidungen entwickelt. Dieser wird zur Erfassung der Wertwahrnehmung
von Leistungsaspekten bei (Nicht-)Besucher*innen eingesetzt. Darüber hinaus
steht als Werkzeug zur quantitativen Besucherforschung eine Online-Umfrage zur
(Nicht-)Besucherbefragung zur Verfügung. Hierdurch lässt sich die Wahrnehmung
des Angebots von (Nicht-)Besucher*innen ermitteln. Darüber hinaus ermöglicht
die Online-Umfrage die Messung der Besucherzufriedenheit, sowohl zu einem

bestimmten Zeitpunkt als auch regelmäßig über die Zeit, um Entwicklungen und Trends zu erkennen (Abb. 2).

Schritt 5: Datengestützte Stückauswahl

Im Vorfeld einer Spielzeit sind passende Stücke für das Spielprogramm auszuwählen. Sie sollen häufig:

- sowohl thematisch breit aufgestellt sein,
- für den Kulturbetrieb (bspw. im Hinblick auf Größe des Ensembles) und sein Publikum (siehe Schritt 4) passend, zeitgenössisch
- oder bekannt sein
- als auch aktuelle gesellschaftliche Diskussionen aufgreifen.

Abb. 2 Digitales Werkzeug für das Controlling von Kennzahlen. (Eigene Darstellung)

Aufgrund dieser vielfältigen Anforderungen ist hier eine Werkzeugunterstützung sehr sinnvoll. Diese umfasst ein zentrales Datenmanagement-Modul, das alle Rezensent*innen eines Theaters intern zur Eingabe der Daten, Sichtung des Bearbeitungsstands sowie Hinterlegung und Vergleich der Bewertungen verwenden können. Als zusätzliches Hilfsmittel wurde eine zentrale Datenquelle zur Sichtung der Statistik des Deutschen Bühnenvereins und Auswertung der Kennzahlen eines Stücks bei anderen Kulturbetrieben (bspw. Anzahl von Besucher*innen) geschaffen, die über zahlreiche Filter und Einstellungen gezielt Auskunft über den Erfolg von Theaterstücken an anderen, vergleichbaren Spielstätten gibt.

Schritt 6: Datengetriebenes Entscheiden bei der Freiverkaufsplanung
Im Fall von sehr gut besuchten Abo-Veranstaltungen mit einem geringen Anteil an Freiverkaufsplätzen können zusätzliche Vorstellungen für eine Produktion in Erwägung gezogen werden. Durch diese sogenannten Freiverkaufsveranstaltungen bekommen weitere Interessierte die Möglichkeit, sich das Stück anzuschauen. Dabei ist von den Theatern zu ermitteln, wie viele Freiverkaufsvorstellungen angeboten werden sollen. Ziel ist es, gerade so viele zusätzliche Vorstellungen anzubieten, sodass jeweils ein vorher definiertes Mindestmaß an Auslastung der einzelnen Veranstaltungen erreicht wird.

Hierzu wurde ein Dashboard entwickelt, welches vergangenheitsbasierte Daten des Ticketsystems (d. h. Buchungsdaten zu den Veranstaltungen) und interne Feedbackdaten (bspw. Auswertungen von Stückkritiken und Einschätzungen durch die Beschäftigten an der Kasse oder im Service zum Erfolg eines Stückes) zusammenfasst und auswertet. Im Dashboard werden die verschiedenen Daten transparent und übersichtlich dargestellt und unterstützen so die Entscheidungsfindung, ob und wie viele zusätzliche Freiverkaufsveranstaltungen angeboten werden sollen. Im Dashboard lassen sich dabei auch zwei Produktionen miteinander vergleichen. Dies hilft einem Theater dabei, die Auslastung von Produktionen besser einzuschätzen, auch wenn erst wenige Vorstellungen einer Produktion stattgefunden haben.

Schritt 7: Prescriptive Analytics bei der Programmplanung
Mit mathematischen Algorithmen des Prescriptive Analytics können komplexe Planungsprobleme von Computern gelöst werden. Unter Einhaltung von verschiedenen Nebenbedingungen bestimmt der Computer den bestmöglichen Plan. Der Mensch erhält dadurch Entscheidungsunterstützung für komplexe Fragestellungen. Dazu zählen: Wann sind die Premieren der Produktionen? Wie sieht ein gültiger Premierenplan aus? Wie sieht eine gute Rollenbesetzung aus, die möglichst viele Besetzungswünsche der Schauspieler*innen des Ensembles berücksichtigt? In Abb. 3 ist ein beispielhaftes Ergebnis der Optimierung in einem klassischen

Abb. 3 Dashboard zur Programmplanung. (Eigene Darstellung)

Gantt Diagramm dargestellt. Insgesamt wird durch die Entscheidungsunterstützung das Erstellen einer geeigneten Reihenfolge der Produktionen und damit die Planung der Premierentermine weniger zeitintensiv. Zudem erfahren die Pläne durch das Ensemble eine höhere Akzeptanz, da Besetzungswünsche besser berücksichtigt werden (Abb. 3).

Mithilfe dieses Vorgehensmodells und der digitalen Werkzeuge zur Entscheidungsunterstützung werden Theaterbetriebe dazu befähigt, zukünftig eine effizientere Angebotsplanung zu realisieren, die gleichzeitig zu einer höheren Auslastung solcher Kulturveranstaltungen führt. Dadurch werden Umsatzsteigerungen erzielt, die erstmals auf entsprechende Maßnahmen und Entscheidungen zur Veranstaltungsterminierung, Saalplatzmanagement und Preisgestaltung zurückgeführt werden können. Über einen weiteren Projekterfolg im Hinblick auf die Auswirkungen des Projekts auf die Besucherzufriedenheit freut sich Kreuzhage wie folgt: „Mit den entwickelten Methoden können wir nun auch viel besser die Wünsche und Bedürfnisse der Besucher*innen ermitteln. Zudem helfen uns die Methoden dabei, heutige Hürden und Hemmnisse von Kulturbesuchen abzubauen, sodass Nicht-Besucher*innen in Zukunft das Kulturangebot anders wahrnehmen. Das ist für uns essentiell, um den Zugang zu Kulturangeboten für alle Bevölkerungsschichten weiter zu verbessern."

2   Handlungsleitfaden bereitet Anwendung in weiteren Branchen vor

Auch andere Kultureinrichtungen, wie Kinobetreiber*innen, Orchester oder Veranstalter*innen von Sportevents können von den Ergebnissen des Projekts profitieren. So wurden die Projektergebnisse systematisch in einem Handlungsleitfaden zusammengefasst und als Transferangebot für Interessierte auf der Projektseite veröffentlicht. „Wir möchten Kulturbetriebe mit diesem Transferangebot auf die vielfältigen Chancen der Digitalisierung aufmerksam machen und einen einfachen Einstieg bei der digital unterstützen, datenbasierten Angebotsgestaltung ermöglichen.

Mit dem Leitfaden bekommen Kulturbetriebe einen Überblick über die entwickelten Methoden zur Entscheidungsunterstützung und deren Nutzen in der Anwendung", erläutert Dr. Christoph Weskamp, R&D Manager des Kompetenzbereichs Digital Business im SICP. Der Handlungsleitfaden wurde Interessierten unter https://blogs.uni-paderborn.de/theaterlytics zur Verfügung gestellt. Für einen Schnelleinstieg ins Thema findet sich dort auch ein Erklärvideo, welches die Ziele und Vorgehensweise von TheaterLytics zusammenfasst.

Die entwickelten Lösungen zur datenbasierten Angebotsplanung bietet darüber hinaus eine ideale Grundlage für weitere Folgeprojekte. „Eine Stoßrichtung bildet dabei die Weiterentwicklung von digitalen vernetzten Kulturplattformen, sodass offene Datenräume entstehen, die weitere innovative Mehrwertdienste zur Angebotsplanung und Besucheransprache ermöglichen. Dazu zählen beispielsweise Services, die Informationen von verschiedenen Kulturbetrieben miteinander verknüpfen, um Nutzerinnen und Nutzern ein personalisiertes Vorschlagssystem für Veranstaltungen zu bieten", fasst Prof. Dr. Dennis Kundisch, Direktor des Kompetenzbereichs Digital Business im SICP sowie Inhaber des Lehrstuhls für Wirtschaftsinformatik, insb. Digitale Märkte, den Ausblick zusammen.

Dieser Beitrag erschien zuerst im KM Magazin, Mai/Juni 2023, NR. 17, S. 20–27. Der Nachdruck erfolgt mit freundlicher Genehmigung von Herausgeber Dirk Schütz, KM Kulturmanagement Network GmbH.

Jens Peter Kempkes ist Geschäftsführer OPTANO GmbH.

Katharina Kreuzhage ist Geschäftsführende Intendantin des Theater Paderborn.

Dennis Kundisch ist Inhaber des Lehrstuhls für Wirtschaftsinformatik, insb. Digitale Märkte an der Universität Paderborn.

Janina Seutter ist wissenschaftliche Mitarbeiterin am Lehrstuhl für Wirtschaftsinformatik, insbesondere Digitale Märkte an der Universität Paderborn.

Christoph Weskamp ist Innovationsmanager ‚Digital Business' im Software Innovation Campus Paderborn.

Perspektive: Prozesse

Geschäftsprozessmanagement (GPM) für Theater und Orchester – Qualität steigern, Organisationen entwickeln

Gabriel Cuypers

Inhaltsverzeichnis

Zusammenfassung

Geschäftsprozessmanagement (GPM) steigert die Transparenz des Unternehmensgeschehens und liefert belastbare Entscheidungsgrundlagen wirtschaftlicher, rechtlicher und sozialer Natur. Dieser Aufsatz veranschaulicht die GPM-Anwendung an Opernhäusern und zeigt dies anhand der Prozessidentifikation, der Prozessmodellierung, der Prozessentwicklung und der Prozessbeurteilung.

GPM bietet für den Opernbetrieb die Entwicklung und Verbesserung der Abläufe, ihre Bewertbarkeit und Vergleichbarkeit, die Beurteilung alternativer Prozessgestaltung, eine Personalbedarfs- und Personalentwicklungsplanung und die wirtschaftliche, rechtliche sowie soziale Beurteilung der Unternehmensabläufe und eröffnet damit Entscheidungshilfen für die strategische Unternehmensausrichtung.

G. Cuypers (✉)
Deutscher Bühnenverein, Köln, Deutschland
E-Mail: cuypers@buehnenverein.de

© Der/die Autor(en), exklusiv lizenziert an Springer Fachmedien Wiesbaden GmbH, ein Teil von Springer Nature 2024
P. Schneidewind et al. (Hrsg.), *Theatercontrolling*,
https://doi.org/10.1007/978-3-658-44984-1_11

Schlüsselwörter

Geschäftsprozessmanagement • Qualitätsmanagement • Prozessanalyse •
Prozesssequenzierung • Prozesskostenrechnung • Compliance

1   Einleitung

Im Geschäftsalltag von Kultureinrichtungen können, wie in allen anderen Organisationen auch, betriebliche Abläufe und Ergebnisse auftreten, die im Zuge von
Planung und Steuerung nicht intendiert waren und Irritationen hervorrufen: Führungskräfte, Mitarbeiterinnen und Mitarbeiter der Opernhäuser, aber auch andere
kommunale Fachbereiche, blicken dann oft fragend auf die „exotischen" Abläufe
an Opernhäusern und äußern eine mehr oder minder berechtigte Kritik.

Diese Kritik betrifft bspw. die Berücksichtigung diverser Gesetze und Verordnungen, die wirtschaftliche Gestaltung der Unternehmensabläufe oder den
Workflow der alltäglichen Aufgabenerfüllung.

Suboptimale Abläufe können einzelne Personen, Aufgaben, Abteilungen etc.
betreffen. Sie können ausnahmsweise, wiederholt oder permanent auftreten,
unwirtschaftlich, unkonventionell und nonkonform, gleichwohl ggf. zielführend
sein, sodass sich festhalten lässt: Unkonventionelle und individuelle Lösungen sind einerseits ein notwendiges Charakteristikum von Kultureinrichtungen,
die gerade deren Einzigartigkeit ausmachen können und als erfolgskritisch einzustufen sind; andererseits kann es sich bei ihnen womöglich – und ggf.
gleichzeitig – um Verstöße handeln, die die diversen Ziele einer Kultureinrichtung
gefährden.

Produktionsspezifische Besonderheiten an Opernhäusern und rechtliche wie
auch kommunale Rahmenbedingungen bilden ein Spannungsfeld. Sie stellen für
das Management der Häuser mit Blick auf die Vereinbarkeit von Wirtschaftlichkeit, Rechtssicherheit, Mitarbeiterorientierung und künstlerische Zielerfüllung
eine Herausforderung dar. Bedarfe bspw. sind an Opernhäusern produktionsbedingt eher heterogen und kurzfristig, während die Anzahl der Einzelbeschaffun-
gen und der verschiedenen Beschaffenden hoch ist, was eine Herausforderung bei
der Gestaltung standardisierter Beschaffungsabläufe bedeutet.

Das Geschäftsprozessmanagement (GPM) bietet eine Möglichkeit, ungewollte,
unschöne, unwirtschaftliche, rechtswidrige und asoziale Abläufe und mit diesen
die Einrichtung in ihrer Existenz oder ihrem Ruf gefährdende Szenarien auf-
zuspüren und sie nachvollziehbar darzustellen, sie über eine Kennzahlenbildung
zu beziffern/zu quantifizieren sowie nachhaltige Alternativen zu erarbeiten und

betrieblich zu implementieren, kurz: die Möglichkeit, nicht vertretbare Abläufe strategisch und operativ auszuschließen.

Über den Abgleich opernspezifischer Ablaufsequenzen mit entsprechenden Rechtsquellen können Organisationen gestaltet und entwickelt und damit in den unterschiedlichen Unternehmensbereichen Compliance, Wirtschaftlichkeit, Mitarbeiter- und Kundenzufriedenheit hergestellt werden. In diesen Prozess können die Mitarbeitenden mit einbezogen werden, und bei externen Prüfern lässt sich das Verständnis für opernspezifische Vorgänge fördern. Dies alles führt zu insgesamt größeren Spiel- und Freiräumen in den künstlerischen Bereichen.

GPM ist ein betriebswissenschaftliches Konzept, das einen Beitrag zu einer verbesserten Prozessqualität und der damit verknüpften und als subjektiv empfundenen Managementqualität zu leisten vermag. Die Anwendung des GPM-Konzeptes ermöglicht es, bei erfolgreicher betrieblicher Integration, wirtschaftliche, rechtliche und soziale Ziele einer Organisation zu erreichen, sodass die künstlerischen Ambitionen gezielter verfolgt und realisiert werden können. Zudem liefert GPM Hinweise für die strategische Ausrichtung einer Organisation.

Darüber hinaus ist GPM ein wesentlicher Bestandteil des Qualitätsmanagements, das als Führungsinstrument betriebliche Prozesse optimiert, Organisationsstrukturen entwickelt und einen Betrieb konsequent nach dessen Zielen ausrichtet (ISO 9001: 2018 und ONR 41000: 2016). Somit eignet sich GPM auch im Sinne des Qualitätsmanagements dazu, betriebliche Prozesse zu verbessern und die Schnittstellenproblematik aufzuheben (Knava & Heskia, 2017, S. 5–6).

Am Theater Dortmund konnte bislang, unter Anwendung des GPM-Konzeptes, bspw. die Qualität der technischen Realisation von Opern, die der Beschaffung und die der Rechnungsbearbeitung nachhaltig und nachweisbar gesteigert werden – die Erarbeitung eines spartenübergreifenden Gesamtkonzepts steht gegenwärtig noch aus.

Die Qualitätssteigerung in den genannten Bereichen hat auch zur eindeutigen Bestimmung von Prozessverantwortlichen sowie zur reibungslosen Gestaltung ihrer Workflows geführt: eine Voraussetzung für die Entwicklung wissensaufbauender Routinen, die einen stärkeren Fokus auf die künstlerischen Arbeiten ermöglichen und diese potenziell verbessern.

Gelegentlich kommt die Frage auf, inwieweit GPM auch auf die Kunst anwendbar sei. Die treffendere Frage hinsichtlich der GPM-Adaptionsmöglichkeiten wäre: Was können Verwaltung und Management von „der Kunst" bzw. gewissenhafter künstlerischer Arbeit lernen?

Verfolgt man bspw. die konzentrierten Proben eines Klangkörpers entlang der (langen, unübersichtlichen, komplexen) Prozesssequenz einer Partitur, ist festzustellen, dass über die Arbeit und das Feilen am Detail – einzelner Noten,

Pausen, Akzentuierungen etc. – am Ende ein nennenswertes Konzerterlebnis steht – sowohl für das Publikum als auch für das Orchester.

Dabei ist Etüdenhaftigkeit[1] ein wesentliches Kennzeichen des GPM, einerseits für das Erlangen anerkannter persönlicher, fachlicher und organisationaler Fertigkeiten, andererseits für deren innovative Weiterentwicklung. Künstlerische Arbeit ist (auch) Geschäftsprozessmanagement.

In dem folgenden Aufsatz werden das GPM-Konzept und seine vier Bearbeitungsbereiche: die Prozessidentifikation, -modellierung, -entwicklung und -beurteilung vorgestellt, ihre Wirkungsweise erläutert, Beispiele dazu angeführt und auf die Voraussetzungen für die erfolgreiche betriebliche Integration und Anwendung kritisch hingewiesen.

2   Das GPM-Konzept

Das Konzept des Geschäftsprozessmanagements lässt sich in vier zentrale Bereiche unterteilen:

1. die Prozessidentifikation,
2. die Prozessmodellierung (an dieser Stelle sei bereits auf die Bedeutung der Prozessanalyse hingewiesen),
3. die Prozessentwicklung und
4. die Prozessbeurteilung, bspw. über die Prozesskostenrechnung, die Regelkonformität (Compliance), die Personal- und Teamentwicklung und die Feststellung von Bedarfen.

Durch die Bearbeitung der vier GPM-Bausteine werden die Transparenz des Unternehmensgeschehens gesteigert und belastbare Entscheidungsgrundlagen für den Geschäftsalltag erstellt.

Die Transparenz der Prozesse ermöglicht wiederum die Entwicklung und Verbesserung der Abläufe, ihre Bewertbarkeit und Vergleichbarkeit, die Beurteilung alternativer Prozessgestaltungen, eine Personalbedarfs- und -entwicklungsplanung sowie die wirtschaftliche, rechtliche und soziale Beurteilung der Unternehmensabläuft/Prozesse. Schließlich liefert die Anwendung des GPM Hinweise zur strategischen Ausrichtung einer Organisation.

---

[1] Etüde (frz.: étude = Studium), in ihrem ursprünglichen Wortsinn ein Instrumentalwerk für ein Soloinstrument, das dem Musizierenden zu größeren Fertigkeiten auf seinem Instrument verhelfen soll.

Definition. GPM kann als Konzept betrachtet werden, das die betrieblichen Bereiche von Führung, Organisation und Controlling integriert, um Geschäftsprozesse gezielt zu steuern und auf Kundenbedürfnisse und weitere Stakeholder hin auszurichten und weiterzuentwickeln. Dabei sind Workflowmanagement und IT-Unterstützung zu berücksichtigen. Prozesskosten, -qualität und -dauer gelten als primäre Plangrößen von Prozessen, die gleichberechtigt neben den Aspekten des Eingreifens in soziale Systeme und in die Bereiche von Kompetenz, Technik und Unternehmenskultur in die Planung des GPM einfließen sollten (Träger, 2018, S. 49; Gadatsch, 2017a, S. 1–2; Gaitanides, 2012, S. V; Knuppertz/Feddern, 2011, S. 1–2; Dierkes und Diedrich, 2006, S. 4830).

Schematisch stellt Andreas Gadatsch das GPM in Abb. 1 dar und verweist damit auf die Ganzheitlichkeit des Ansatzes, der zur gelingenden Zielerfüllung ausnahmslos die Berücksichtigung aller Unternehmensbereiche (strategische, fachlich-konzeptionelle, operative Ebene), ferner die Organisationsgestaltung und die Anwendungssystemgestaltung sowie das, wenngleich verschiedenartige, Mitwirken aller Mitarbeitenden und Bereiche erfordert.

Abb. 1 GPM-Konzept nach Gadatsch (Gadatsch, 2017, S. 202)

2.1   Geschäftsprozesse

Im Kern lässt sich ein Geschäftsprozess als einen Prozess bestimmen, der ein unternehmensbezogenes Ziel unterstützt, das sich nach der Unternehmensstrategie richtet.

Ein Prozess setzt sich aus mehreren Einzelschritten zusammen, findet regelmäßig statt und wird häufig arbeitsteilig von mehreren Personen, Abteilungen, Bereichen oder Unternehmen durchgeführt. Alternativ wird ein Geschäftsprozess auch als Leistungserstellungsprozess, Kernprozess, Subprozess, Unternehmensprozess, Schlüsselprozess, Hauptprozess, Prozesskette, Organisationsprozess oder schlicht als Prozess bezeichnet (Gadatsch, 2017b, S. 202).

Definition. Ein Geschäftsprozess ist eine zeitliche, räumliche und sachlogische Abfolge von Arbeitsschritten in einer Organisation oder zwischen Organisationen, an der mehrere Personen oder Bereiche beteiligt sind. Der Geschäftsprozess trägt zur Wertschöpfung bei und orientiert sich an der Bedürfnisbefriedigung externer wie interner Kunden (Faiß & Kreidenweis, 2016, S. 15–16).

In der Sozialwirtschaft gilt der Kundenbegriff als umstritten, weswegen der Kunde in diesem Sektor als Klient, Angehöriger, Betreuer und Leistungsträger definiert wird – für ein Opernhaus könnte man in diesem Fall von Besucherinnen, Künstlerinnen, Technikerinnen etc. sprechen. Schließlich können wertschöpfende Geschäftsprozesse in der Sozialwirtschaft als eine für den Klienten wahrnehmbare Bedürfnisbefriedigung definiert werden, wobei nicht wertschöpfende, aber notwendige Geschäftsprozesse auf möglichst wirtschaftliche Art zu erbringen sind. Nicht wertschöpfende und überflüssige Geschäftsprozesse sollten abgebaut werden (ebd.). Diesem Kunden- und Wertschöpfungsverständnis folgt dieser Aufsatz.

2.2   Potenziale

Die Anwendung des GPM-Konzepts ermöglicht, mittels der Sequenzierung verschiedener Prozesse, die Erfassung aller Unternehmensbereiche samt deren gegenseitigen Abhängigkeiten und Interdependenzen. Durch die gezielte Bearbeitung ausgewählter Geschäftsprozesse, Kern- und Subprozesse werden Abläufe effektiver und effizienter, verschiedene Unternehmensbereiche werden passend aufeinander abgestimmt, und schließlich werden die organisationalen Ziele erreicht (Gadatsch, 2017, S. 203).

Als integratives Konzept bietet GPM die Möglichkeit, komplexen Szenarien erfolgreich zu begegnen, indem es Prozesse – in Abstimmung mit den Zielen und den betroffenen Fachabteilungen einer Organisation und unter Einbindung und Berücksichtigung verschiedener wissenschaftlicher Disziplinen (wie Wirtschafts- und Rechtswissenschaften, Medizin, Soziologie, Naturwissenschaften und Kunst) und der internen Wissensbestände – bestmöglich gestaltet. Hierbei ist für jede Sequenz ein passender Methoden-Mix zu erarbeiten.

Darüber hinaus bietet GPM, dank der differenzierten Ausweisung von Aufgaben und hierfür benötigter Qualifikationen und Sachmittel, eine effektive Möglichkeit, die neu entwickelten Verfahren in den Wissensbestand der Belegschaft zu integrieren und damit die Kompetenzen der Mitarbeiter und die Qualität der Organisation insgesamt anzuheben.

GPM erhöht zudem die Wettbewerbsfähigkeit eines Unternehmens, indem es Medienbrüche, Bearbeiterwechsel, Mehrarbeit sowie Warte-, Liege und Durchlaufzeiten minimiert und die Prozessqualität steigert (Gadatsch, 2017b, S. 208–209). Im Sinne der Wettbewerbsfähigkeit müssen auch die Auswirkungen von Geschäftsentscheidungen auf die internen wie externen Kunden gleichermaßen berücksichtigt werden.

Weitere Erfolge durch GPM wären Effizienzsteigerung, Fristenkongruenz, Kostenreduktion, Mitarbeiterzufriedenheit, Krankenstandsreduktion, Innovations- und Qualitätssteigerung.

Für die wirksame Bearbeitung der Geschäftsprozesse sollte der gesamte Kreislauf betrachtet werden: von der Strategieentwicklung über die fachliche Modellierung und die technische Umsetzung bis zum übergreifenden Prozesscontrolling. Dabei sind auch aktuelle Aspekte der Digitalisierung, Industrie 4.0, Nachhaltigkeit (Environmental Social Governance (ESG)), Big Data und Cloud Computing zu berücksichtigen (Gadatsch, 2017a, S. V–VI).

Ein Opernhaus, das das GPM-Konzept anwendet, arbeitet effektiver, effizienter, rechtlich konform und sozialer. Dass aber GPM damit die künstlerische Qualität automatisch steigert, ist nicht zu garantieren, da diese in besonderem Maße von den individuellen Fähigkeiten der Beteiligten abhängig ist. GPM verbessert die Bedingungen, unter denen sich die künstlerische Arbeit vollzieht, und öffnet weitere Freiräume, was zumindest das Potenzial hat, sich positiv auf künstlerische Ergebnisse und damit auf die Einzigartigkeit und die Relevanz eines Opernhauses auszuwirken.

3   GPM: Betriebliche Anwendung/Verfahrensweise

Zunächst werden die Prozessarten, -varianten und -sequenzen ausgewählter Geschäftsbereiche erhoben. Dies können z. B. die Bereiche Beschaffung/Vergabe, Werkstätten, Programmgestaltung, Marketing, Produktionsplanung/Disposition oder Personal sein. Der ausgewählte Prozess wird benannt und in die einzelnen Teilschritte zerlegt – so entsteht eine Prozesssequenz.

Jedem Teilschritt werden Prozessverantwortliche, jeweiliger In- und Output und Betriebs-/Hilfsmittel zugeordnet.

Zusätzlich erfolgt die Erfassung von Prozessmessgrößen für jeden einzelnen Teilschritt wie z. B. Dauer und Kosten der Teilschritte (die Literatur benennt ca. 21 verschiedene Messgrößen zur Beurteilung von Leistung). In Abhängigkeit von der Fragestellung an den Prozess sind die entsprechenden Messgrößen auszuwählen. Das Erheben von Messgrößen wird empfohlen, damit Prozesse im Rahmen der Prozessbeurteilung und -entwicklung rechnerisch erfasst, bewertet und vergleichbar gemacht werden können.

Auf diese Weise wird eine Datenbasis erstellt, die als Vorlage für andere Abteilungen hinzugezogen werden kann und den Baustein eines unternehmens- und spartenübergreifenden GPM-Gesamtkonzepts darstellt.

Die ermittelten Prozesssequenzen und Messgrößen dienen zudem den Datenbanken gängiger GPM-Software als Basisdaten für die softwareunterstützte Gestaltung und Beurteilung der Geschäftsprozesse.

Für eine erfolgreiche betriebliche Anwendung des GPM empfiehlt sich ein Mixed-Methods-Ansatz: einerseits theoretisch, anderseits anhand deskriptiver und explorativer Studien und qualitativ-quantitativer Untersuchungen. Dieser Methoden-Mix sollte für jede Prozessanalyse exklusiv ermittelt werden – so werden Prozesse schrittweise fachlich fundiert identifiziert, modelliert, entwickelt und beurteilt.

3.1   Prozessidentifikation

Die erste Methode der Prozessidentifikation kann rein theoretisch anhand der Fachliteratur vorgenommen werden, da davon auszugehen ist, dass sich die Prozesse an Opernhäusern in den wesentlichen Zügen ähneln und nicht gesondert identifiziert werden müssen.

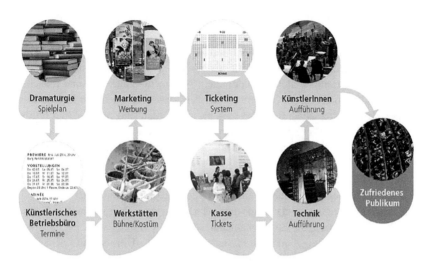

ISO for Culture, Knava & Heskia | Foto: © Maren Brinkmann, G.Light/Fotolia | Grafik: derAuer.at

Abb. 2 Prozessdurchlauf im Theaterbetrieb (Knava & Heskia, 2017, S. 12)

Hier sei dazu auf die Prozesslandkarte von Knava und Heskia (2017, S. 12)[2] hingewiesen: die Darstellung eines Prozessdurchlaufs im Theaterbetrieb, der den Produktionsverlauf an Opernhäusern im Kern treffend beschreibt (Abb. 2).

Jeder dieser einzelnen Produktionsbereiche, angefangen bei der Dramaturgie über das künstlerische Betriebsbüro, das Marketing etc. bis hin zum Publikum, lässt sich in weitere Kern- und Subprozesse auffächern und im Sinne einer Qualitätssteigerung/Organisations- oder Prozessentwicklung näher betrachten, um Potenziale aufzudecken.

3.2 Prozessmodellierung

Im Zuge der Prozessmodellierung erfolgt diese tiefer gehende Auffächerung, indem die bei der Prozessidentifikation ermittelten Kern- und Subprozesse strukturiert dargestellt werden: So entstehen Prozessstrukturdarstellungen, die auch

---

[2] Siehe auch http://www.heskia.at/wp-content/uploads/2017/07/ISOfCulture_-BTR_01_ 2017.pdf, Abruf am 24.09.2023; ferner https://www.audiencing.net/wirkungsmanagement/, Abruf am 24.09.2023.

Prozessdesigns oder Tätigkeitsdarstellungen genannt werden (Gaitanides, 2012, S. 159).

Die Prozessmodellierung beginnt mit der Prozessanalyse, die einen wichtigen Bestandteil des GPM darstellt und daher sehr umsichtig und sorgfältig vorzubereiten ist; alle weiteren Ableitungen, Argumentationsketten und Entscheidungsgrundlagen ergeben sich nämlich aus den Entscheidungen und Ergebnissen, die bei der Prozessanalyse getroffen bzw. erzielt worden sind. Werden hier falsche Annahmen gemacht, ergeben sich Folgefehler im Verlauf der weiteren Analyse, was letztlich falsche Entscheidungen und Maßnahmen nach sich zieht und den erwünschten Erfolg ausbleiben lässt.

Im Kern liefert die Prozessanalyse den Ist-Verlauf eines Geschäftsprozesses, bspw. den einer vollständigen Opernplanung oder spezifischer Abläufe in den Werkstätten, der Dramaturgie, dem Marketing oder dem Orchester, die mit der Opernproduktion im Zusammenhang stehen. In Abb. 3 wird exemplarisch die Produktionsplanung eines Orchesters sequenziell, d. h. Schritt für Schritt, chronologisch nachvollzogen. Von oben nach unten wird auf diese Weise ein abstrakter Begriff wie Produktionsplanung immer differenzierter dargestellt, wodurch Entwicklungspotenziale in den verschiedenen Bereichen der Produktionsplanung aufgedeckt werden und entsprechende Maßnahmen zielgenau ergriffen werden können.

Der ermittelte Ist-Verlauf des Geschäftsprozesses „Produktionsplanung Orchester" wird unter Zuhilfenahme eines Prozesserfassungsbogens (PEB) sequenziert. Das heißt, dass die einzelnen Schritte der Leistungserstellung

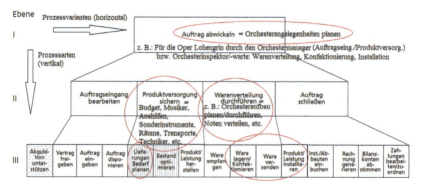

Abb. 3 Die Prozessanalyse: Produktionsplanung Orchester (Gaitanides, 2012, S. 161)

abstrakt verbalisiert bzw. Kategorien der Leistungserstellung definiert werden –
hier handelt es sich um die Ermittlung der Prozessarten (rot umkreist in
Abb. 3).

Prozessschritte (Ist-Verlauf)		Pvw.	Gesamt
I)	**OW-Büro: Organisatorisches** *(08:00h–08:04h)*		OW/Min.
1	Tagespl., studieren	OW	**0,44 €**
2	Produktionspl,Besetzung,Aufbaupl.,Mail studieren	OW	
3	Dienstpläne der Orchestergruppen studieren	OW	**Orga 1**
4	Aufbauplan/ Werkzeug fassen/ Noten Fernmusik	OW	0,44
	Σ		0,88
			0,22
			0,22
II)	**Orchesterproberaum (OPR) für Verständigung vorbere**		**1,76 €**
5	OPR "auf 0 setzen"	OW	
6	Aufbau Fernmusik-Verständigung Lohengrin	OW	**OPR**
	Σ		4,65
			0,70
III)	**Orchestergraben (OG) - Aufbau** *(08:17h–09:42h)*		**5,35 €**
7	Gang auf Bühne: Fahrbarkeit d. O-Graben prüfen	OW	**O-Graben**
8	Absperrgurt spannen: OG-Absturzsicherung.	OW	0,70
9	Im O-Graben: Podium(P) 2 gegen P. 1 verfahren	OW	0,61
10	Podeste f. die 1.Streicher Vl.1+2,Vla, Cl. stellen	OW	0,61
11	Diri-Podest stellen	OW	1,42
12	Diri-Pult stellen	OW	0,13
13	Podien 1+2 auf Stand fahren	OW	0,20
14	Pulte stellen *(Vl.1+2, Vla,Cl,Holz,Blech(ohne Horn)*	OW	0,26
15	Unterbrechung: Wegen Aufbau Fernmusik		3,92
16	Stühle stellen *(Vl.1+2, Vla, Cl,Holz,Blech(ohne Horn)*	OW	5,51
17	Pultleuchten anschließen	OW	2,20
18	Basspodeste stellen	OW	1,18
19	Bassstühle stellen	OW	0,73
20	B-Pulte stellen	OW	0,37
21	B-Pultleuchten anschließen	OW	0,13

Abb. 4 Prozesssequenz u. -kostenrechnung Orchesteraufbau (eigene Darstellung)

I)	Bedarfsmeldung/Beschaffungswunsch
1	Bedarfsfeststellung
2	IBM-Notes öffnen, Startseite wählen
3	Theaterportal/VGV, Beschaffungen öffnen (neuer Reite
4	"Datenbank öffnen" wählen
5	"Vorgang anlegen" wählen (neuer Reiter öffnet)
6	Bedarfsmelder eintragen
7	Bedarfsart eintragen (Ware/Dienstleistung/PE)
8	Bedarfsbeschreibung vornehmen
9	Ausführliche Bedarfsbeschreibung anhängen (optional)
10	Kostenschätzung vornehmen
11	Ist-Bestand prüfen
12	Bedarfswiederkehr prüfen
13	bei Leasing oder Miete Vertragslaufzeiten angeben
14	Beschaffung einer Produktion oder Abteilung zuordnen
15	(An-)Bietervorschlag eintragen oder aus Liste auswähle
16	Einen Beschaffer vorschlagen (optional) (eine andere V
17	Zusatz-Leseberechtigungen d. VGV gewähren (optional)
18	VGV an echten Bedarfsmelder geben (optional)
19	Standard-FVP definieren (optional)
20	Unterschreiben und FVP um Genehmigung bitten wähle
21	Sonderfall: selbst fachverantwortlich wählen (optional)
Σ	Bedarfsmeldungsdauer *(in Minuten)*
II)	Zustimmung *(durch FVP (Vorgesetze etc.))*
22	Liegezeit der Bedarfsmeldung
23	Fachverantwortliche Person/Spartenl. stimmt zu/unters
Σ	Zustimmungsdauer *(in Minuten)*

Abb. 5 Prozesssequenz Beschaffung. (Eigene Darstellung)

Die ermittelten Prozessarten werden in einem sich anschließenden Verfahren in weitere Prozessschritte zergliedert und chronologisch in einer Spalte untereinander nummeriert und verschriftlicht – hierbei spricht man von der Ermittlung der Prozessvarianten, was beispielhaft auszugsweise für den Orchesteraufbau (Abb. 4, linke Grafik) und die Beschaffung (Abb. 5) dargestellt wird.

Die Prozessvarianten – also jeder einzeln definierte Arbeitsschritt – werden um die Nennung des Prozessverantwortlichen (hier bspw. der Orchesterwart (OW)), des Inputs (Materialien) und des erwarteten Outputs pro Prozessschritt ergänzt.

Zusätzlich erfolgt die Eintragung der entsprechenden Prozessmessgrößen, also der ermittelten Kennzahlen, was hier beispielhaft anhand der Prozesskosten pro klassifiziertem Arbeitsschritt veranschaulicht wird (Abb. 4, rechte Spalte). Das Verzeichnen der Prozessmessgrößen pro Prozessschritt ermöglicht schließlich die rechnerische Bewertung der Leistungserstellung und damit die Grundlage einer Variante der späteren Prozessbeurteilung (Ist-Soll-Vergleich).

3.3   Prozessentwicklung

Im Rahmen der dritten Methode der Prozessentwicklung werden, auf der Grundlage der ermittelten Prozess-Ist-Verläufe, Alternativen erarbeitet, sogenannte Soll-Verläufe. Dies geschieht, indem die Prozesssequenz im Ist-Verlauf studiert wird – dieser Vorgang sollte in enger Abstimmung und wiederholter Rücksprache mit den Fachabteilungen erfolgen, die über das Wissen und die Erfahrung verfügen, Abläufe adäquat zu beurteilen, oder ggf. unter Zuhilfenahme entsprechender Fachliteratur oder weiterer Fachleute. In der Regel gelingt es nur über konzentrierte iterative Verfahren, die Schwachstellen aufzudecken (Finde den Fehler).

Identifizierte Schwachstellen werden Prozessrisiko genannt und als solches direkt im Prozesserfassungsbogen gekennzeichnet. Man kann die entsprechende Zeile der Sequenz z. B. rotfarbig hinterlegen und in eine letzte Spalte des betreffenden Teilschritts den Begriff Risiko eintragen. Die erkannten Prozessrisiken sind unterschiedlich hoch und werden häufig nach Kriterien der Eintrittswahrscheinlichkeit und des wirtschaftlichen Schadens qualifiziert. An dieser Stelle ist erneut höchste Sorgfalt ratsam: Oft sind es vermeintliche Nichtigkeiten, mit geringer Eintrittswahrscheinlichkeit und geringem wirtschaftlichem Schaden, die großen Schaden nach sich ziehen (Der Fehler liegt im Detail).

Sind diese ersten Schritte der Prozessentwicklung vollzogen, nimmt man an der Ist-Sequenz Änderungen vor, die die Prozessrisiken minimieren und die Qualität (Zeiten, Fristen, Kosten, Vereinbarungen, absprachegemäß) steigern.

Dies kann gelingen, indem man Eintragungen an den Teilschritten mit Prozessrisiken in den passenden Spalten ändert, bspw. die Bearbeitungsreihenfolge (Sequenzänderung), oder bei dem Prozessverantwortlichen (Austausch des Verantwortlichen), oder den Input betreffend (bspw. durch zusätzliche Betriebsmittel oder Weiterbildung). So wird aus einer Ist-Sequenz eine Soll-Sequenz.

Um die entwickelten Maßnahmen beurteilen zu können, erfolgt in einem letzten Schritt die Prozessbeurteilung. Hierbei werden sowohl die Ist-Sequenz als auch die Soll-Sequenz beurteilt. Über den Ergebnisvergleich erfolgt dann die Beurteilung der Maßnahmen bzw. die Beurteilung eines Ist-Verlaufes.

Beurteilungskriterien könnten z. B. Personal- und/oder Zeitbedarf, Budgetbedarf, Output-Qualität, Mitarbeiterorientierung, Umweltorientierung, Rechtskonformität (bspw. über den Abgleich einer Sequenz mit einer betreffenden Verordnung oder Geschäftsanweisung), Wirtschaftlichkeit oder Kundenzufriedenheit sein.

3.4   Prozessbeurteilung

Die vierte und letzte Methode der Prozessbeurteilung erfolgt idealerweise rechnerisch anhand von Kennzahlen. Hier sei beispielhaft auf die Prozesskostenrechnungen (PKR), die rechtliche Überprüfung (Compliance), die Qualität der Wissensvermittlung und der Kommunikation wie auf die Qualität von Prozessteams verwiesen.

Die Prozesskostenrechnung ermöglicht eine verursachergerechte Kostendarstellung und kann bspw. ausweisen, an welcher Stelle genau und durch welche Ursachen im Detail im Produktionsprozess zu hohe Kosten angefallen sind.

Ergänzt wird die Prozesskostenrechnung durch die Betrachtung interdependenter Kosten: ob sich also Maßnahmen in der einen Sequenz positiv oder negativ auf andere Unternehmensbereiche auswirken.

Durch die rechnerische Beurteilung der Prozesse lassen sich einerseits wirtschaftliche und rechtliche Kriterien gegeneinander abwägen, andererseits lassen sich Ist-Verläufe und Soll-Verläufe rechnerisch vergleichen und so die Vor- und Nachteile einer möglichen Prozessentwicklung fundiert diskutieren.

Neben den Kosten, der Qualität und der Zeit als Gestaltungszielen von Prozessen ist die Qualität der einzelnen Prozessteams den Abteilungen in ihrem Zusammenwirken zu nennen. Daher müssen auch die Strukturen und Mechanismen wie Wissenstransfer und -austausch, kundenbezogene Kommunikation, Kooperationsbereitschaft und teaminterne Konflikte, die den Teamerfolg beeinflussen, betrachtet werden.

Aber auch personenbezogene Merkmale wie Sozial- und Fachkompetenz und Teamorientierung oder die Kommunikations- und Kooperationsfähigkeit und - bereitschaft sind als wichtige Bausteine einer positiven Prozessentwicklung bzw. als besonders ausschlaggebend für Prozesserfolge einzustufen (Gaitanides, 2012, S. 193).

Detaillierte Vorlagen zu den hier nur kurz vorgestellten Methoden wie auch zur Bildung von Kennzahlen, Prozesskostenrechnungen und Compliance-Prüfungen finden sich bei Cuypers (2023a, 2023b).

4   Fazit

Der Aufwand einer initialen Prozesserfassung zur Bearbeitung der Geschäftsprozesse ist als hoch einzustufen. Gelingt es aber, eine betriebsspezifische Standardmethode der Prozesserfassung zu erarbeiten und eine digitale Vorlage zu erstellen, können abteilungsspezifische Abläufe mittels leicht modifizierter Prozesserfassungsbögen jeweils zügig und mit vertretbarem Aufwand erfasst werden.

Der GPM-Aufwand wird auch dadurch minimiert, dass sich Routinen bei der Einstufung des jeweils angemessenen Abstraktionsniveaus in der Verschriftlichung/Erstellung der Prozesssequenzen mittels Prozessarten und -varianten angeeignet werden.

Schließlich sind auch gewisse Routinen bei der Festlegung geeigneter Messgrößen gefragt – ausdrücklich sei hier das Vorhandensein ausgereifter und differenzierter betrieblicher Kennzahlensysteme, klar abgegrenzter und aufschlussreicher Kontensysteme, Kostenarten, -träger und -stellen als maßgeblich im Sinne einer zügigen und belastbaren Prozesskostenrechnung (PKR) angeführt. Fehlen diese Voraussetzungen, müssen sie zunächst arbeitsintensiv geschaffen werden.

In Abhängigkeit der betrachteten Unternehmensbereiche/Abteilungen sind zudem entsprechende kommunale Fachbereiche wie ein Personal- und Organisationsamt, ein Rechnungsprüfungsamt, die Stadtkasse etc. oder Experten aus entsprechenden Sachgebieten wie Jura, Medizin und Betriebswirtschaft frühzeitig einzubeziehen, um jeweilige Prozesssequenzen sachgerecht und zielführend erfassen, beurteilen und bearbeiten zu können.

Berücksichtigt man all diese Faktoren und hat Freude an der Gestaltung und Entwicklung von Organisationen in komplexen Szenarien, ist GPM ein anspruchsvolles Tool, das es kollaborativ ermöglicht, Prozessergebnisse im Einzelnen zu verbessern und darüber insgesamt die Qualität einer Organisation zu steigern, was

sich in seiner Perfektion schließlich auch in Anpassungen der strategischen Ausrichtung niederschlägt, die eine Unternehmung noch erfolgreicher und wertvoller
macht.

Leider ist die Organisationsentwicklung damit nicht abgeschlossen: Erstens
existieren andere Herausforderungen, für die geeignetere Ansätze gefunden werden müssen, und zweitens beginnt der GPM-Kreislauf an diesem Punkt von
Neuem (vgl. Abb. 1).

Literatur

Cuypers, G. (2023a). Compliance-Management im Kulturbetrieb: Beschaffung und Rechnungsbearbeitung rechtssicher und wirtschaftlich gestalten. In ZRFC (Bd. 18, Nummer
3, S. 265–274).
Cuypers, G. (2023b). Geschäftsprozessmanagement im Kulturbetrieb: Eine Analyse am Beispiel der Dortmunder Philharmoniker im Theater Dortmund.
Dierkes, S.; Diedrich, R. (2006). Prozessmanagement. In: Wirtschaftslexikon. Das Wissen
der Betriebswirtschaftslehre, Band 9, PIMS – Risikomaße. Hrsg. v. Handelsblatt. Stutt-
gart: Schäffer-Poeschel, S. 4827–4832.
Ellringmann, H. (2014). Vom Qualitätsmanagement zum strategischen Geschäftsprozessma-
nagement. In: Masing – Handbuch Qualitätsmanagement, Hrsg. v. Tilo Pfeifer u. Robert
Schmitt. 6., überarb. Aufl., 5. Kapitel. München: Hanser, S. 67–89.
Faiß, P.; Kreidenweis, H. (2016). Geschäftsprozessmanagement in sozialen Organisationen.
Leitfaden für die Praxis. Baden-Baden: Nomos.
Gadatsch, A. (2017a). Grundkurs Geschäftsprozess-Management. Analyse, Modellierung,
Optimierung und Controlling von Prozessen. 8., vollst. überarb. Aufl., Wiesbaden: Sprin-
ger Vieweg.
Gadatsch, A. (2017b). Geschäftsprozessmanagement. In: Das Wirtschaftsstudium – wisu.
Zeitschrift für Ausbildung, Prüfung, Berufseinstieg und Fortbildung, Heft 46, Ausgabe
2/2017. Düsseldorf: Lange, S. 202–210.
Gaitanides, M. (2012). Prozessorganisation. Entwicklung, Ansätze und Programme des
Managements von Geschäftsprozessen. 3., vollst. überarb. Aufl., München: Vahlen (Vah-
lens Handbücher der Wirtschafts- und Sozialwissenschaften).
Knava, I.; Heskia, T. (2017). Qualitätsmanagement in Kulturbetrieben. Grundlagen, Umset-
zung und Zertifizierung nach ISO 9001:2015 und ONR 41000:2016. In: Handbuch Kul-
turmanagement, Recht, Politik & Praxis, Nr. 57. Hrsg. v. Loock, Friedrich. Berlin u. a.:
DUZ Verlags- und Medienhaus, S. 1–32.
Knuppertz, T.; Feddern, U. (2011). Prozessorientierte Unternehmensführung. Prozessmanagement ganzheitlich einführen und verankern. Stuttgart: Schäffer-Poeschel.
Schmelzer, H. J.; Sesselmann, W. (2020). Geschäftsprozessmanagement in der Praxis. Kunden zufrieden stellen, Produktivität steigern, Wert erhöhen. 9., vollst. überarb. Aufl.,
München: Hanser.
Träger, T. (2018). Organisation. Grundlagen der Organisationslehre mit Beispielen, Übungs-
aufgaben und Musterlösungen. München: Franz Vahlen.

Wöhe, G.; Döring, U.; Brösel, G. (2016). Einführung in die Allgemeine Betriebswirtschaftslehre. (Vahlens Handbücher der Wirtschafts- und Sozialwissenschaften), 26. überarb. und
aktual. Aufl. München: Franz Vahlen.

Gabriel Cuypers ist Leiter Projektanalyse „Smarte Theaterdienste" Datenraum Kultur beim
Deutschen Bühnenverein.

Controlling für die Kunst, das Wirkungsmodell der Deutschen Staatsphilharmonie Rheinland-Pfalz

Beat Fehlmann

Inhaltsverzeichnis

Zusammenfassung

Das Ludwigshafener Wirkungsmodell bringt ökonomische, ökologische, organisationale, kommunikative, qualitative, künstlerische und gesellschaftliche Perspektiven in einen Gesamtzusammenhang. Diese Systematik ist in vier Phasen gegliedert: Voraussetzungen, Kontrollbereich, Einflussbereich und Interessensbereich. Die gesellschaftliche Wirkung sämtlicher Aktivitäten einer Kulturinstitution werden so quantitativ und qualitativ erfahrbar gemacht.

Schlüsselwörter

Mehrperspektivenmodell • Künstlerische Inhalte • Gesellschaftliche Wirkung • Wirkungsmessung

B. Fehlmann (✉)
Deutsche Staatsphilharmonie Rheinland-Pfalz, Ludwigshafen, Deutschland
E-Mail: fehlmann@staatsphilharmonie.de

1   Ausganglage und Anspruch

Sind wir eigentlich erfolgreich? Läuft unser Betrieb wirklich gut? Der Wunsch
nach einer differenzierten Beantwortung dieser Fragen stand am Anfang der Entwicklung des Ludwigshafener Wirkungsmodells. Dies vor dem Hintergrund, dass
in meinem Arbeitskontext die Kulturpolitik keinen Leistungsauftrag formuliert,
von welchem sich klare Kriterien für diese Ansprüche ableiten ließen. Über-
spitzt formuliert haben wir unseren Auftrag also selbst formuliert und zwar
im Spannungsfeld eines hohen künstlerischen Anspruchs und des gesellschaftlichen Auftrages. In einer Institution mit einer ausgeprägten Finanzierung durch
die öffentliche Hand und vor dem Hintergrund kulturpolitischer Anforderungen,
stellt eine Objektivierung dieser Aspekte eine enorme Herausforderung dar. Das
Wirkungsmodell macht deshalb transparent und nachvollziehbar, ob und wie wir
unsere Ziele erreichen. Im operativen Betrieb bietet das Modell eine zuverlässige
Steuerungs- und Überwachungsmöglichkeit. Es werden komplexe Verfahren in
einen Gesamtzusammenhang gebracht und so einfacher nachvollziehbar. Dadurch
wirkt dieses Verfahren auch als ein effektives Kommunikationsinstrument und
zwar nach innen und nach außen. Ganz zentral waren für mich der Anspruch,
eine ökonomische, eine ökologische, eine soziale und eine künstlerische Perspektive integrieren zu können. Wirkungsmessung in diesem Sinne beschränkt
sich deshalb nicht ausschließlich auf monetäre Kennzahlen, sondern versucht die
Zusammenhänge, Inhalte, Auftrag, Vision und Mission in Beziehung zu bringen.
Die Fragen nach dem Was, dem Wie und dem Warum werden so zu wichtigen
Wirkungsebenen. Das Ludwigshafener Wirkungsmodell verfolgt deshalb folgende
Anliegen:

• Nicht Ersparnisse oder die Höhe monetärer Erträge stehen im Vordergrund,
  der Fokus liegt vielmehr beim Verständnis von Wirkungszusammenhängen.
• Die Möglichkeit, zurechenbare Effekt im Spannungsfeld von Inhalt und gesell-
  schaftlicher Wirkung identifizieren und kommunizieren zu können, stehen im
  Zentrum.

Musik als ästhetische Erfahrung
Inhalt meint in unserem Fall die musikalischen Werke. Das Erkennen und Wertschät-
zen ihrer Qualität ist eine über Jahrhunderte erlernte Gesellschaftspraxis. Offenheit,
Neugier, Selbstreflexion und Selbstkritik sind wichtige Eigenschaften für das Gelingen dieses Vorgangs. Diese Voraussetzungen machen es der Kunst möglich, sich in
einem ergebnisoffenen Raum zu entfalten (Vietta, 2007). Als wichtiges Wesens-
merkmal eines Kunstwerkes wird seine Mehrdeutigkeit erkannt. Ein konsequentes

sich Entziehen der Eindeutigkeit ermöglicht so immer wieder neue Erkenntnisse und andere Empfindungen; ein Vorgang der nie endgültig abgeschlossen ist (Sonderegger, 2000). Die unterschiedlichen Perspektiven und Zugänge sowie die Tatsache der Entstehung eines Kunstwerkes sind eine Kulturpraxis. Diese wiederum sind prägend für die Struktur unserer Gesellschaft und führt zu einer symbiotischen Verzahnung von Kunst und Leben.

Musik ist eine Zeitkunst. Das ganze Werk, die komplette Form offenbart sich erst, wenn die letzte Note verklungen ist. Musik ist aber auch eine Erinnerungsform. So können wir Gesamtzusammenhänge nur dank unseres Gedächtnisses erkennen. Ähnlichkeit und Kontrast oder Differenz und Wiederholung wirken zusammenhangsbildend. Während das temporale auf unsere Vergänglichkeit verweist, ermöglicht die Erinnerung die Erkenntnis unseres Daseins, respektive der Möglichkeit der Selbstreflexion. Lachenmann beschreibt das so: „Musik hat Sinn doch nur, wenn sie über ihre eigene Struktur hinausweist auf Strukturen – das heißt: auf Wirklichkeiten und Möglichkeiten – um uns und in uns selbst" (Lachenmann, 1996).

2   Modellentwicklung

Um den Besonderheiten der Kunstform und den gesellschaftlichen Anforderungen an eine mit öffentlichen Mitteln intensiv geförderte Institution gerecht zu werden, habe ich sehr bewusst nicht auf ein bestehendes Konzept zurückgegriffen, sondern auf der Grundlage mehrerer Konzepte ein eigenes Modell weiterentwickelt.

2.1   Balanced Scorecard

Die Idee einer Mehrfachperspektive der Balanced Scorecard wurden übernommen und weiterentwickelt. Die Operationalisierung und Quantifizierung von Zielen ist dabei eine wichtige Stärke dieses Konzepts und wurde ebenfalls weiterverfolgt (Horvath, 2007). Die vier Perspektiven Finanzen, Prozesse, Potential und Kunden des klassischen Modells machen deutlich, dass die sozialen und künstlerischen Aspekte hier nicht vorgesehen sind. Beim Versuch, dieses Modell um zusätzliche Perspektiven zu erweitern, bin ich immer wieder gescheitert. Dabei hat sich der umsatzorientierte Kern des Verfahrens immer wieder störend vermittelt. So ist es mir nicht gelungen, die verschiedenen Perspektiven in einen überzeugenden Gesamtzusammenhang zu bringen.

2.2   SROI

Das SROI-Verfahren wurde primär für den karitativen Bereich entwickelt. Die vier nachfolgenden Funktionsbezüge werden in einen kausalen Zusammenhang (Schober und Then, 2015):

1. Ökonomische Funktion (Markt)
2. Politische Funktion (Staat)
3. Soziale Funktion (Familie)
4. Kulturelle Funktion (Gemeinschaft)

Damit bin ich dem ausgehend beschriebenen Anspruch schon einen deutlichen Schritt nähergekommen. Immer noch fehlte allerdings die künstlerische Ebene, welche ich durch die Erweiterung einer fünften Funktion nicht befriedigend integrieren konnte.

2.3   Performance Measurement

Der Kritik eines fehlenden normativen Rahmens wird auch das Ludwigshafener Modell nicht entgehen, dennoch erscheint es mir sehr wichtig, dass ein kunst- und kulturtaugliches Konzept immer auch das grundsätzliche Handeln und die Inhalte prozessual mit einbezieht (Fehlmann, 2021). Ein Modell, das Kennzahlen unterschiedlicher Dimensionen vereinigen kann, wurde in den letzten Jahren unter dem Begriff Perfomance Measurement entwickelt. Ziel ist es, unterschiedliche Leistungsbereiche zu messen und zu bewerten. Der Vorteil dieser Systematik bestand für mich darin, dass die finanziellen Beurteilungen um die Messung nicht-finanzieller Leistungen erweitert werden konnte. Die Abgrenzung zur rein monetären Erfolgsbeurteilung, welche primär in der Retroperspektive entwickelt werden kann, ermöglicht eine in die Zukunft gerichtete Leistungs- und Wirkungsmessung. Im Spannungsfeld der beiden Begriffe Effizienz und Effektivität werden vier Phasen definiert (Abb. 1).

Abb. 1 Modell des Wirkungsprozesses. (Eigene Darstellung)

Auf der Prozessebene geht es darum, die Dinge richtig, respektive „effizient" zu machen (Input) und auf der Leistungsebene „effektiv" zu sein, also das richtige zu tun (Output). Die dritte und vierte Phase dokumentieren die Wirkungsebene, wobei die Unterscheidung von Outcome und Impact primär temporär gedacht wird. Während Outcome die kurzfristigen Veränderungsprozesse umfasst, werden als Impact langfristige Entwicklungen beobachtet und gemessen (Möller und Janssen, 2009).

3   Das Ludwigshafener Wirkungsmodell

Um den Einflussbereich von Kunst und Kultur für die gesellschaftlichen Entwicklungen erfahrbar zu machen, werden Referenzen zu den wichtigsten aktuellen und zukünftigen Herausforderungen gesucht. Im Fokus stehen dabei Veränderungen, welche bereits begonnen haben (Zukunftsinstitut, 2023). Diese Sichtweise basiert auf dem Anspruch, dass kulturelle Institutionen nicht nur auf die Gesellschaft und Wandel reagieren, sondern auch Impulse setzen und aktiv mitgestalten sollen. Dies führt zu einer Erweiterung des Modells auf insgesamt neun aufeinander aufbauenden Perspektiven:

1. Finanzen
2. Mitarbeitende
3. Verantwortung
4. Entwicklung
5. Kommunikation
6. Qualität
7. Form
8. Inhalt
9. Gesellschaft

Am Ende dieser Kette stehen also die Fragen nach dem Wie (Form), dem Was (Inhalt) und dem Warum (Gesellschaft). In der praktischen Anwendung unterscheiden wir den Bereich Kommunikation in eine interne und eine externe Perspektive. Damit kann auch die Kundenperspektive integriert werden. Dieser Bereich ist deshalb so offengehalten, damit öffentlich geförderte Institutionen den Blick auf die gesamte Bevölkerung richten können.

Die strategische Ebene, ausformuliert in der Vision, bildet die beständige Referenz für die Ausarbeitungen konkreter Wirkungsziele. Die neun Perspektiven

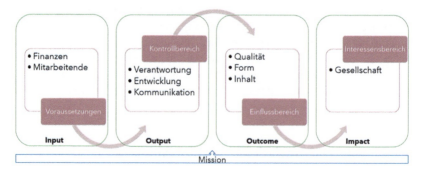

Abb. 2 Die neun Perspektiven, verteilt auf die vier Phasen des Wirkungsprozesses. (Eigene Darstellung)

werden in die vier Phasen gegliedert. Dabei wird unterschieden, welche Voraussetzungen vorhanden oder notwendig sind, welche Bereiche kontrolliert und beeinflusst werden können und was im Interessenbereich des eigenen Handelns liegt (Abb. 2).

3.1 Entwicklung der Wirkungsziele

Zur Reduktion der Komplexität empfehlen wir die Ausarbeitung von jeweils zwei Wirkungszielen pro Perspektive. Diese insgesamt 18 Zielsetzungen werden quantitativ und qualitativ evaluiert werden. Anhand der Ausarbeitung für die Deutsche Staatsphilharmonie Rheinland-Pfalz möchte ich nachfolgend das Modell anhand praktischer Umsetzungsbeispiele verdeutlichen.

In einem breiten Beteiligungsprozess haben wir mittels vier Fragen unsere Mission entwickelt:

1. Was zeichnet uns aus?
2. Was läuft falsch in unserer Institution?
3. Welche gesellschaftlichen Entwicklungen sind für uns wichtig?
4. Wie möchten wir sein?

Aus den Rückmeldungen aus den einzelnen Arbeitsgruppen wurden dann drei zentrale Sätze generiert:

Tab. 1 Die neun
Perspektiven mit
Kernbegriffen

Perspektive	Begriff
Finanzen	Verantwortung
Mitarbeitende	Selbstbewusstsein
Verantwortung	Besinnung
Entwicklung	Offenheit
Kommunikation	Verbundenheit
Qualität	Leidenschaft
Form	Unmittelbarkeit
Inhalt	Engagement
Gesellschaft	Zusammenhalt

- Besinnung, Vertrauen und Ruhe führen zu Engagement und Leidenschaft.
- Wir stärken den Zusammenhalt, entwickeln ein Selbstbewusstsein und fördern Offenheit.
- Mit unmittelbaren und unvergesslichen Ereignissen schaffen wir Verbundenheit.

In einem weiteren Arbeitsschritt haben wir dann den neun Perspektiven einzelnen Kernbegriffe zugeordnet (Tab. 1).

Davon abgeleitet wurden dann jeweils zwei Wirkungsziele (Tab. 2).

Mit der Formulierung von Wirkungszielen hatten wir bei der Ausarbeitung 2018 noch wenig Erfahrung. Wir haben aber dennoch die letzten Jahre bewusst daran festgehalten, um Erfahrungen sammeln zu können. Für den zukünftigen Entwicklungsprozess nutzen wir zur Analyse und Formulierung von Wirkungszielen das in Abb. 3 dargestellte Schema.

Für die Überführung des angestrebten Zustandes in ein Wirkungsziel steht dann die Frage nach dem Wie im Vordergrund, also: Wie wird die Veränderung erfahrbar? Für die Ausformulierung von Zielen gibt es mehrere Modelle. Der Grundsatz der SMART-Methode lautet, dass die Ziele spezifisch, messbar, attraktiv, erreichbar und terminiert sein müssen. Sehr gut evaluierbar sind Key Performance Indicators (KPIs), also Entwicklungen welche in Leistungskennzahlen übersetzt werden. Mit den Objectives and Key Results (OKR) gibt es noch eine weitere Möglichkeit. Diese Methode umfasst das Definieren von Zielen und die Auswertung wichtiger Kennzahlen des entsprechen Wunschzustandes.

Tab. 2 Die neun Perspektiven mit Kernbegriffen und je zwei Wirkungszielen

Perspektive	Begriff	Wirkungsziel 1	Wirkungsziel 2
Finanzen	Verantwortung	Finanzierung durch erfolgreiche Eigenveranstaltungen stärken	Anteil Einnahmen an Drittmitteln erhöhen
Mitarbeitende	Selbstbewusstsein	Eigeninitiative fördern	Gesundheit erhalten
Verantwortung	Besinnung	Papierverbrauch minimieren	Reisetätigkeiten optimieren
Entwicklung	Offenheit	Chancen der Digitalisierung nutzen	Organisationsabläufe verbessern
Kommunikation	Verbundenheit	Kontinuierlicher und offener Dialog innerhalb der DSP	Interaktion mit verschiedenen Interessensgruppen
Qualität	Leidenschaft	Hohe Kundenzufriedenheit erlangen	Gleichwertiger Partner herausragender Künstlerpersönlichkeiten
Form	Unmittelbarkeit	Nähe zum Musikerlebnis herstellen	Musik setzt sich hörbar in Beziehung zur Gesellschaft
Inhalt	Engagement	Zeitgenössische Werke haben einen wichtigen Stellenwert	Unbekanntes Repertoire zugänglich machen
Gesellschaft	Zusammenhalt	Diversitätsorientiertes Angebot entwickeln	Musik in die Region bringen

Die aktuellen Wirkungsziele oszillieren teilweise noch etwas unbestimmt zwischen den Methoden, wurden aber damals auch auf Wunsch der Politik relativ offengehalten.

3.2   Quantitative und qualitative Messgrößen

Für die Evaluierung der einzelnen Wirkungsziele haben wir unterschiedliche Messinstrumente entwickelt. Der Gesundheit der Mitarbeitenden ist ein eigenes Wirkungsziel gewidmet. Verglichen werden die Krankheitstage des aktuellen Jahres mit dem Vorjahr (Abb. 4).

Abb. 3 Schema der Wirkungsmessung. (Eigene Darstellung)

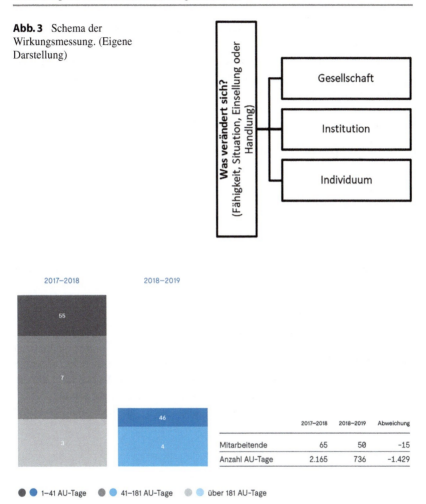

Abb. 4 Grafische Darstellung der Kennzahl Krankheitstage

In der Entwicklung wird deutlich, dass sich die Krankheitstage drastisch reduziert haben. Vergleichbar ist in beiden Jahren, dass jeweils nur wenige Mitarbeitende aufgrund längerer Absenzen eine hohe Anzahl an Abwesenheitstagen generieren. Dennoch sind die kurzzeitigen Fälle deutlich zurückgegangen. Dies wirkt sich im Jahresabschluss, durch die Reduktion der Kosten für Aushilfen, markant aus.

Im Bereich Kommunikation arbeiten wir für das zweite Wirkungsziel (Interaktion mit verschiedenen Interessensgruppen) mit einem Stakeholderkompass, der in sechs Segmente unterteilt ist:

- Stammkunden
- Presse
- Noch nicht Kunden
- Nicht Kunden
- Netzwerke
- Veranstalter

Für jedes Segment helfen die Aspekte Motiv, Berührungspunkte und Maßnahme die Besonderheiten der jeweiligen Anspruchsgruppe zu beschreiben und einleitend die wichtigste Zielsetzung zu definieren. Für den Bereich Presse meint dies konkret:

Motiv: Kritische Begleitung der kulturellen Ereignisse der Region

Berührungspunkt: Printmedien

Maßnahme: Regelmäßige Pressegespräche, persönliche Kontaktpflege

Am Beispiel der Pressearbeit wird der Mix aus quantitativen und qualitativen Zahlen noch einmal verdeutlicht. Zum einen werden die Presseberichte aufgrund ihres Umfangs und Positionierung in ein Anzeigenäquivalent übersetzt. Also in die Summe, welche die gleiche Fläche am selben Ort als Inserat gekostet hätte.

Weiter werden die einzelnen Artikel aber auch inhaltlich analysiert und ausgewertet (Abb. 5).

189
Artikel insgesamt

55.122,5 cm²
Fläche insgesamt (≈ 5,51 m²)

800.820,65 €
Anzeigenäquivalenzwert

Tonalität der Berichterstattung Von insgesamt 189 Artikeln sind ...	Art der Berichterstattung Von insgesamt 189 Artikeln können wir ...	Verteilung der Artikel (Top 3)	Themen, die den Kontext der Berichterstattung dominieren
128 positiv,	37 Vorbe-sprechungen,	49 Rheinpfalz, überregional	Modern Times mit 16 Artikeln
5 negativ	82 Rezensionen,	44 Mannheimer Morgen	Musikfest Speyer mit 16 Artikeln
und	32 Berichte,	26 Ludwigshafener Rundschau	Amtsantritt Michael Francis mit 16 Artikeln
55 neutral	8 Notizen		
... zu werten.	und		
	8 Interviews		Auftakt in die neue Saison mit 9 Artikeln
	... verzeichnen.		

Abb. 5 Quantitative und qualitative Messung am Beispiel Pressearbeit. (Eigene Darstellung)

Auf der inhaltlichen Ebene sehen wir uns in der Verantwortung gegenüber der Gattung Orchestermusik in seiner ganzen Breite und hinweg über sämtliche Epochen. Nebst dem Kernrepertoire engagieren wir uns intensiv für unbekannte und neue Werke. Um zu untersuchen, ob wir dem Anspruch, dass aktuelle Werke einen hohen Stellenwert haben, analysieren wir jede aufgeführte Minute an Musik (Abb. 6).

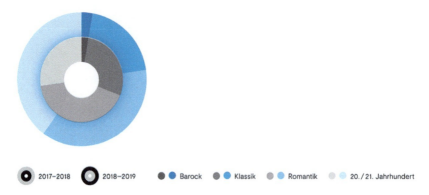

○ 2017–2018   ◎ 2018–2019   ●● Barock   ●● Klassik   ●● Romantik   ○○ 20./21. Jahrhundert

Abb. 6   Inhaltliche Dokumentation. (Eigene Darstellung)

4   Fazit

Welche Kunstwerke präsentiert werden, wer alles partizipiert oder rezipiert und welche Kunstformen mit welcher Intensität gefördert werden, ist eine kontinuierliche Debatte. Von den Ressourcen bis zur Frage, was eine Institution innerhalb der Gesellschaft bewirkt, wird in diesem Modell in einen Gesamtzusammenhang gebracht. Dabei schaffen wir Erlebnisräume, welche im Sinne des oben beschriebenen Menschseins materiell, intellektuell und emotional genutzt werden können. Das Ludwigshafener Wirkungsmodell kann als Steuerungsinstrument sicherstellen, dass die multiperspektivische Sichtweise nicht verloren geht und gleichzeitig der enge Bezug zu den inhaltlichen Zielsetzungen garantiert werden kann. Dies ermöglicht eine Reduktion der Komplexität ohne die Gefahr einer einseitigen Vereinfachung. Weiter kann die Möglichkeit, Wirkungsweisen deutlich benennen und kontextualisieren zu können, die Positionierung und die Legitimation aus unserer Erfahrung spürbar stärken. Auch immer wieder erfahrbar wird, welche kommunikative Kraft dieser Systematik inhärent ist. Intern und extern kann der Dialog über das eigene Handeln und die daraus resultierende Bedeutung engagiert geführt werden. Das Bewusstsein für unsere Wirkungsweisen hat die Identitätsbildung der Staatsphilharmonie jedenfalls deutlich gestärkt. Auch hilft sie uns in der politischen Debatte, wenn es um den Stellenwert der Institution geht. Versteht man Relevanz als eine Zuschreibung durch dritte, so liefert unser Modell kein Nachweis dafür. Durch die Evaluierung und Sichtbarmachung von Zusammenhängen liefert unsere Systematik aber eine entscheidende Grundlage, welche eine entsprechende Zuschreibung deutlich objektivierbarer unterstützen kann.

Eine Besonderheit für unser aktuelles Berichtswesen ist sicherlich auch darin zu sehen, dass nur sehr wenige Zahlen benannt werden. Vielmehr werden Werte in grafische Darstellungen übersetz und so zum Beispiel als Proportionen nachvollziehbar gemacht. Dieser Übersetzungsvorgang entspricht einer Vorgabe des Landes, welches keine konkreten Zahlen publizieren möchte.

Besonders wünschenswert wäre aus meiner Sicht auch die Chance von direkten Vergleichsmöglichkeiten mit anderen Orchestern. Aktuell ist es uns aber noch nicht gelungen, andere Institution für diesen Weg zu begeistern und so in einen intensiven Austausch des gemeinsamen Lernens zu treten.

Literatur

Fehlmann, B., 2021. Das Ludwighafener Wirkungsmodell. In: Theater.Welten 01/2021.

Horváth & Partners (Hrsg.), 2007. Balanced Scorecard umsetzen, Schäffer-Poeschel Verlag.

Lachenmann, H., 1996. Musik als existentielle Erfahrung, Breitkopf und Härtel.

Möller, K. & Janssen, S., 2009. Performance Measurement von Produktinnovationen. In: Controlling, 21. Jg. 2009, S. 89–96.

Schober, C. & Then, V, 2015. Praxishandbuch Social Return on Investment, Wirkung sozialer Investitionen messen, Schäffer-Poeschel Verlag.

Sonderegger, R., 2000. Für eine Ästhetik des Spiels, Hermeneutik, Dekonstruktion und der Eigensinn der Kunst, Suhrkamp Verlag.

Vietta, S., 2023. Europäische Kulturgeschichte, Eine Einführung, 2007 Wilhelm Fink Verlag.

Zukunftsinstitut, 2023. Megatrends. Online verfügbar unter: www.zukunftsinstitut.de/dossier/megatrends (letzter Abruf 01.11.2023).

Beat Fehlmann ist Intendant der Deutschen Staatsphilharmonie Rheinland-Pfalz in Ludwigshafen.

Personalcontrolling: Konzeptionelle Ansätze für das Erkennen und Realisieren von Effizienzpotenzialen in Recruitingprozessen

Dirk Schütz

Inhaltsverzeichnis

Zusammenfassung

Personalbeschaffungsprozesse werden bisher in großen Teilen des deutschen Theaterbetriebs auf ineffiziente Weise durchgeführt. Die systematische Analyse und Gestaltung dieser Prozesse unter Verwendung eines gezielten Personalcontrollings kann hingegen erhebliche Verbesserung erzeugen. Der Beitrag stellt den Prozess der Personalbeschaffung dar, schlägt Kennzahlen zur Überprüfung der Prozesseffizienz vor und zeigt am Beispiel der begleitenden Kommunikation, des Personaleinsatzes, der Prozessdauer sowie interner Besetzungen, welche konkreten Effizienzpotenziale genutzt werden können.

Schlüsselwörter

Personalcontrolling • Recruiting-Prozess • Effizienzpotenziale

D. Schütz (✉)
KM Kulturmanagement Network GmbH, Weimar, Deutschland
E-Mail: d.schuetz@kulturmanagement.net

© Der/die Autor(en), exklusiv lizenziert an Springer Fachmedien Wiesbaden
GmbH, ein Teil von Springer Nature 2024
P. Schneidewind et al. (Hrsg.), *Theatercontrolling*,
https://doi.org/10.1007/978-3-658-44984-1_13

1   Ausgangspunkt

Ohne Personal, kein Theater. Da nützt es auch nichts, mit „Theater muss sein"
seinen eigenen Bedeutungsanspruch manifestieren zu wollen. Denn wenn man die
Entwicklungen auf dem Kulturarbeitsmarkt verfolgt, wäre es mindestens genauso
wichtig zu formulieren „(Professionelles) Personalmanagement muss sein", und
dies mit allen Aspekten, Funktionsbereichen und Instrumenten, die dazugehören.
Thomas Schmidt konstatiert hierzu:

> „Im Theater selbst hat Personalmanagement noch nicht die notwendige Beachtung
> gefunden, um alle Potenziale, die im Personal liegen, freisetzen zu können. Dabei
> wird als Argument oft vergessen, dass gutes Personalmanagement immer positiv auf
> die Organisation selbst reflektiert, deren Effektivität und Wirksamkeit entsprechend
> steigen" (Schmidt, 2021, S. 21).

Zumindest ist in den letzten Jahren Bewegung in die Personalarbeit gekommen,
denn man sieht sich immer größeren internen und externen Herausforderungen
ausgesetzt. Dabei sollten aber nicht nur die operativen Aspekte des Personalmanagements stärkere Beachtung finden und professionalisiert, sondern auch
die Bedeutung des strategischen Personalmanagements, idealerweise als integraler Bestandteil der Gesamtstrategie von Theatern, als Führungsaufgabe mehr
und mehr erkannt und verinnerlicht werden. Diese Professionalisierungsprozesse
betreffen dabei vor allem die Planung, Steuerung und Kontrolle personalwirt-
schaftlicher Aktivitäten sowie die damit zusammenhängenden Prozesse, Verfahren und Projekte und damit die Kernaufgaben eines Personalcontrolling. Ziel ist
dabei die Unterstützung sowohl der Personalarbeit in ihren Aufgabenbereichen
mit entsprechenden Kennzahlen, qualitativen und quantitativen Analyseergebnis-
sen und Daten als auch des Unternehmenscontrollings und damit der strategischen
Steuerung eines Theaters. Das dieses Zusammenspiel eine der größten Herausforderungen generell für das Personalcontrolling ist, verdeutlicht Christoph Schulte
im Einstieg zu seinem Buch „Personal-Controlling mit Kennzahlen":

> „Betrachtet man Personalarbeit, Messgrößen und Strategie als die Eckpunkte eines
> Dreiecks, so stellt man in den meisten Unternehmen fest, dass die Verbindungen
> zwischen Personalarbeit und Strategie einerseits sowie zwischen Personalarbeit und
> Messgrößen andererseits unterbrochen bzw. nicht vorhanden sind. Unternehmens-
> leitungen müssen sicherstellen, dass Mitarbeitermanagement und Personalstrategie
> Kernelemente der Unternehmensstrategie sind" (Schulte, 2020, S. 2).

Ein Personalcontrolling hilft also nicht nur in den einzelnen Bereichen und Aufgabenfeldern des Personalmanagements sinnvolle Kennzahlen und Daten für die Planung, Steuerung und Kontrolle zu erheben und zur Verfügung zu stellen, sondern diese sollten immer auch in die strategische Ausrichtung und Steuerung der gesamten Organisation einfließen. Dabei gilt es für jeden Bereich der Personalarbeit eigene Fragestellungen zu entwickeln und Effizienzpotenziale zu heben.

2   Personalbeschaffungsprozesse im Fokus des Personalcontrollings

Kein anderer Bereich ist in den letzten Jahren im Personalmanagement so stark in den Fokus gerückt, wie das Recruiting bzw. die Personalbeschaffung. Zum Teil dramatische Veränderungen im Arbeitsmarkt, wie das verstärkte Ausscheiden von Mitarbeiter*innen, das gleichzeitig zusammentrifft mit kleiner werdenden Bewerber*innen-Feldern, fehlende Fachkräfte in sehr unterschiedlichen Bereichen, frei bleibende Ausbildungsplätze und sich stark verändernde Ansprüche potenzieller Kandidat*innen und Mitarbeiter*innen, führen dazu, dass auch in Theatern die Personalbeschaffungsprozesse überdacht, weiter professionalisiert oder gar erst entwickelt werden müssen. Einen ersten Schritt stellt sicher die aktuelle Handreichung „Phasenmodell zur Intendanzfindung" dar, die im Februar 2023 vom Deutschen Bühnenverein als Arbeitsergebnis einer Zusammenarbeit von Vertreter*innen des dramaturgie-netzwerk (d-n) und der Intendant*innengruppe des Deutschen Bühnenvereins veröffentlicht wurde. Betrachtet man jedoch generell die Besetzungsprozesse in Theatern, lassen sich etliche Effizienzpotenziale erkennen und ergeben sich verschiedene Aspekte, zu denen es sich lohnt, entsprechende Kennzahlen und Daten zu erheben und diese ins Personalcontrolling zu integrieren. Dabei lassen sich nicht nur betriebswirtschaftliche Ergebnisse und Optimierungsmöglichkeiten ableiten, sondern auch Potenziale zur Verbesserung von Prozessen hinsichtlich Transparenz, Dauer, Qualität und Personaleinsatz (Abb. 1).

Die Schritte im Recruitingprozess / Stellenbesetzungsprozess

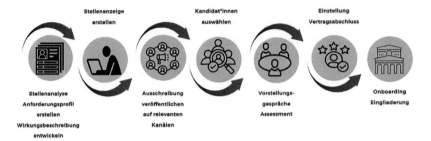

Abb. 1 Grafische Darstellung des Personalrecruitingprozesses. (Eigene Darstellung)

3 Mögliche Kennzahlen zum Recruitingprozess

Anhand der einzelnen Prozess-Schritte kann man bereits verschiedene Kennzahlen für ein quantitatives, d. h. messbares Personalcontrolling in der Personalbeschaffung ableiten und daraus Rückschlüsse für die Optimierung und Entwicklung von Besetzungsprozessen ziehen:

Kennzahlen im Vorfeld von Recruitingprozessen (von denen sich auch Recruitingziele ableiten lassen)

- Personalbedarf und Personalstruktur
- gender- und diversitätsspezifische Kennzahlen
- Qualifikationsstrukturen und -bedarfe

Prozessdauer

- Dauer des Gesamtprozesses (damit zusammenhängend: Absprungraten, Zahl der Absagen, Erfolg des Prozesses, eingesetzte Arbeitszeit und Personalkosten)
- Zeiträume unbesetzter Stellen und damit Übergangsregelungen und Interimslösungen
- Dauer der Prozess-Schritte (damit zusammenhängend: Gründe für Verzögerungen, ungeplante Prozess-Schritte, eingesetztes Personal, eingesetzte Arbeitszeit und Personalkosten)
- Reaktionszeiten von eingebundenem Personal oder Gremien

• Verfahrungswiederholungen und deren Dauer pro ausgeschriebene Stelle und Funktionsbereich (wie Technik, Personal, Kommunikation, Produktion...)

Personaleinsatz

• Gesamt-Arbeitszeit der beteiligten Mitarbeiter*innen und Führungskräfte
• Gesamt eingesetzte Personalkosten der beteiligten Mitarbeiter*innen und Führungskräfte
• eingesetztes Personal, Arbeitszeit und Personalkosten der einzelnen Prozess-Schritte
• daraus abgeleitete Überstunden und Zuordnung auf das eingesetzte Personal, Aufschlüsselung auf Abteilungen

Bewerber*innen-Zahlen (können auch in Zusammenhang mit dem Personaleinsatz und den Kommunikations-Kanälen gebracht werden)

• Gesamtzahl der Bewerbungen
• Gesamtzahl von A- und B-Kandidat*innen und weniger geeigneten Bewerber*innen
• interne Bewerbungen
• interne Bewerber-Empfehlungen

Effizienz der Kommunikations-Kanäle

• Bewerber*innen pro Ausschreibungskanal
• Bewerber*innen durch Dienstleister
• Qualität der Bewerber*innen pro Ausschreibungskanal
• Anzahl der Likes und Weiterleitungen in sozialen Medien (dies wäre interessant in Abgleich zu anderen Postings, um Trends erkennen oder mögliche Korrekturen vornehmen und diese Kommunikation optimieren zu können)

Kosten

• Gesamtkosten des Besetzungsprozesses
• Personalkosten des Besetzungsprozesses
• Kosten für Stellenveröffentlichungen, Anzeigen und Kampagnen
• Kosten für Dienstleister und Personalberater*innen, Honorare
• Kosten für Durchführung des Prozesses (Raummieten, Verpflegung, Reisekosten, Übernachtungskosten etc.)

Im Rahmen eines qualitativen Personalcontrollings könnten z. B. folgende Aspekte hinterfragt und analysiert werden:

- Zufriedenheit der Bewerber*innen und Kandidat*innen mit dem Besetzungsprozess bzw. der Candidate Journey und den begleitenden Kommunikationsprozessen, Transparenz der Prozesse (hier könnten auch Bewertungsportale wie Kununu u. a. sowie Reaktionen in den sozialen Medien herangezogen werden)
- Wahrnehmung und Einschätzung der Arbeitgebermarke
- Wahrnehmung und Einschätzung der Qualität der Stellenausschreibung durch potenzielle Bewerber*innen, Mitarbeitende, Stakeholder etc.
- Auswertung qualitativer Befragungen zu den Kommunikationskanälen
- Zufriedenheit der Bewerber*innen und Kandidat*innen mit Dienstleistern, Personalberater*innen etc.
- Feedback der Mitarbeitenden und Führungskräfte zu den internen und externen Recruitingprozessen, z. B. mittels Mitarbeitendenbefragung oder qualitativen Interviews
- Analyse der Zielerreichung bei definierten Zielen im Recruitingprozess
- Auswertung von Medienberichterstattung in Bezug auf Personalthemen und Stellenbesetzungen des eigenen Hauses

4   Definierte Prozesse und Abläufe bei Besetzungsverfahren und Recruitingprozessen

Schon an den ersten Vorschlägen möglicher Kennzahlen sieht man, wie wichtig für das Personalcontrolling gut strukturierte, definierte und damit transparente Prozesse sind. Zudem zeigen Sie auf, wie wichtig im Sinne einer horizontalen Integration gut definierte Schnittstellen zu anderen Organisationsbereichen und deren Controllingarbeit sind, sei es in Bezug zu den Fachabteilungen, in denen die Besetzungen erfolgen sollen, zur Presse- und Medienarbeit/Kommunikation, zum Marketing, zum Finanzbereich, zu Gremien wie dem Betriebsrat oder Fachberatungsstellen wie Frauenbeauftragte oder Gleichstellungsbeauftragte, zur Theaterleitung o. a. Gleiches gilt natürlich für die vertikale Integration entsprechender Prozesse in übergeordnete Planungs- und Steuerungsprozesse.

Häufig gibt es bei Recruitingprozessen schon zum Start Probleme. Das Fehlen definierter Prozesse und Abläufe macht die Besetzungsverfahren immer wieder zu unberechenbaren Herausforderungen. Dazu fehlen häufig klar definierte Verantwortlichkeiten, die den Recruitingprozess ineffizient machen, diesen verlangsamen und oft auch verteuern. Hier müssen wichtige Voraussetzungen geschaffen sein, um schnell in den Recruitingprozess einsteigen zu können:

- Gibt es eine Übersicht, welche Stellen wann neu besetzt werden müssen und welche neu hinzukommen oder entfallen? Hier sind die Theaterleitung, die Fachabteilungen und die Personalabteilung gefragt.
- Gibt es für jede vorhandene Stelle und für neu geschaffene Stellen aktuelle Stellenbeschreibungen und Anforderungsprofile? Gibt es idealerweise dazu passend definierte Wirkungsanforderungen und Entwicklungsszenarien, die beschreiben, welche Entwicklungen man sich durch die jeweilige Stelle und deren Besetzung verspricht (für das Haus, für die Abteilung oder das Team, für die jeweilige Person) und die Einfluss auf Auswahlkriterien bei den Besetzungsprozessen haben könnten? Sind die entsprechenden Stellen und deren Umfeld und Schnittstellen im Vorfeld analysiert und evtl. Anpassungen beim Anforderungsprofil vorgenommen worden? Diese sind Aufgaben der Fachabteilungen und der Personalabteilung.
- Gibt es festgelegte und an der Gesamt-Markenkommunikation orientierte Textbausteine und Gestaltungskriterien für Formulierung und Kommunikation von Stellenausschreibungen? Hier sind der Bereich Kommunikation, Marketing in Zusammenarbeit mit der Personalabteilung gefragt.
- Gibt es eine Übersicht zu allen Personen, Bereichen und externen Stakeholdern (wie Geldgeber, Ministerien o. ä.), die in Besetzungsverfahren beteiligt werden müssen und zu welchem Prozess-Schritt im Recruitingprozess? Hier ist meist die Personalabteilung und bei deren Fehlen die Theaterleitung gefragt.

Theater, die bereits ein Qualitätsmanagement-Auditing durchlaufen haben, werden in dieser Hinsicht schon weiter sein oder viele dieser Punkte bereits bedacht, analysiert und Prozesse entsprechend vorbereitet oder aufgesetzt haben.

Je besser die Voraussetzungen geschaffen wurden, umso schneller und effizienter kommt man in den Besetzungsprozess. Hier sollten sich Routinen bilden, die immer wieder in den Blick genommen und notfalls angepasst werden, aber allen Beteiligten helfen, einen reibungslosen Start in den Prozess sicher zu stellen.

5   Effizienzpotenziale

5.1   Effizienzpotenziale der begleitenden Kommunikation von Recruitingprozessen

Reibungsverluste im Recruitingprozess entstehen natürlich auch im Bereich der Prozesskommunikation. Je genauer der Prozess definiert und je klarer für alle Beteiligten die Aufgaben und einzelnen Prozess-Schritte sind, umso weniger Probleme, wie Verzögerungen, entstehen. Sowohl bei der internen Kommunikation des Recruitingprozesses, bei der Prozessverantwortliche und–beteiligte informiert werden müssen als auch bei der externen Kommunikation, d. h. allen Kommunikationsaufgaben in Bezug auf die Verbreitung der Stellenausschreibungen, der Kommunikation mit wichtigen Stakeholdern oder Prozessbeteiligten, wie externen Dienstleister*innen und Berater*innen, Jurymitgliedern der Auswahlkommission und vor allem mit den Bewerber*innen und Kandidat*innen sind klar definierte Prozesse und Abläufe Voraussetzung, diese informiert zu halten über die jeweiligen Prozess-Schritte, deren Zuarbeiten und Aufgaben oder eben auch zum Stand des Fortschritts des Recruitingprozesses, was insbesondere bei Bewerber*innen für eine optimale Candidate Experience wichtig ist. Transparenz, Klarheit und Nachvollziehbarkeit dieser Prozesse sind zudem Bausteine beim Aufbau einer positiven Arbeitgebermarke im Sinne des Employer Branding.

Hilfreich ist hier, entlang der einzelnen Schritte des Recruitingprozesses eine Übersicht zu entwickeln, wer, wann, worüber informiert werden muss, welche Feedback-Kanäle und Kommunikationsschleifen es braucht und wie dies reibungslos ineinandergreift. Fehlende Informationen und Transparenz, schlechtes Timing oder unklare Verantwortlichkeiten führen hier immer wieder zu Verzögerungen des Prozesses, beeinflussen Entscheidungsprozesse und führen im schlechtesten Fall zum Scheitern des Recruitingprozesses, der danach erneut angestoßen werden muss. Nicht selten werden so Stellenbesetzungsprozesse drei bis viermal wiederholt und so zum Teil über Zeiträume von mehr als einem Jahr ausgedehnt, was im Umfeld der zu besetzenden Stellen zu weiterer Herausforderungen führt und auch der Arbeitgebermarke schadet, denn als Beobachtende*r fragt man sich, warum es diese Besetzungsprobleme gibt und ob dies wohl interne Gründe haben könnte.

Veränderungen und neue Herausforderungen für das Personalcontrolling haben sich auch bei der Kommunikation der zu besetzenden Stellen in den letzten Jahren ergeben und bieten gleichzeitig weitere Potenziale für effizientere Prozesse. Viele der klassischen Kommunikationskanäle erreichen immer weniger der anzusprechenden Zielgruppen. So werden, gerade von jungen Zielgruppen, Printmedien,

Jobmessen oder die Arbeitsagentur kaum bei der Jobsuche genutzt und spielen spartenspezifische Stellenbörsen, Unternehmenswebseiten, Karrierenetzwerke wie Xing oder LinkedIn oder auch Social Media Plattformen wie Instagram oder Tik-Tok eine immer größere Rolle bei der Jobsuche. Eine Vielzahl von Kanälen ist entstanden, die jeweils Spezifika haben, die man im Blick haben muss, um über diese erfolgreich potenzielle Bewerber*innen erreichen zu können. Es ist also, im Sinne der Effizienz und mit Blick auf die entsprechenden Kosten, entscheidend, dass man für jede Stellenausschreibung möglichst einen spezifischen Mix von Kanälen erstellt, die passgenau die entsprechenden Zielgruppen erreichen. Hier wäre eine genaue Übersicht entsprechender Kanäle Voraussetzung, die auch darüber informiert, welche Kosten damit verbunden sind und welche Zielgruppen vor allem erreicht werden. Ein Personalcontrolling könnte hier zudem genaue Zahlen dazu erfassen, wie viele potenzielle Bewerber*innen über die jeweiligen Kanäle erreicht und letztendlich generiert wurden, welche Kosten dabei pro Bewerber*in entstanden sind und wie man diese Messergebnisse bei kommenden Stellenausschreibungen weiter optimieren kann. Auch die Wahrnehmung als potenzielle*r Arbeitgeber*in könnte man dabei in den Blick nehmen und damit wichtige Erkenntnisse für das eigene Employer Branding gewinnen und dies auch in das übergeordnete Marketing oder die Optimierung der eigenen Kommunikationskanäle (Website, Social Media Kanäle, Interne Informationskanäle, Mailings etc.) einfließen lassen.

5.2 Effizienzpotenziale beim Personaleinsatz und der funktionalen Beteiligung von Recruitingprozessen

Personalkosten sind zweifelsohne der größte Kostenfaktor in Recruitingprozessen, auch wenn man mit Personaldienstleistern zusammenarbeitet und intern Personal damit einspart. Gerade durch fehlende Strukturen und Transparenz sowie unzureichende Beschreibungen der Einzelnen Prozess-Schritte, der Festlegung von Verantwortlichkeiten und der in den Prozess-Schritten Beteiligten entsteht häufig ein größerer Personaleinsatz als notwendig. Fehlende Definitionen zu Schnittstellen, Übergaben oder Feedbackschleifen verstärken das Problem. Eine klare Prozesslandschaft für den Recruitingprozess würde hier Abhilfe schaffen, die nötige Transparenz bringen und auch den Personaleinsatz optimieren und effizienter gestalten. Diese sollte nicht nur definieren, bei welchen Prozess-Schritten wer, was tut, wer Verantwortung für den jeweiligen Prozess-Schritt übernimmt, und wer beteiligt werden muss, sondern auch wann welche Personen warum hinzugezogen werden. Eine Studie der International School of Management Dortmund

(ISM) unter Leitung von Frau Prof. Dr. Julia Frohne zur „Personalrekrutierung und Weiterbildung im Kulturmanagement" im Jahr 2014 (siehe Abb. 2) zeigte, dass gerade Führungskräfte und Einrichtungsleitungen, und damit die Stellen mit den höchsten Personalkostenanteilen, in allen Prozess-Schritten des Recruiting-prozesses beteiligt sind, was enorme Ressourcen bindet und nicht immer effizient und zielführend ist. Demgegenüber waren Personalverantwortliche oder die Mit-arbeitenden der Personalabteilungen weniger stark eingebunden. Hinzu kam, dass die Führungskräfte der betroffenen Fachabteilungen, in denen die Stellen besetzt wurden, eher bei den Auswahlprozessen beteiligt waren, weniger bei den vor-bereitenden Prozess-Schritten, bei denen eigentlich ihre fachliche Sicht nötig wäre, und auch weniger bei den letztendlichen Entscheidungen, obwohl diese dann mit den ausgewählten Kandidat*innen zusammenarbeiten und den Einstieg bzw. Onboarding-Prozess begleiten müssen. Gerade bei vorbereitenden Schritten wie der Stellenanalyse, dem Entwickeln von Anforderungsprofilen und Stellen-ausschreibungen sowie Prozess-Schritten wie dem Bewerber*innen-Management, der begleitenden Bewerber*innen-Kommunikation oder auch der Vorauswahl von Bewerber*innen kann die Hauptverantwortlichkeit an die Fachabteilungen oder die Personalabteilung abgegeben werden. Durch die Leitungsebene können diese Prozesse begleitet, unterstützt und das Fachpersonal gecoacht und diese bei wichtigen Entscheidungen einbezogen werden. Werden externe Personaldienst-leister*innen hinzugezogen, können weitere Effizienzpotenziale gehoben und interne Prozesse verschlankt und der Personaleinsatz pointierter gestaltet werden.

Eigene Erfahrungen aus einer Vielzahl von Besetzungsprozessen zeigen zudem, dass weitere Herausforderungen und ein unnötiger Aufwuchs von Per-sonaleinsatz und -kosten dadurch entsteht, dass zu beteiligende Gremien, Funk-tionsträger*innen zu Themen der Gleichstellung, Diversität oder Personalräte, Mitglieder von Aufsichtsräten, Kuratorien oder von Geldgebern wie Ministerien nicht immer optimal in die Prozess-Schritte von Recruitingprozessen eingebun-den sind, zu spät oder unzureichend informiert werden oder ihre Beteiligung zeitlich nicht in die Prozesse so integriert wird, dass Verzögerungen, vielfa-che Feedbackschleifen etc. entstehen. Viele der genannten Probleme könnten durch definierte Prozesse und klare Prozesslandschaften verhindert und damit effektiver, kostengünstiger und zeitlich begrenzter gestaltet werden, was für alle Beteiligten, auch für die Bewerber*innen, angenehmer ist. Dies zahlt auch auf die interne und externe Wahrnehmung der Recruitingprozesse und damit auf die Arbeitgeber*innenmarke ein.

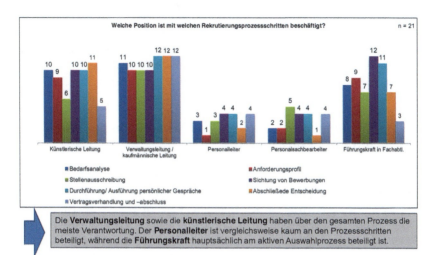

Abb. 2   Auswertung von Zuständigkeiten im Recruitingprozess. (Eigene Darstellung)

5.3   Effizienzpotenziale bei der Dauer von Recruitingprozessen

Viele der in den vorherigen Abschnitten genannten Herausforderungen und Effizienzpotenziale haben negative Auswirkungen auf die Dauer von Recruiting-prozessen. Und dies auch bei Arbeitgeber*innen, die Routine in diesen Prozessen haben müssten. Fehlende Prozesse und Synchronisation von Prozess-Schritten sowie das fehlende Ineinandergreifen dieser, lange Entscheidungswege, unklare Verantwortlichkeiten und letztendlich auch unzureichendes Controlling führen, gerade vor dem Hintergrund der Entwicklungen auf dem Arbeitsmarkt und den zur Verfügung stehenden Arbeitskräften, dazu, dass Recruitingprozesse deutlich länger dauern und zum Teil mehrfach angestoßen oder auch mehrfach wiederholt werden müssen, was die Bindung weiterer Ressourcen nach sich zieht. Die durch-schnittliche Dauer von Recruitingprozessen in öffentlichen Einrichtungen liegt im Durchschnitt deutlich höher und kann durchaus vier und mehr Monate betra-gen. Die Kompensation monatelang nichtbesetzter Stellen in den Fachabteilungen erhöht dort den zudem Ressourcenaufwand und kann weitere negative Auswir-kungen haben. Auch die Wahrnehmung als Arbeitgeber*in auf dem Arbeitsmarkt und das Vertrauen in die Arbeitgeber*innenmarke leiden darunter. Hier wäre also eine Optimierung der Prozessdauer und der dafür verantwortlichen Punkte im Prozess wichtig, da sonst der Erfolg von Recruitingprozessen gefährdet ist, die aussichtsreichsten Kandidat*innen aus dem Prozess aussteigen oder ausgewählte Kandidat*innen aufgrund der Erfahrungen in der Candidate Journey Stellen nicht antreten oder den/die Arbeitgeber*in schnell wieder verlassen.

5.4 Effizienzpotenziale von Recruitingprozessen durch interne Besetzungen

Ein weiterer Baustein zur Optimierung von Recruitingprozessen liegt im strategischen Zusammenspiel von Personalcontrolling, der Personalplanung und der Personalentwicklung. Hier könnten frühzeitig Weichen gestellt werden, in dem man frühzeitig strategische Entwicklungen des Hauses, Entwicklungen in der Gesellschaft und der Branche antizipiert, Entwicklungspotenziale von Mitarbeitenden aufdeckt und gezielt fördert und so frei werdende oder neu zu schaffende Stellen aus der Mitarbeiterschaft des Hauses besetzt oder durch Umstrukturierung und eine Änderung des Aufgabenzuschnitts Potenziale besser nutzt und so vielleicht Freiräume in Bereichen schafft, die besser extern zu besetzen sind. Dies kann auch aus dem frühzeitigen Erkennen von Umschulungsbedarfen bei älteren Kolleg*innen resultieren, die in technischen, administrativen oder künstlerischen Bereichen nicht bis zum Ende des Berufslebens ihre Stellen ausfüllen können oder wollen. In der Studie der ISM wurde herausgearbeitet, dass nur 13 % der zu besetzenden Stellen intern besetzt wurden. Also auch hier gibt es Potenziale, wohl wissend, dass Karrierewege, gerade in Führungspositionen, nicht mit Gesellschaftsbereichen wie der Wirtschaft vergleichbar sind.

Eine Analyse der eigenen Mitarbeiterschaft in Kombination zur Beobachtung des Arbeitsmarktes kann hier einige Möglichkeiten eröffnen, gerade vor dem Hintergrund der Veränderungen im Arbeitsmarkt mit einer abnehmenden Anzahl von Bewerber*innen und steigenden Anforderungen dieser. Talente und Leistungsträger*innen im eigenen Haus zu fördern und zu pflegen, kommt eine immer größere Bedeutung in diesem Kontext zu. Das Zusammenspiel der oben genannten Bereiche im Personalmanagement kann hier wichtige Potenziale erschließen helfen. Die Vorteile interner Besetzungen liegen auf der Hand:

- kürzere Verfahrensdauer
- Schnelle Einarbeitung und Einsatzfähigkeit
- Effizienter Personal- und Ressourceneinsatz
- Erweiterung der Ressourcen durch strategische Personalentwicklung

• Höhere Flexibilität bei problematischem Arbeitsmarkt

6 Fazit

Recruitingprozesse effizienter zu gestalten, zu steuern und zu kontrollieren kann auf einem schwierigen Kulturarbeitsmarkt strategische Vorteile bewirken. Zudem stärkt dies langfristig Kulturorganisationen beim Employer Branding und der Entwicklung einer attraktiven Arbeitgeber*innenmarke, die entscheidend für die Ansprache und das Gewinnen von Fachkräften sind. Ein Personalcontrolling, das nicht nur ein auf das Personalrecruiting, sondern auf alle Bereiche der Personalbewirtschaftung und des Personalmanagements ausgerichtet und in das organisationsübergreifende Controlling integriert ist, träg sicher entscheidend für die positive Entwicklung von Organisationen und die strategische Steuerung dieser in komplexen gesellschaftlichen Entwicklungen bei. Denn, die Menschen sind und machen die Zukunft des Theaters!

Literatur

Schmidt, T., 2021. Mit der Logik von gestern. In: KM Magazin, Ausgabe 161, Juli/August 2021, S. 18–31.

Schulte, C., 2020. Personal-Controlling mit Kennzahlen: Instrumente für eine aktive Steuerung im Personalwesen; 4. Auflage, München: Verlag Franz Vahlen.

Dirk Schütz ist Gründer und Geschäftsführer der KM Kulturmanagement Network GmbH, Weimar.

Agilität und Controlling – Zwei Begriffe, die zueinander passen?

Jan Handzlik

Inhaltsverzeichnis

Zusammenfassung

Im folgenden Beitrag wird ausgehend von den zukünftigen Anforderungen an das Controlling, welche durch zunehmende Volatilität, Unsicherheit, Komplexität und Ambiguität (VUCA) geprägt sind, die Eignung agiler Methoden zur Bewältigung ebendieser Herausforderungen evaluiert. Es wird beschrieben wie agiles Controlling gestaltet werden kann und auch wann es sich möglicherweise nicht als Lösungsstrategie eignet. Der Beitrag schließt ab mit einem Erfahrungsbericht aus einem (agilen) Studierendenprojekt an der Hochschule mit dem Themenschwerpunkt „Agiles Controlling" und skizziert grundlegende Chancen und Herausforderungen für die Nutzung im Theaterbetrieb.

Schlüsselwörter

Agiles Controlling • Scrum im Controlling

J. Handzlik (✉)
Hochschule Emden/Leer, Leer, Deutschland
E-Mail: jan.handzlik@hs-emden-leer.de

1   Zukünftige Anforderungen an das Controlling

Um die zukünftigen Anforderungen an das Controlling herauszustellen, kann im ersten Schritt die Frage nach den Anforderungen an das Controlling in der Vergangenheit gestellt werden. Controller*innen wird häufig ein von Linearität geprägtes Denkmuster zugeschrieben. Es gilt/galt die Annahme, dass die Zukunft auf der Basis von einfachen Ursache-Wirkungs-Zusammenhängen vorhersagbar und berechenbar sei. Zwar sahen sich Führungskräfte in Unternehmen schon immer mit komplexen Entscheidungssituationen konfrontiert. Das Controlling konnte aber mithilfe verschiedener etablierter Recheninstrumente diese Komplexität reduzieren (Dufft et al., 2018).

Auch heute noch werden beispielsweise in vielen Unternehmen mehrjährige Finanzplanungen mit starren Planungsprämissen (z. B. jährliches Umsatzwachstum von 5 %) erstellt. Die Haushaltsplanungen von Theaterbetrieben dürften dabei keine Ausnahme sein. Kapital- oder Zuschuss- bzw. Zuwendungsgeber verlangen vermehrt Prognosen der Geschäftsentwicklung. In aller Regel gilt die Annahme, dass die in der Planung getroffenen Annahmen für mehrere Jahre Bestand haben (Hanschke, 2017).

Alle Branchen bewegen sich jedoch heute in einer Umwelt, die zunehmend von Volatilität, Unsicherheit, Komplexität und Ambiguität geprägt ist, einer sogenannten VUCA-Umwelt. Es stellt sich die Frage, ob die – die Zukunft betreffenden – Annahmen vor diesem Hintergrund noch „das Papier wert sind, auf dem sie stehen". Kaum vorhersehbare Veränderungen, wie die Corona-Pandemie, disruptive Marktveränderungen, oder transformative Prozesse (Digitalisierung, Klimaneutralität, Fachkräftemangel, Strukturwandel im ländlichen Raum u.v.m.) haben uns in den letzten Jahren vor Augen geführt, wie schnell sich unsere Umwelt verändern kann. Die Umwelt ist dabei nicht bloß ein externer Faktor, sondern wirkt sich direkt oder indirekt auf das Verhalten und die Bedürfnisse des Theaterpublikums aus. Heißt das nun, dass erwerbswirtschaftliche, öffentliche und Nonprofit-Unternehmen kein Controlling mehr betreiben – oder wie im obigen Fall stattdessen gar keine Energie mehr in das Thema Planung stecken – sollten? Das ist sicherlich keine Option. Vielmehr gilt es, im Controlling Wege und Methoden zu finden, um den neuen Anforderungen gerecht zu werden.

Ein zentraler Treiber für veränderte Anforderungen an das Controlling – und damit auch das Berufsbild des/der Controller*in – ist die Digitalisierung. Es stehen sowohl aus externen (Stichwort: Big Data) als auch aus internen Quellen (Stichwort: Echtzeit-ERP) immer mehr Daten zur Verfügung. Aufgabe des Controllings ist es, im ersten Schritt die steuerungsrelevanten Informationen aus dem riesigen Datenangebot herauszufiltern und zu erfassen. Anschließend müssen die Daten verarbeitet und aufbereitet werden, bevor im letzten Schritt die Informationen adressatengerecht in Form von internen und externen Reportings zu übermitteln sind. Oftmals herrscht seitens des Managements der Glaube, dass zu wenige Informationen als Grundlage für Entscheidungen zur Verfügung stehen. Dabei liegt häufig das Problem eher darin, dass viel zu viele Detailinformationen vorliegen, sodass „der Wald vor lauter Bäumen nicht mehr erkennbar" ist (Dufft et al., 2018, S. 36). Um dieser Aufgabe gerecht werden zu können, benötigen Controller*innen bereits heute gute IT-Kenntnisse, was sich in Zukunft noch verstärken wird. Es gilt, die technischen Möglichkeiten, insbesondere der automatisierten Datenverarbeitung zu nutzen, dabei aber stets den Überblick über die ineinandergreifenden Systeme zu behalten. Insbesondere künstlerische Prozesse (und damit qualitative Daten) bedeuten eine besondere Herausforderung an das „Systemdenken" von Controller*innen in Theatern und anderen Kulturbetrieben.

Als Beispiel kann hier das sogenannte Self-Service-Reporting genannt werden. In der Vergangenheit war das Controlling dafür verantwortlich, Reportings adressatengerecht im Hinblick auf die Detailtiefe, Kennzahlenauswahl usw. aufzubereiten. Dieser manuelle Prozess – in der Regel in Microsoft Excel ausgeführt – erforderte und erfordert noch heute einen Großteil der Arbeitszeit von Controller*innen (Reimer & Schäffer, 2020). Moderne Business-Intelligence-Software, wie z. B. Microsoft Power BI, versetzt heute das Management in die Lage, selbstständig Reportings zu beliebigen Zeitpunkten, in der gewünschten Detailtiefe und mit stets aktuellen Daten ohne Involvierung des Controllings zu generieren (Ploss, 2016). Einige Software-Lösungen mögen außerhalb des Budgets von kleineren Betrieben liegen. Allerdings werden Hard- und Software immer günstiger und damit zugänglicher für kleine Unternehmen. Dies bedeutet allerdings keinesfalls, dass Controller*innen zukünftig nicht mehr benötigt werden, sondern dass sich das Aufgabenfeld weg von automatisierbaren Fleißarbeiten hin zu einer koordinierenden und überwachenden Funktion im Hinblick auf den vollständigen, größtenteils automatisierten, Prozess von der Erfassung von Daten bis hin zum aussagekräftigen Reporting verändern wird. Dies erfordert eine hohe IT-Affinität und Beratungskompetenz.

Wie im Detail zukünftig Controllingabteilungen strukturiert und das Aufgabenbild des/der Controller*in aussehen wird, ist unklar. Schäffer und Weber betonen aber, dass die zentrale Controlling-Funktion der „Rationalitätssicherung der Führung" zukünftig in Unternehmen mehr denn je gebraucht wird. Aufgrund der vor dem Hintergrund der VUCA-Umwelt mangelnden Vorhersagbarkeit und Berechenbarkeit zukünftiger Entwicklungen werden als Folge auch mehr Vorhaben in Unternehmen scheitern. Das Controlling muss sich darauf einstellen und neue Denkmuster – im Sinne „Trial-and-Error" oder „Fail fast" – entwickeln.

Agilität inklusive der dazu passenden Haltung der Mitarbeitenden kann dabei ein Schlüssel zum Erfolg sein (Schäffer & Weber, 2019).

2   Agile Methoden

Bei agilen Methoden handelt es sich um iterative Ansätze, die erstmals in der Softwareentwicklung – erste Elemente bereits in den 1950er Jahren – zur Anwendung kamen. Sich ständig verändernde Anforderungen von Anwender*innen deckten klare Nachteile des zuvor etablierten sogenannten Wasserfall-Modells auf. Darin wird ein Projekt in verschiedene Phasen eingeteilt, die nacheinander durchlaufen werden. Vereinfacht ausgedrückt ging es in der ersten Phase um die klare Aufnahme und Dokumentation der Kund*innenanforderungen, in der zweiten Phase um die Entwicklung des Produkts entsprechend der klar definierten Anforderungen und in der letzten Phase um die Abnahme des fertigen Produkts. Je nach Komplexität des Produkts kann dieser Prozess mehrere Monate dauern. Es besteht die Gefahr, dass sich bei Abnahme trotz der zuvor detailliert aufgenommenen Anforderungen herausstellt, dass das Produkt nicht den Erwartungen des/der Kund*in entspricht. Dies kann diverse Gründe haben, z. B. können sich die Anforderungen während des Projekts verändert haben, es kann Missverständnisse während der Projektdefinition zwischen Auftragnehmer*in und Auftraggeber*in gegeben haben, oder der/die Kund*in erkennt erst am fertigen Produkt, dass die Anforderungen von ihm/ihr zu Beginn nicht korrekt definiert wurden (Rigby et al., 2016).

Diese Schwachstellen werden bei einem agilen, iterativen Vorgehen beseitigt, indem völlig anders vorgegangen wird. Anstelle einer umfangreichen Erstellung eines detaillierten Lastenhefts wird schnell ein erster Prototyp des Produkts erstellt. In Abstimmung zwischen Entwickler*in und Kund*in wird dann geschaut, wie dieser weiterentwickelt werden soll, oder ob ggf. die Gedanken noch einmal in eine ganz andere Richtung zu lenken sind. In regelmäßigen Abständen erfolgen erneut Abstimmungen, sodass das Produkt iterativ immer weiter entwickelt wird bis hin zum fertigen Produkt. Durch das ständige Feedback werden unnötige Arbeiten, die nicht den Kundenanforderungen entsprechen, minimiert (Lean). Es wird immer an den aktuell relevanten, und nicht an weit in der Zukunft liegenden, oder nicht wichtigen „Add-ons" gearbeitet (Böhm 2019).

Agilität ist heute allerdings viel mehr, als eine Methode zur Produktentwicklung. Sie beschreibt eine „Philosophie" und stellt den Überbegriff für verschiedene agile Methoden dar. Die wohl bekannteste davon ist Scrum. Dabei handelt es sich um ein von Jeff Sutherland und Ken Schwaber entwickeltes Rahmenwerk, welches die abstrakte Idee von Agilität in ein konkretes Vorgehensmodell, welches sich auf diverse Anwendungsfelder, auch über die Softwareentwicklung hinaus, anwenden lässt (Sutherland, 2014). So lässt sich das Modell beispielsweise auch auf den Kultur- oder Bildungsbereich übertragen. Für den Unterricht in Schulen wurde dafür beispielsweise speziell ein eigenes Rahmenwerk – das sog. eduScrum – entwickelt. Im Kern geht es darum, den Unterricht nicht als eine vom Dozierenden gesteuerte Veranstaltung ablaufen zu lassen, sondern den Unterricht durch die Schüler*innen gestalten zu lassen. Der/ die Lehrer*in gibt dabei lediglich die übergeordneten Lernziele vor und steht den Schüler*innen als Coach – oder um es in der Scrum-Rollenbezeichnung auszudrücken: als „Product Owner" – zur Seite. Diese grundlegende Veränderung der Unterrichtsstruktur soll die intrinsische Motivation, und in Folge die Freude am Lernen und den Lernerfolg steigern. Des Weiteren bringt es den Vorteil mit sich, dass Schüler*innen, die bereits in der Schule agil gearbeitet haben, dies auch im späteren Berufsleben einfacher anwenden können und bereits ein entsprechendes Mindset entwickelt haben (Böhm, 2019, S. 124).

Die Anwendung agiler Methoden eignet sich nicht bei jeder Problemstellung. Zur Evaluation, ob im konkreten Fall agile Methoden geeignet sind, existiert in der Praxis ein Tool, welches sich aus zwei Ansätzen zusammensetzt: Der Stacey-Matrix (Stacey, 2012) und dem Cynefin-Framework (Snowden und Boone, 2007). Es setzt zwei Aspekte einer Aufgabenstellung ins Verhältnis: Den Weg (Wie soll vorgegangen werden?) und das Ziel (Was soll dabei herauskommen?) (Abb. 1).

Bei einfachen und komplizierten Aufgabenstellungen, wenn also entweder der Weg oder das Ziel recht klar sind, eignet sich grundsätzlich ein planbasiertes Vorgehen. Nach einer ersten Analyse können bewährte Ansätze zur Aufgabenbewältigung eingesetzt werden. Bei komplizierten Problemstellungen bedarf es ggf. der Hinzuziehung von Expertenwissen. Wenn es sich allerdings um ein komplexes Problem handelt, also weder das Ziel noch der Weg klar definiert werden können, dann eignet sich ein experimentelles Vorgehen. Lösungsansätze lassen sich am besten identifizieren, indem nach dem Prinzip Trial-and-Error etwas ausprobiert wird und im Anschluss rückblickend der Erfolg evaluiert und die nächsten Schritte geplant werden. Dieses Vorgehen entspricht einem agilen Vorgehen. Im letzten Bereich der Matrix handelt es sich um chaotische Problemstellungen, bei denen Weg und Ziel vollkommen unklar sind. In diesen Fällen bedarf es einer initialen Handlung, um das Problem in einen der anderen drei Bereiche zu rücken. Erst wenn das erfolgt ist, kann mit konkreten Lösungsstrategien begonnen werden (Fuchs et al., 2019, S. 202 ff.).

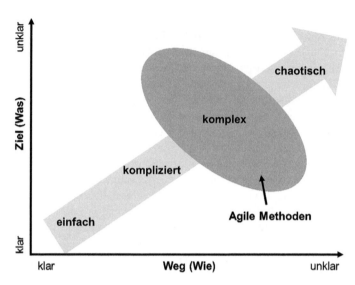

Abb. 1 Evaluationstool zur Eignung agiler Methoden (in Anlehnung an Fuchs et al., 2019, S. 204)

3   Agiles Controlling

Das Buzzword Agilität ist inzwischen omnipräsent. Aufbauend auf den zuvor beschriebenen Kriterien zur Prüfung der Eignung agiler Methoden gilt auch hier: Agile Methoden sind nicht für alle Controllingaufgaben geeignet. Ist die Zielsetzung vollständig bekannt oder existiert eine langjährig bewährte Vorgehensweise, dann kann agiles Vorgehen unnötig kompliziert und wenig zielführend zur Erreichung des gewünschten Ziels sein (Braun und Merz, 2020, S. 35 ff.). Die im ersten Abschnitt dieses Beitrags thematisierten zukünftigen Anforderungen an das Controlling haben allerdings verdeutlicht, dass die Aufgaben im Controlling sehr vielschichtig sind und vermutlich in nahezu jedem Unternehmen komplexe (Controlling-)Problemstellungen vorhanden sind, die mittels agiler Methoden gelöst werden können.

An dieser Stelle sei nochmals erwähnt, dass es bei den Mitarbeitenden einer entsprechenden Haltung bedarf, und die isolierte Lösung einzelner Aufgaben mittels agiler Methoden sicherlich nicht funktionieren wird. Vielmehr sollte die Sinnhaftigkeit von agilem Vorgehen in Abhängigkeit der konkreten Problemstellung den Mitarbeitenden bekannt sein. Die Voraussetzungen für erfolgreiche agile

Arbeit in Teams sollte von jedem verinnerlicht und im besten Falle regelmäßig praktiziert werden. Aus diesem Grund erscheint die Erprobung agilen Arbeitens bereits in Schule und Studium als sinnvoll, nicht zuletzt da dies die Motivation, die Freude und damit auch den Lernerfolg deutlich erhöhen kann (siehe Ausführungen zu eduScrum im vorigen Abschnitt).

In eher traditionell geprägten Controllingabteilungen wird die Etablierung einer Haltung der Mitarbeitenden, welche die zentrale Voraussetzung für den erfolgreichen Einsatz agiler Methoden ist, eine große Herausforderung sein. Dies dürfte auch für Theaterverwaltungen gelten, die in der Tradition öffentlicher Verwaltung arbeiten, oder stark vom Träger beeinflusst werden. Bei vielen Mitarbeitenden erzeugt die Freiheit des agilen Arbeitens zudem Unsicherheit, die in eine „Lust am Anpacken" umgewandelt werden sollte. Die Herausforderung dies zu schaffen, darf von der Unternehmensführung keinesfalls unterschätzt werden. Dabei kommt es unter anderem auf folgende Faktoren an (Scharner-Wolff und Witte, 2018, S. 25 ff.):

- *Vertrauen und Wertschätzung:* Da weder Ziel noch Weg im Voraus feststehen, kann beides auch nicht von der Führung vorgegeben werden. Es bedarf des Mutes, Teams einfach mal machen zu lassen. Wenn Mitarbeitende Vertrauen und Wertschätzung erfahren, wirkt dies in aller Regel motivationsstiftend.
- *Feedback-Kultur:* Jede(r) muss hierarchieunabhängig offenes Feedback geben dürfen, ohne negative Konsequenzen fürchten zu müssen. Hier sind insbesondere die in der Hierarchie höhergestellten Mitarbeitenden gefordert, Zweifel und Hemmungen in der Teamarbeit zu erkennen und durch gute Kommunikation auszuräumen.
- *Flexibilität:* Wechselnde Teams sollten abteilungsübergreifend zusammenarbeiten, sodass Controller*innen mit vielen unterschiedlichen Führungskräften zusammenarbeiten. Diese Durchmischung führt zu mehr Austausch im Unternehmen und rückt das große Ganze ins Blickfeld der Mitarbeitenden. Mittelfristig können sich Teams je nach Problemstellung selbstständig formen.

Agiles Arbeiten verlangt von den Mitarbeitenden ein hohes Maß an Kommunikationsfähigkeit und Selbstorganisation. Für die (Weiter-)Entwicklung dieser Fähigkeiten müssen Unternehmen ausreichende Ressourcen einplanen.

Lässt sich die ursprüngliche Anwendung von Agilität in der Softwareentwicklung auf das Controlling im Allgemeinen und das Theatercontrolling im Speziellen übertragen? Ja. Die Controllingabteilung kann als Softwareentwicklung und Intendanz, Geschäftsführung oder Spartenleitung als Kund*in verstanden werden. Die Produkte sind die Informationen zur Steuerung des

Theaters. Der Prozess zur Erfassung, Aufbereitung und Übermittlung von steuerungsrelevanten Informationen sollte im agilen Controlling nicht starr ablaufen, sondern „agilisiert" werden.

Beispiel: Eine zentrale Aufgabe des Controllings ist die Finanzplanung. Eingangs wurde bereits erwähnt, dass mehrjährige Erfolgs-, Liquiditäts- und Bilanzplanungen, die auf festen Prämissen beruhen, häufig sehr schnell veraltet und somit nicht mehr zur Steuerung eines Unternehmens geeignet sind. Eine agile Planung könnte derart gestaltet werden, dass zuerst einmal die Unvorhersagbarkeit akzeptiert wird. Es gibt zeitnah umsetzbare Projekte/Entwicklungen, die mit einer hohen Granularität planbar sind. In unsichere mittel- und langfristige Entwicklungen sollte kein hoher Aufwand in detaillierte Planungen investiert werden. Hier müssen Grobabschätzungen reichen. Wechselnde Planungsteams müssen regelmäßig zusammenkommen und die Fokusthemen der nächsten Planungsrunde sowie Aufgabenpakete bestimmen. Nach Bedarf sollte das Team um Expertise aus verschiedenen Fachabteilungen erweitert werden. Die Planung wird sich in jeder Runde – möglicherweise gravierend – verändern (Rolling Forecast). Abweichungen zur vorigen Planung dürfen kein Kriterium für die Qualität der Planung sein. (Natürlich sind technische Planungsfehler auch weiterhin zu identifizieren und korrigieren.) Adressaten der Planung (Geschäftsleitung, Träger, Zuschussgeber, Banken) sollte die Vorgehensweise klar kommuniziert und die aktuellen Planungsstände diesen regelmäßig übermittelt werden. Wenn Unternehmen sich in einer VUCA-Umwelt bewegen, die Planung nicht zu einem „Aufwandsgrab" werden soll und Planlosigkeit ebenfalls keine Option ist, dann ist die agile Planung die denkbar glaubwürdigste Vorgehensweise (Hanschke, 2017, S. 82 ff.). Zweifelsohne muss sich dabei auch seitens der Adressaten das Verständnis etablieren, dass Planung heutzutage nur dann relevant für die Steuerung des Betriebs sein kann, wenn Änderungen angenommen und verarbeitet werden, statt Pläne als unveränderlich zu betrachten.

4   Erfahrungsbericht: Studierendenprojekt Nachhaltigkeitscontrolling

4.1   Motivation

Vor dem Hintergrund der vorangegangenen Ausführungen wird im Folgenden ein kurzer Erfahrungsbericht gegeben. Im Rahmen des Controllingseminars im Masterstudiengang „Business Management" an der Hochschule Emden/Leer wurde im Wintersemester 2022/23 eine agile Lehrveranstaltung durchgeführt. In diesem

Fall wurde „Nachhaltigkeitscontrolling" – bewusst nicht weiter detailliert – als Leitthema der Lehrveranstaltung gewählt. Zum einen haben insbesondere junge Menschen ein großes Interesse an sinnstiftenden Themen, insbesondere Nachhaltigkeit. Zum anderen gewinnt das Thema aufgrund des zunehmenden direkten und indirekten gesetzlichen Drucks, sich intensiver mit dem Thema Nachhaltigkeit auseinanderzusetzen und darüber zu berichten (z. B. EU-Taxonomie und Lieferkettensorgfaltspflichtengesetz), immer weiter an Bedeutung. Gleichzeitig stehen viele Unternehmen hier noch am Anfang und die regulatorischen Anforderungen sind zum großen Teil noch nicht ausformuliert (Becker et al., 2022, S. 143 f.). Mehrere Theaterbetriebe haben sich in den letzten Jahren auf den Weg gemacht und beschäftigen sich mehr oder weniger intensiv mit Klimabilanzen und Nachhaltigkeitscontrolling. Der Weg und das Ziel hin zu einem funktionierenden Nachhaltigkeitscontrolling sind oftmals noch nicht klar definiert, was es zu einer komplexen Problemstellung macht, bei der sich agile Methoden bzw. agiles Controlling potenziell als Lösungsstrategie eignen.

4.2   Umsetzung

Ein zentraler Gedanke war es, den Studierenden bei der Gestaltung der Lehrveranstaltung eine größtmögliche Autonomie zu geben und somit die Motivation und Freude am Lernen zu fördern. Dafür war es wichtig, kein konkretes Projektthema vorzugeben. Stattdessen wurde bewusst sehr oberflächlich das Themengebiet des Nachhaltigkeitscontrollings kurz vorgestellt sowie einige Leitfragen, die sich kaufmännische Unternehmensleitungen im Hinblick auf den Aufbau eines Nachhaltigkeitscontrollings aktuell stellen, u. a.:

- Wie nachhaltig sind wir als Unternehmen?
- In welchen Bereichen (ESG) sollte/kann unser Unternehmen nachhaltiger werden?
- Wie kann das Controlling dazu beitragen das Unternehmen nachhaltiger zu machen?

Die Studierenden wurden nach dem Zufallsprinzip in Gruppen aufgeteilt. Über einen Zeitraum von 14 Wochen kamen die Studierenden wöchentlich in Präsenz- und Online-Terminen für 90–180 min zusammen. Da das Modul praxisorientiert gestaltet werden sollte und viele der Masterstudierenden bereits neben dem Studium in Unternehmen beschäftigt waren, war es die erste Aufgabe ein Unternehmen für das Projekt zu „akquirieren" und gemeinsam mit dem Unternehmen

Abb. 2 Grundpfeiler des (agilen) Controllingseminars. (Eigene Darstellung)

ein Projektthema zu definieren. Mit dieser ersten – durchaus sehr ambitionierten – Aufgabenstellung wurden die Studierenden ohne weitergehende Hilfestellung in den ersten „Sprint" geschickt.

Die Gestaltung der Lehrveranstaltung orientierte sich grundsätzlich an Scrum bzw. eduScrum, wobei lediglich einige Elemente genutzt wurden, ohne Anspruch das Konzept ganzheitlich anzuwenden. So wurden Begrifflichkeiten wie Sprint, Review und Retrospektive genutzt, andere Elemente wie z. B. Product Owner, Definitions of…, Celebration Criteria usw. wurden nicht aufgegriffen. Ein weiteres zentrales Element stellte Peer-Feedback dar. In den wöchentlichen Präsenzterminen haben sich die Teams gegenseitig nach einer festen Agenda ihren Projektstand vorgestellt und sich anschließend „qualifiziertes" Feedback gegeben. Die Projektstände und Feedbacks wurden schriftlich auf einem Miro-Board festgehalten. Des Weiteren wurde ca. alle 3 Wochen ein Review (Rückschau auf die erarbeiteten Inhalte) sowie eine Retrospektive (Rückschau auf die Vorgehensweise im Team) durchgeführt und ebenfalls auf dem Miro-Board festgehalten. Die Sprintdokumentation auf dem Miro-Board sowie die mündlichen Beiträge stellten gleichzeitig die Prüfungsleistung dar, sodass im Prinzip alle Aktivitäten prüfungsrelevant waren. Diese Aspekte bildeten die Grundpfeiler der Lehrveranstaltung (siehe Abb. 2).

4.3   Erkenntnisse

In den ersten Präsenzterminen mussten die Studierenden und auch der Dozierende sich noch in dieser neuen Form einer Lehrveranstaltung zurechtfinden. Die Präsentationen der Zwischenstände wirkten teilweise noch sehr oberflächlich und zu sehr an der damit verbundenen Benotung orientiert. So wurde beispielsweise im ersten Meeting von einem Team der Begriff „Nachhaltigkeitscontrolling" mit Quellenbeleg definiert. Aus Angst, einen Abzug bei der Bewertung zu erhalten, haben die anderen Teams in der folgenden Woche nachgezogen. Daraufhin wurde durch den Dozierenden klargestellt, dass die Definition natürlich sinnvoll für den weiteren Projektfortschritt im Team sein kann. Diese allein sowie die Dokumentation auf dem Miro-Board allerdings keinen Bewertungseinfluss haben. Der Dozierende musste damit umzugehen lernen, dass die eigenen Redeanteile im Vergleich zu anderen Lehrveranstaltungen deutlich geringer waren. Es bestand keine Erfordernis zu jeder Präsentation ein Feedback zu geben und „Handlungsanweisungen" für das weitere Vorgehen auszusprechen. Betrachtet man die Beziehung zwischen Führungskraft und Controller*in, lässt sich dieses Verhalten vermutlich durchaus auf Situationen in Unternehmen übertragen.

Glücklicherweise hat jedes Team recht schnell ein Unternehmen gefunden, welches Interesse hatte sich beim Thema Nachhaltigkeitscontrolling von den Studierenden helfen zu lassen. Die konkrete Themenfindung gestaltete sich schwieriger. Hier mussten Meetings in Unternehmen und Entscheidungen abgewartet sowie die Aussicht auf einen hinreichenden Projektfortschritt innerhalb des 14-Wochen-Zeitraums evaluiert werden. Teilweise mussten die Teams den inhaltlichen Schwerpunkt nach einigen Wochen noch einmal komplett wechseln. Die Verunsicherung und Sorge war in den Präsenzmeetings deutlich spürbar und der Fortschritt gestaltete sich zwischen den einzelnen Teams sehr unterschiedlich. Gleichzeitig führte das hohe Maß an Autonomie und Selbstverantwortung nach Einschätzung des Dozierenden auch zu erhöhter Motivation bei den Studierenden.

Das Peer-Feedback war – wie auch die Präsentationen selbst – in den ersten Wochen noch zu sehr von der Prüfungsleistung verzerrt. Die Teams mochten sich gegenseitig kein kritisches Feedback geben, um das andere Team nicht schlecht dastehen zu lassen. Stattdessen kam es häufig zu nichtssagendem positiven Feedback. „Die Definition des Begriffs Nachhaltigkeitscontrolling war sehr hilfreich." Im Zeitverlauf aber wurden sowohl die Präsentationen der Zwischenstände als auch die Feedbacks inhaltlich immer konkreter und konstruktiver. Die Teams bekamen ein gegenseitiges Verständnis für die Herausforderungen der jeweils anderen und lernten qualifiziertes Feedback zu geben und dieses ohne Rechtfertigungsdruck und Verteidigungshaltung zu empfangen.

Inhaltlich entwickelten sich die Projekte der Teams in sehr unterschiedliche Richtungen, wenngleich „abgucken" durch das kollaborativ genutzte Miro-Board absolut erlaubt war. Es war spürbar, dass auch seitens der Unternehmen ein steigendes Interesse an den Projekten der Studierenden vorhanden war. Meetings mit höheren Führungsebenen kamen (schneller) zu Stande, NDAs für die unternehmensfremden Studierenden wurden unterzeichnet und Zugänge zu unternehmensinternen Informationsquellen wurden eingerichtet.

Nach subjektiver Einschätzung des Dozierenden, aber auch auf Basis des Feedbacks der Studierenden zum Ende der Lehrveranstaltung, ist die Motivation während der Lehrveranstaltung immer weiter gestiegen und löste sich weitestgehend von der mit dem Modul verbundenen Prüfungsleistung. Nach Aussagen der Studierenden haben sie überdurchschnittlich viel Aufwand in dieses Modul investiert, aber dabei auch viel Freude gehabt und einiges gelernt.

Ebenfalls nach subjektiver Einschätzung des Dozierenden, der mehrjährige Erfahrung in der Unternehmensberatung besitzt und in dem Bereich noch heute aktiv ist, haben die Studierenden inhaltlich beachtenswerte Ergebnisse erzielt, die bis zum Ende des 14-Wochen-Zeitraums ständig weiterentwickelt wurden und auch über die Lehrveranstaltung hinaus in den Unternehmen Verwendung fanden. Es ist ein deutlicher Mehrwert aus den Projekten für die Unternehmen anzunehmen.

Abschließend scheinen sich die Erwartungen an die Sinnhaftigkeit von agilem Controlling (in der Lehre) zu bestätigen. Insbesondere in höheren Semestern, in denen komplexe Problemstellungen aufgegriffen werden können, scheint die agile Gestaltung von Lehre an der Hochschule Motivation, Freude und Lernerfolg zu steigern.

Für Verwaltungs-, Finanz- und Controllingteams in Theatern können die Erfahrungen wie folgt übertragen werden:

- Für die Einführung neuer Controllingfelder – z. B. Nachhaltigkeitscontrolling – bietet sich das iterative Vorgehen agiler Methoden an. Es erscheint sinnvoll, eine ähnliche Projektgestaltung zum Aufbau eines Nachhaltigkeitscontrolling zu nutzen
- Die inhaltlich hochwertigen Ergebnisse haben zu hoher Motivation bei den Studierenden geführt, was für Mitarbeitende ebenfalls vermutet werden kann.
- Auf neuen Wegen sind „Fehler" und „Sackgassen" kaum zu vermeiden. Dies sollte vorab geklärt werden und das Team ermutigt werden, Fehler zu machen. Aus ihnen sollte in regelmäßigen „Reviews" schnell gelernt werden.
- Agile Methoden arbeiten mit relativ kurzen Planungszyklen. Besonders im Bereich Nachhaltigkeit scheinen Quartale geeignetere Planungs- und Controllingperioden als Jahre.
- Die Führungskräfte sollten in agilen Methoden geschult werden. Agilität erfordert wie dargelegt eine Bereitschaft der Mitarbeitenden, sich auf die Methoden einzulassen. Aber ebenso wichtig ist die Bereitschaft und Fähigkeit der Führungskräfte, entsprechend agil zu führen.

5 Fazit

Im vorliegenden Beitrag wurde erläutert, mit welchen Herausforderungen das Controlling zukünftig konfrontiert sein wird. Lineare Denkmuster und etablierte Recheninstrumente werden zur Steuerung eines Unternehmens in einer VUCA-Umwelt an vielen Stellen nicht mehr genügen. Es gilt, im Controlling Ansätze und Methoden zu finden, um den neuen Anforderungen gerecht zu werden. Agilität inklusive der dazu passenden Haltung der Mitarbeitenden kann dabei ein Schlüssel zum Erfolg sein.

Agile Methoden wurden ursprünglich im Bereich der Softwareentwicklung eingesetzt. Heute ist Agilität allerdings viel mehr als nur einer Methode zur Software- oder Produktentwicklung. Sie beschreibt eine „Philosophie" und stellt den Überbegriff für verschiedene Anwendungsfelder dar, wozu auch der Kultur- oder Bildungsbereich zählt. Von nicht zu unterschätzender Bedeutung für den Erfolg ist es, bei den Mitarbeitenden eine möglicherweise anfangs vorhandene Unsicherheit in eine „Lust am Anpacken" umzuwandeln. Dabei sind Faktoren wie Vertrauen, Wertschätzung, Feedback-Kultur und Flexibilität von zentraler Bedeutung.

Inwiefern sich agile Methoden zur Lösung einer Problemstellung eignen, kann mithilfe einer Kombination der Stacey-Matrix und dem Cynefin-Framework evaluiert werden. Das Modell empfiehlt die Anwendung agiler Methoden insbesondere bei komplexen Problemstellungen, bei denen weder das Ziel noch der Weg klar definiert werden können. Aufgrund der im Beitrag beschriebenen vielschichtigen Aufgaben im Controlling werden ebensolche komplexen Problemstellungen in nahezu allen Theaterbetrieben vorhanden sein.

Der Erfahrungsbericht aus einem Studierendenprojekt, in dem Controllinginstrumente zum Aufbau eines „Nachhaltigkeitscontrollings" mithilfe von Scrum entwickelt wurden, fällt sowohl hinsichtlich des inhaltlichen Ergebnisses als auch der Motivation, Freude und des Lernerfolges der Studierenden durchweg positiv aus. Nach Einschätzung des Autors sind ähnlich positive Effekte auch für Controllingprojekte in Unternehmen aller Branchen zu erwarten. Die Voraussetzung für den Erfolg ist – insbesondere für eher traditionell geprägte Unternehmen bzw. Theaterbetriebe – die Schaffung agiler Rahmenbedingungen und die Entwicklung einer agilen Haltung bei Mitarbeitenden aller Hierarchieebenen.

Literatur

Becker, B., Handzlik, J. & Müller, S. (2022). Nachhaltigkeitsberichterstattung für alle Unternehmen: Konsequenzen der Regulierung von Finanzdienstleistern, Kreditinstituten und kapitalmarktorientierten Unternehmen. *NWB Unternehmensteuern und Bilanzen*(01–2022), 143–148.

Böhm, J. (2019). Erfolgsfaktor Agilität: Warum Scrum und Kanban zu zufriedenen Mitarbeitern und erfolgreichen Kunden führen. Springer Vieweg. https://doi.org/10.1007/978-3-658-25085-0.

Braun, D. & Merz, J. (2020). Nicht jedes Controlling muss agil sein. *Controlling & Management Review, 64*(5), 34–41. https://doi.org/10.1007/s12176-020-0115-5.

Dufft, N., Remmel, U. & Breden, T. (2018). Neues Denken für Controller. *Controlling & Management Review, 62*(4), 34–39. https://doi.org/10.1007/s12176-018-0025-y.

Fuchs, C., Barthel, P., Winter, K. & Hess, T. (2019). Agile Methoden in der digitalen Transformation – mehr als ein Konzept für die Softwareentwicklung. *Wirtschaftsinformatik & Management, 11*(4), 196–207. https://doi.org/10.1365/s35764-019-00192-8.

Hanschke, I. (2017). Agile in der Unternehmenspraxis: Fallstricke erkennen und vermeiden, Potenziale heben. Springer Fachmedien Wiesbaden.

Ploss, R. (2016). Der digitale Controller. *Controlling & Management Review, 60*(2), 60–65. https://doi.org/10.1007/s12176-016-0023-x.

Reimer, M. & Schäffer, U. (2020). *Controlling – Trends & Benchmarks*. Institute of Management Accounting and Control. https://www.whu.edu/fileadmin/Faculty/Institutes/Institute_of_Management_Accounting_and_Control/WHU_Controller_Panel/WHU_Controlling_Trends_and_Benchmarks_2022.pdf.

Rigby, D. K., Sutherland, J. & Hirotaka, T. (2016). Embracing Agile: How to master the process that's transforming management. *Harvard business review*(5), 41–50. https://hbr.org/2016/05/embracing-agile.

Schäffer, U. & Weber, J. (2019). Zehn Thesen zur Entwicklung des Controllings. *Controlling & Management Review, 63*(6), 46–49. https://doi.org/10.1007/s12176-019-0041-6

Scharner-Wolff, P. & Witte, E. (2018). Agiles Controlling – Veränderung als Chance. *Controlling & Management Review, 62*(4), 24–33. https://doi.org/10.1007/s12176-018-0019-9.

Snowden, D. J. & Boone, M. E. (2007). A leader's framework for decision making. *Harvard business review, 85*(11), 68–76.

Stacey, R. (2012). *Tools and Techniques of Leadership and Management*. Routledge. https://doi.org/10.4324/9780203115893.

Sutherland, J [Jeff]. (2014). Scrum: The art of doing twice the work in half the time. Crown Business.

Jan Handzlik ist Professor für Allgemeine Betriebswirtschaftslehre mit den Schwerpunkten Finanzen, Controlling und Rechnungswesen an der Hochschule Emden/Leer.

Ist OKR die neue BSC?

Maurice Fangmeier und Tom Koch

Inhaltsverzeichnis

Zusammenfassung

Seit ihrer Veröffentlichung Anfang der 1990er Jahre hat sich die *Balanced Scorecard* (BSC) als Instrument zur Übersetzung der Strategie in messbare Maßnahmen in vielen Unternehmen etabliert. Ihr Ansatz, Leistung an mehr als nur finanziellen Kennzahlen zu messen, hat auch im Kulturbetrieb Anklang gefunden. Im Zuge der Verbreitung des Agilen Managements wird in erwerbswirtschaftlichen Unternehmen derzeit vermehrt das Instrument *Objectives and Key Results* (OKR) als Alternative für zielorientiertes Handeln besprochen. Seitdem Unternehmen wie Intel oder Google, deren globaler Erfolg vielen Unternehmen als Vorbild dient, bereits sehr früh auf OKR gesetzt haben und diese bis heute verwenden, gewinnt OKR zunehmend an Bedeutung. Dieser

M. Fangmeier (✉)
wpd GmbH, Bremen, Deutschland
E-Mail: m.fangmeier@outlook.de

T. Koch
Hochschule Emden/Leer, Leer, Deutschland
E-Mail: tom.koch@hs-emden-leer.de

© Der/die Autor(en), exklusiv lizenziert an Springer Fachmedien Wiesbaden
GmbH, ein Teil von Springer Nature 2024
P. Schneidewind et al. (Hrsg.), *Theatercontrolling*,
https://doi.org/10.1007/978-3-658-44984-1_15

Beitrag geht der Frage nach, welche Unterschiede BSC und OKR aufweisen und ob OKR eine Alternative zur BSC für den Einsatz im Theaterbetrieb darstellt. Dafür wird zunächst ein vergleichendes Verständnis für die Absichten und Mechanismen der Instrumente geschaffen. Anschließend wird anhand der Betrachtung von Chancen und Risiken eine Antwort auf die Frage gegeben, ob die Implementierung von OKR im Theater umsetzbar ist, und welche mögliche Auswirkungen dies auf das Controlling haben könnte.

Schlüsselwörter

Objectives and Key Results • Balanced Scorecard

---

1 Objectives and Key Results

Objectives and Key Results (OKR) ist keineswegs neu, im Gegenteil: Die Methode[1] wurde in den 1970er Jahren durch den Intel-Manager Andy Grove entwickelt und ist damit deutlich vor der Balanced Scorecard (BSC) entstanden. OKR wiederum beruht auf dem von Peter Drucker bereits 1954 entwickelten Management by Objectives (Drucker, 1954). Groves Verdienst liegt u. a. darin, Objectives konsequent in allen Unternehmensbereichen eingeführt und für jede*n Mitarbeitende*n mithilfe von konkreten Ergebnissen messbar gemacht zu haben. Er nannte diese Ergebnisse Key Results und verfeinerte damit gewissermaßen die Idee des Management by Objectives (Grove, 2020, S. 111 ff.). Objectives (Ziele) sind das aktionsbasierte und bestenfalls inspirierende *Was*, das erreicht werden soll (z. B. Besucherbindung steigern). Die Key Results hingegen sind messbare Schlüsselergebnisse, die dazu führen sollen, dass ein Objective erreicht werden kann. Dabei sind sie in ihrer Eigenschaft anders als die Objectives. Sie beschreiben klar durch quantitative Merkmale messbare Ergebnisse (z. B. 20 neue Abonnements). Sie zeigen das *Wie* der Zielerreichung an (Engelhardt und Möller, 2017, S. 31). OKR übersetzen die langfristige Unternehmensentwicklung in das, was aktuell getan werden muss, um die Ziele zu erreichen. OKR bleiben dabei stets flexibel und sind u. a. deshalb im Kontext sog. agiler Managementmethoden aktuell wieder in Mode. Die OKR-Methode folgt dabei einigen Grundprinzipien (Doerr, 2018, S. 44):

---

[1] Die BSC wird in der Literatur vorwiegend als Instrument, d. h. als Werkzeug (des Managements) bezeichnet. OKR wird hingegen vorwiegend als Methode bezeichnet, d. h. als regelhaftes Verhalten, was insbesondere durch den sog. OKR-Zyklus sichtbar wird. Wir verwenden in diesem Beitrag kontextabhängig beide Begriffe.

1. OKR soll helfen, Prioritäten zu setzen. Es geht also darum, die richtigen Ziele zu wählen, sich auf diese zu konzentrieren, und zu allem anderen ‚Nein' zu sagen. Das Motto lautet: Lieber weniger Wichtiges erledigt als vieles Unwichtiges angefangen. In der Literatur wird eine Anzahl von drei bis maximal fünf Objectives je organisatorische Einheit genannt, die wiederum mit jeweils maximal fünf Key Results versehen sind. Key Results sollten möglichst verschiedene Blickwinkel auf das Ziel ermöglichen und entsprechend aus den eingenommenen Perspektiven heraus formuliert werden. Der zunehmende Fortschritt in der Erreichung von Key Results zeigt folglich auch an, welche der Key Results zum gewünschten Ergebnis führen (Mewes, 2020, S. 107).

2. Bei der OKR-Methode sollen Mitarbeitende einbezogen werden. Etwa die Hälfte der Ziele sollte – in Rücksprache mit den Vorgesetzten und unter Berücksichtigung der übergeordneten Ziele – *bottom-up,* also von den Zielverantwortlichen selbst festgelegt werden.

3. Für die Zielerreichung ist ein gemeinsames Verständnis, um nicht zu sagen ein gegenseitiges Einverständnis bezüglich der OKR unerlässlich. Während die Objectives auf Unternehmensebene nicht verhandelbar sind bzw. vom Management festgelegt werden, können die Key Results immer ausgehandelt werden. OKR werden nicht ‚von oben' diktiert.

4. OKR folgt streng der Idee, dass nur das getan werden sollte, was das Unternehmen voranbringt. Sie sollen außerdem eine große Flexibilität ermöglichen. Sogar innerhalb der recht kurzen Zyklen (s. u.) können Objectives, die möglicherweise durch geänderte Umstände ihre Gültigkeit verloren haben, geändert oder gar gestrichen werden.

5. Key Results sollen die Mitarbeitenden zu Höchstleistungen motivieren. Einige der Key Results werden so formuliert, dass die Erreichung unmöglich scheint, dennoch ist es im Sinne von OKR zufriedenstellend, wenn von einem ambitionierten Ziel 70 % erreicht werden (Doerr, 2018, S. 133 f.). Diese scheinbare Überforderung geht auf psychologische Erkenntnisse zurück, dass sich Menschen von ‚großen' Zielen stärker motiviert fühlen. Sie sollen ‚nach den Sternen greifen'. Damit dies gerade nicht als Überforderung, sondern als gemeinsame Ambition verstanden wird, ist ein entsprechendes ‚Mindset' besonders bei Führungskräften unerlässlich.

6. Da ‚herausfordernde' Ziele tendenziell verfehlt werden, sollten sich OKR nicht auf die Vergütung auswirken. Zwar sind variable Gehaltsbestandteile im Kulturbetrieb ohnehin unüblich, bisweilen existieren aber bspw. im Privattheater

durchaus leistungsbezogene Anreizsysteme. OKR sollten als Managementsystem verstanden werden, das anhand der gemeinsam verfolgten Vision zu guten Leistungen motiviert, nicht anhand monetärer Anreize.

In den genannten Charakteristika finden mehrere Grundannahmen des Agilen Managements Widerhall, weshalb OKR bisher vor allem in Unternehmen eingesetzt werden, die ganz oder teilweise nach agilen Prinzipien agieren.

Der OKR-Prozess

Die Einführung von OKR als Managementmethode kann einige Zeit in Anspruch nehmen. In den Worten Andy Groves müssen Organisationen erst einmal „Zielmuskeln" aufbauen (zit. in Doerr, 2018, S. 44). Die Einführung erfordert also Geduld und Entschlossenheit, sowie eine umfangreiche Beschäftigung in allen Teilen der Organisation. Jeder OKR-Zyklus, welcher in der Regel drei Monate umfasst, ist von einem intensiven Aushandeln, von Vor- und Nachbereitung gekennzeichnet – dem OKR-Prozess.

Der Prozess beginnt mit dem Blick auf die Vision, die Mission und das Leitbild bzw. die Strategie des Unternehmens, und bildet die Grundlage für den OKR-Planning Workshop. In diesem Meeting werden die Vorschläge der Mitarbeitenden und Führungskräfte bewertet. Maßgeblich ist die Frage, welche der Vorschläge das Unternehmen weiter in Richtung der Erreichung der Vision bewegen werden (Steiber und Alänge, 2014, S. 255 f.). Sind die OKR-Sets für alle Beteiligten ohne Zielkonflikte definiert, beginnt der dreimonatige Zyklus, mit wöchentlichen Update-Meetings und Abschätzungen, wie wahrscheinlich die Erreichung der Key Results ist. Der Zyklus endet nach drei Monaten mit zwei Meetings, die zum einen das Ergebnis bewerten sollen (OKR-Review) (Niven und Lamorte, 2016, S. 121 ff.) und zum anderen den Prozess betrachten, um zu benennen, welche Abläufe positiv waren und welche verbessert werden müssen (Mewes, 2020, S. 110). Nach diesen Meetings beginnt die Phase, in der neue OKR bestimmt werden. Der Zyklus beginnt von neuem, mit Vorschlägen der Mitarbeitenden, die ihre Ideen der Führungsebene mit in ihr OKR-Meeting geben, um dort an der Unternehmenszielsetzung partizipieren zu können (Teipel und Alberti, 2019, S. 38). OKR als Instrument der Zielverfolgung ist demnach durch vergleichsweise kurze zeitliche Zielvorgaben geprägt. Wird ein größeres Ziel nicht jährlich, sondern quartalsweise evaluiert, kann schneller gegengesteuert werden, was der iterativen Idee des Agilen Managements Rechnung trägt.

Im Rahmen der Definition der OKR ist ein besonderer Fokus auf die operationalisierte Formulierung zu legen. Key Results sollten stets einen gewünschten Zustand in der Zukunft beschreiben, wodurch die Frage, ob ein Ziel erreicht wurde, zweifelsfrei mit Ja oder Nein beantwortet bzw. mit einem Zielerreichungsgrad bewertet werden kann (Engelhardt; Möller, 2017, S. 31). Ebenso wichtig wie die Formulierung der Objectives und Key Results ist die Abstimmung innerhalb der Organisation, um eine gegenseitige Behinderung in der Zielerreichung zu vermeiden – Ziele sollen eindeutig, abgrenzbar und konfliktfrei sein (Watzka, 2017, S. 155 f.). Um sicherzustellen, dass es keine Zielkonflikte in den unterschiedlichen OKR-Sets der Abteilungen gibt, geht mit der Formulierung ein Prozess einher, welcher Konflikte verhindern soll. Im Vorlauf eines OKR-Zyklus' werden auf Mitarbeitenden-Ebene Themenvorschläge gesammelt, welche im Anschluss zusammen mit den Vorschlägen des mittleren und des Topmanagements in einem OKR-Planning-Workshop diskutiert werden. Das Ergebnis dieses Workshops sind abgestimmte OKR-Sets für jede Abteilung, welche keine Zielkonflikte aufweisen und so eine Organisationskongruenz sicherstellen (Watzka, 2017, S. 155.; Doerr, 2018, S. 57; 89 ff.).

Die Zielerreichung wird auf einer Skala von Null bis Eins gemessen und der Zielerreichungsgrad in grün, gelb und rot bewertet. Dabei beschreibt rot einen Zielerreichungswert von 0 bis 0,3, dieser beschreibt einen ausgebliebenen Fortschritt durch das gesetzte Ziel. Eine gelbe Bewertung zeigt hingegen einen akzeptablen Zustand mit einer Bewertung von 0,4 bis 0,6, was bedeutet, dass ein Fortschritt gemacht wurde, das Ziel jedoch verfehlt wurde. Grün zeigt einen guten Zustand mit der Bewertung von 0,7 bis 1,0 und damit eine (fast) vollständige Zielerreichung (ebd., S. 119).

2 Balanced Scorecard

Die BSC entstand aus der Idee heraus, dass finanzielle Kennzahlen allein die Leistung eines Unternehmens nicht adäquat abbilden. Kaplan und Norton schrieben: „[…] traditional financial accounting measures […] can give misleading signals for continuous improvement and innovation" (Kaplan und Norton, 1992, S. 71). Nicht-finanzielle Ziele und Kennzahlen sollten ein umfassenderes Bild der ‚Unternehmens-Performance' liefern, und helfen, auch nicht monetäre Ressourcen besser allokieren zu können (ebd., 2007, S. 137 f.). Um eine bessere Verteilung der Ressourcen sicherzustellen, betrachtet die BSC ein Unternehmen aus vier unterschiedlichen Blickwinkeln: Finanzen, Kunden, Prozesse und Entwicklung. Dabei werden langfristige Ziele des Unternehmens betrachtet und eine gewisse ‚Blickrichtung' der nachstehenden Perspektiven festgelegt (hier u. i. F. Kaplan und Norton, 1996). Während die Messung der finanziellen Ziele vergleichsweise leicht erscheint, vor allem weil die Daten aus der Finanzbuchhaltung

kurzfristig und detailliert vorliegen sollten, sind die übrigen Daten u. U. qualitativ geprägt. Die Kundenperspektive etwa setzt sich mit der Kundengewinnung
und Kundenbindung auseinander. Dies erfordert eine klare Idee dessen, was in
welchen Kund*innen- bzw. Besucher*innensegmenten erreicht werden soll. Der
dritte Blickwinkel betrachtet die Prozesse im Unternehmen und legt Metriken
fest, durch welche die Effektivität und die Effizienz der Abläufe bewertet werden
sollen. Der vierte Blickwinkel ist die Lern- und Wachstumsperspektive, welche
auch als Potenzialperspektive beschrieben wird (Horvath, 2004, S. 46). In dieser Betrachtung sollten Aspekte wie Innovationsfähigkeit, Wissen, Entwicklung
oder auch der technologische Fortschritt bewertet werden. Die beschriebene Vorgehensweise ist empirisch belegt, jedoch weist Horvath darauf hin, nicht starr an
diesen Perspektiven festzuhalten, sondern im Bedarfsfall situativ zu ergänzen oder
zu streichen. Im Theaterbetrieb könnte dies eine künstlerische Perspektive oder
eine der kulturpolitischen bzw. gesellschaftlichen Ziele sein. Die Bedeutung von
Klimaschutzzielen könnte eine eigene Nachhaltigkeitsperspektive rechtfertigen.
Die BSC wird grafisch durch eine Tabelle abgebildet. In den Zeilen werden die
einzunehmenden Perspektiven abgebildet und den Spalten die Ziele, Kennzahlen,
Vorgaben und Maßnahmen.

Ausgangspunkt für die Kriterien und Messinstrumente der BSC sind die Vision
und die Mission des jeweiligen Unternehmens. Aus der Vision und Mission lassen
sich strategische Ziele ableiten, woraus wiederum die wichtigsten herausgestellt
werden, um sich auf diese Ziele zu fokussieren. Auch in der BSC gilt es, anhand
festgelegter Kennzahlen und Maßnahmen zur Erfüllung der Vision beizutragen
(Horvath, 2004, S. 168 ff.). Der Untertitel der ersten umfassenden Publikation
zur BSC hieß treffend „Translating Strategy into Action" (Kaplan und Norton
1996).

3 Vergleich OKR mit BSC

Werden die beiden Modelle OKR und BSC miteinander verglichen, lassen sich
zunächst eine ganze Reihe von Gemeinsamkeiten feststellen, jedoch auch einige
bedeutsame Unterschiede.

Beide haben das Ziel, alle Beteiligten auf die Vision einzuschwören. Zur
Balanced Scorecard heißt es ausdrücklich: „The measures are designed to pull
people toward the overall vision" (Kaplan und Norton 1992, S. 79). In BSC
und OKR wird Zielerreichung gleichermaßen an zuvor festgelegten Kennzahlen
gemessen (Horvath, 2004, S. 168 ff.; Engelhardt und Möller, 2017, S. 31). Beide
sind in ihrem Ursprung dazu gedacht, Ziele zu verfolgen und sich der stringenten

Verfolgung einer gemeinsamen Vision zu widmen. Ebenso priorisieren sowohl BSC als auch OKR die verschiedenen Ziele, um die begrenzten Ressourcen optimal (d. h. mit größtmöglicher Wirkung hinsichtlich der Vision) verteilen zu können (Steiber und Alänge, 2014, S. 255 f.; Kaplan und Norton, 1996, S. 224 f.). Neben der Möglichkeit der Allokation der zur Verfügung stehenden Ressourcen steht eine Kaskadierung der Ziele von den obersten zur untersten Unternehmensebene (Norton und Kaplan, 1996, S. 199 f.; Teipel und Alberti, 2019, S. 38). Beide der beschriebenen Methoden vertreten den Ansatz, nach einer bestimmten Zeit den Prozess, die Ergebnisse und die Abläufe zu reflektieren und daraus zu lernen (Norton und Kaplan, 1996, S. 252 f.; Stray et al., 2022, S. 4). Ebenso ist ihnen gemein, dass jedes Unternehmen seine eigene BSC bzw. OKR finden muss, womit beide Ansätze als Heuristiken zur Erstellung eines Zielsystems dienen, im engeren Sinne aber keine Zielsysteme darstellen (Macharzina und Wolf, 2023, S. 238).

Wenngleich sich OKR und BSC in ihrem Entstehungsgedanken und mehreren Aspekten ähneln, stellen sie sich in anderen unterschiedlich dar. Ein grundlegender Unterschied liegt im Ansatz: Die BSC forciert verschiedene Perspektiven durch ein mehr oder weniger fixes Modell. Jede Perspektive stellt einen ganzen ‚Block' an Zielen dar. Zwar ist nicht ausgeschlossen, dass eine Perspektive ergänzt oder gestrichen wird, doch ist die BSC erst einmal ‚gebaut', wird sie so schnell nicht geändert. Im Fall der BSC geht es in der Umsetzung ferner um Performance Measurement, d. h. darum, die Gesamtleistung des Unternehmens abzubilden (Kaplan und Norton, 2007, S. 137 f.). Hingegen sind die Objectives and Key Results vielmehr eine Methode, um das Unternehmen ganzheitlich zu bewegen und alle Mitarbeitenden in eine gemeinsame Richtung zu lenken. Diese ‚Richtung' ist zwar immer die Vision, in einem Zyklus können jedoch durchaus Schwerpunkte gesetzt werden, je nachdem, was ‚jetzt gerade' wichtig ist. OKR wird, im Gegensatz zur BSC, eher als System genutzt, mit dem Ziele agil verfolgt werden können. OKR werden damit der enormen Umweltdynamik stärker gerecht als die BSC (Alberti, 2023, S. 30 f.). OKR legen zudem besonderen Wert auf den Abstimmungsprozess und die Frage nach der Effektivität: *Was* soll als Nächstes erreicht werden? OKR enthalten damit ein stark ausgeprägtes Element der Fokussierung auf das Wesentliche (Effektivität), während die BSC auf ein ausgewogenes Bild der Unternehmensleistung abzielt. Die Key Results dienen weniger dem Reporting, als vielmehr der Evaluierung des *Wie* – Wie erreichen wir mit den gegeben Ressourcen und mithilfe welcher Maßnahmen die Objectives am besten (Effizienz)?

Wie zuvor beschrieben misst die Balanced Scorecard die Gesamt-Performance eines Unternehmens und das auf eine Periode, die deutlich länger ist als die der

OKR. Norton und Kaplan sprechen von einer Beständigkeit der BSC von 4 Jahren (Kaplan und Norton, 1996, S. 138). Hingegen ist OKR ein Werkzeug, mit dem sich in volatilen Zeiten schnell an Veränderungen angepasst werden kann. Ein OKR-Zyklus dauert drei Monate und wird anschließend von neuem gestartet. Diese kurzen Zyklen ermöglichen schnelle Anpassungen an das Marktgeschehen (Alberti, 2023, S. 31). Der Blick zurück dient vorwiegend dem Lernen, der Anpassung und der Formulierung der nächsten Ziele. Da nach wirkungsvollen Maßnahmen gesucht wird, die auch scheitern dürfen, dient OKR nur eingeschränkt dem Reporting, ganz im Gegensatz zur BSC.

Ebenso schauen die OKR aus möglichst vielen und bisweilen konträren Perspektiven auf die festgelegten Themen. Diese eingenommenen Blickwinkel gestalten die Key Results (Doerr, 2018, S. 58). Im Rahmen der Balanced Scorecard sind durch die Finanz-, Kunden-, Prozess- und Wachstumsperspektive die grundlegenden Perspektiven festgelegt, auch wenn sie erweiterbar ist (Horvath, 2004, S. 4). Die BSC hatte durchaus den Gedanken, Mitarbeitenden Freiräume zu geben: „Senior managers may know what the end result should be, but they cannot tell employees exactly how to achieve the result, if only because the conditions in which employees operate are constantly changing" (Kaplan und Norton 1992, S. 79). Allerdings führt die Zusammenführung zu einer Scorecard letztlich zu einer gewissen Normierung und weniger Spielraum für einzelne Beschäftigte. OKR ermöglichen es Mitarbeitenden, sich selbst Ziele zu setzen. Doerr (2018) berichtet von mehreren Beispielen, in denen Mitarbeitende sich ambitioniertere Ziele gegeben haben, als es die Vorgesetzten getan hätten. Nicht etwa aus vorauseilendem Gehorsam, sondern weil sie die möglichen Ergebnisse besser einschätzen konnten als die Manager. Während die BSC genutzt wird, um mithilfe monetärer Anreize zur Zielerreichung zu motivieren, verzichten OKR auf dieses Mittel. Die BSC legt ferner weniger Wert auf die Zusammenhänge zwischen den Zielen als es – auch mithilfe der vielen notwendigen Meetings – bei OKR der Fall ist (Macharzina und Wolf 2023, S. 239).

Ein weiteres bedeutsames, wenngleich ‚weiches' Merkmal von OKR dürfte der Kulturwandel sein, den die radikale Transparenz der Ziele mit sich bringt. Bildhaft gesprochen hängen die OKR des aktuellen Zyklus' an jeder Bürotür. So kann jede*r sehen, woran die Kolleg*innen oder Vorgesetzten gerade arbeiten. In größeren Unternehmen wird dafür Software eingesetzt, in der jede*r einzelne ihre/seine OKR-Sets veröffentlichen und aktualisieren muss. Dies trägt dazu bei, Doppelarbeiten zu vermeiden, komplementäre Ziele zu identifizieren, sowie Zusammenarbeit und Innovation zu fördern. Nach dem Motto: „Du arbeitest gerade an dieser Sache? Ich kenne mich damit aus und habe vielleicht eine Lösung für Dich."

Der Vergleich von BSC und OKR zeigt, dass es einige Gemeinsamkeiten zwischen beiden gibt, jedoch werden auch Unterschiede sichtbar, vorwiegend in der Art der Umsetzung. BSC und OKR sind im Detail also doch recht unterschiedliche Instrumente bzw. Methoden, die je nach Zielsetzung und Betrieb unterschiedlich genutzt werden können.

4   OKR im Theatercontrolling

Zunächst gilt es zu bemerken, dass weder BSC noch OKR speziell für Controllingzwecke entwickelt wurden. Die BSC dürfte allerdings auch deshalb besonderen Anklang im Controlling gefunden haben, weil die Scorecard einen handlichen Berichtsbogen liefert. Eine Stärke liegt darin, Leistung multiperspektivisch zu betrachten. Auch externe Stakeholder verstehen schnell, warum der Erfolg von Theaterbetrieben nicht allein finanziell bewertet werden kann. Der Prozess, die BSC aufzustellen, kann unterschiedlich umfangreich gestaltet werden. Bestenfalls werden Ziele bis auf einzelne Mitarbeitende kaskadiert, was allerdings in der Praxis kaum zu beobachten ist. Die Berichtszyklen sind vergleichsweise lang, was es wiederum erschwert, die BSC im täglichen Handeln ‚zu leben‘. Die BSC funktioniert auch *top-down* gut und kann mit relativ wenig Aufwand eingeführt werden.

OKR erscheinen dagegen deutlich aufwendiger. Ihre Einführung ist eher eine Herausforderung der Organisationsentwicklung als des Controllings. OKR bedürfen deshalb auch umfangreicher Schulung des Führungspersonals. Die Methode ist dann effektiv, wenn die OKR gut formuliert werden, wenn sie von allen getragen werden, wenn die Zielerreichung sinnvoll reflektiert wird, und wenn sich daraus Lerneffekte ergeben. Kurz: Wenn der OKR-Prozess zum Bestandteil der Unternehmenskultur wird. Jedes Quartal aufs Neue die Schlüsselergebnisse auszuhandeln, ist zunächst für alle Beteiligten eine Herausforderung. OKR erfordern gute Führung und Mut zur Transparenz. Ist das OKR-Set allerdings vereinbart und das zyklische Verfahren etabliert, bieten die individuellen OKR-Sets die Möglichkeit einer besonderen Fokussierung. Allen ist klar, was sie tun müssen. Laut einigen Praxisberichten führt dies sogar zu einer deutlichen Stressreduzierung, schließlich wird ein solcher oft durch viele kleine Ablenkungen, Zusatzaufgaben, Abstimmungen oder schlicht Meetings ausgelöst, die nicht zum Erreichen der eigenen Ziele beitragen.

Während sich die BSC recht gut an das Theater- bzw. Berichtsjahr angleichen lässt, müssten vierteljährliche Berichtszyklen mit der Spielzeitidee abgestimmt werden. Künstlerische Bereiche denken vermutlich eher von Produktion zu Produktion, kaufmännische dagegen in Haushaltsjahren. Auch die OKR werden am Ende des Jahres in Zahlen gemessen, aber die Konstruktion ist umfassender. Deshalb haben Unternehmen, die OKR nutzen, sogenannte OKR-Champions, die das System zusammenhalten. Nicht jedes Theater wird sich diese Rolle leisten können oder wollen. Zwar bewegen sich auch Theater in einem dynamischen Umfeld, allerdings ist der „Markt" anders gelagert als bei erwerbswirtschaftlichen Unternehmen. Es gibt keinen vergleichbaren Innovationsdruck in der Produktentwicklung wie es bspw. bei Unternehmen in digitalen Märkten der Fall ist. Aus Controllingsicht spricht also einiges für die Balanced Scorecard im Theaterbetrieb. Allerdings wird bei genauerem Hinschauen sichtbar, dass es vorwiegend praktische, um nicht zu sagen bequeme Gründe sind.

OKR könnte mithilfe der Möglichkeiten der Selbstbestimmung und Partizipation helfen, die Mitarbeitenden stärker auf eine gemeinsame Vision einzuschwören. Voraussetzung ist eine gemeinsame Vision, aber das gilt auch für die BSC. Insbesondere im projektlastigen Theatergeschäft könnten sich die Vorteile von OKR entfalten und die Teamarbeit stärken. Denjenigen, die am nächsten ,am Kunden' arbeiten – im Theater beispielsweise Vertrieb-, Abo-Büro, Kasse oder Besucherservice – könnte mehr Autonomie und Entscheidungsspielraum gewährt werden, welche Objectives mit welchen Key Results verfolgt werden sollten. Die radikale Transparenz dürfte im kaufmännischen Bereich, der von öffentlicher Verwaltung und Bürokratie geprägt ist, ungewohnt sein, vielleicht sogar einen Kulturwandel bedeuten. Zugleich bieten sich dadurch Chancen für mehr horizontale Zusammenarbeit. Gerade im Mehrspartenbetrieb könnte dies einem Silo-Denken entgegenwirken.

Der Vergleich dürfte bereits andeuten, dass sich die Frage, ob Balanced Scorecard oder Objectives and Key Results das ,bessere System' ist, nicht ohne Weiteres beantworten lässt. OKR erscheinen als der flexiblere, weil agilem Arbeiten zuträglichere Ansatz. Die BSC ist geprägt vom Geist der 1980er Jahre, wo Kosteneffizienz, Flexibilität, kontinuierliche Verbesserung und Skaleneffekte großgeschrieben wurden. Sie versucht zwar, diesem Geist etwas Neues entgegen zu setzen, scheint ihm mit ihrem Fokus auf ,Performance Measurement' aber nicht so recht zu entkommen. Der partizipative Zielsetzungs- und Abstimmungsprozess, die Transparenz, die kurzen Zyklen und die Anpassungsfähigkeit sprechen in einer hochdynamischen Umwelt eher für OKR und tragen der Idee moderner Unternehmensführung Rechnung.

Beide Methoden erscheinen grundsätzlich für die Anwendung im Theater- und Orchesterbetrieb geeignet (Moores et al. 2023; siehe auch der Beitrag von Beat Fehlmann in diesem Band). Sie dürften zugleich dem Hindernis gegenüberstehen, dass Vision, Mission und Strategien selten so ausformuliert werden, dass sie als Basis für die Ableitung von Zielen und Maßnahmen dienen können und viele Unternehmenskulturen in Theaterbetrieben (noch) kein ‚agiles Mindset' pflegen.

5 Fazit

Der vorliegende Beitrag hat anhand eines Vergleichs die Charakteristika von Balanced Scorecard und Objectives and Key Results herausgearbeitet und ihren Einsatz im Theatercontrolling beleuchtet. Eine eindeutige Empfehlung, ob BSC oder OKR geeigneter ist, lässt sich nicht geben, da beide zwar ähnliche Ansätze verfolgen, in der methodischen Umsetzung jedoch jeweils Vor- und Nachteile mit sich bringen. Dass OKR die ‚neue Balanced Scorecard' seien, wie der Titel dieses Beitrags es in Anlehnung an eine Publikation zum Thema suggeriert, lässt sich nach Ansicht der Autoren nicht bestätigen. Auch wenn OKR derzeit im Zusammenhang mit agilen Managementmethoden in Mode zu sein scheinen, ist die Balanced Scorecard weiterhin eines der beliebtesten Managementinstrumente.

Literatur

Alberti, M. (2023). Wie die Einführung von OKRs gelingt. In: Controlling & Management Review, 67/1, S. 28–34.

Doerr, J. (2018). OKR Objectives & Key Results. Wie Sie Ziele, auf die es wirklich ankommt, entwickeln, messen und umsetzen. München. Vahlen.

Drucker, P. (1954). The Practice of Management. New York. Harper.

Engelhardt, P.; Möller, K. (2017). OKRs – Objectives and Key Results – Kritische Analyse eines neuen Managementtrends. In: Controlling. Horvath, P. et al. (Hrsg.). 2/2017. München. Vahlen.

Grove, A. S. (2020). High Output Management. Von der Fähigkeit, Unternehmen erfolgreich zu führen. München. Vahlen.

Horvath & Partner. (2004). Balanced Scorecard umsetzen. 3., vollständig überarbeitete Auflage. Stuttgart. Schäffer-Poeschel.

Kaplan, R. S.; Norton, D. P. (1992). The Balanced Scorecard – Measures That Drive Performance. Harvard Business Review. Jan/Feb1992, Vol. 70 Issue 1, S. 71–79.

Kaplan, R. S.; Norton, D. P. (1996). The Balanced Scorecard. Translating strategy into action. Boston. Havard Business School Press.

Kaplan, R. S.; Norton, D. P. (2007). Balanced Scorecard. In: Das Summasumarum des Managements. Boersch, C.; Elschen, R. (Hrsg.). Wiesbaden. Gabler.

Macharzina, K; Wolf, J. (2023). Unternehmensführung. Das internationale Managementwissen. Konzepte – Methoden – Praxis. 12. Aufl. Wiesbaden: SpringerGabler.

Mewes, S. (2020). Wirkungsorientiertes Produktmanagement mit OKR. In: Digitales Produktmanagement. Hoffmann, S. (Hrsg.). Wiesbaden. Springer.

Moores, S.; Sayed, N.; Lento, C.; Wakil, G. (2023). Leveranging the balanced scorecard to reformulate the strategy of a performing arts theater: a stakeholders' perspective. In: Journal of Applied Accounting Research. Vol. 24. Nr. 1. https://doi.org/10.1108/JAAR-11-2021-0308.

Niven, P. R.; Lamorte, B. (2016). Objectives and Key Results. Driving Focus, Alignment, and Engagement with OKRs. Wiley.

Steiber, A.; Alänge, S. (2014). A corporate system for continuous innovation: the case of Google Inc. European Journal of Innovation Management. Vol. 16 Nr. 2, 2013. Emerald Group Publishing Limited.

Stray, V.; Gundelsby, J. H.; Ulfsnes, R.; Moe, N. B. (2022). How agile teams make Objectives and Key Results (OKRs) work. In: Proceedings of the international Conference on Software and System Processes and International Conference on Global Software Engeneering. Mai 20–22. ICSSP'22. Pittsburgh.

Teipel, P.; Alberti, M. (2019). Vision und Strategie verwirklichen mit OKR. In: Controlling & Management Review 63, 34–39. Springer Gabler.

Watzka, K. (2017). Zielvereinbarungen in Unternehmen. Grundlagen, Umsetzung, Rechtsfragen. 2. Auflage. Wiesbaden. Springer.

Maurice Fangmeier hat seine Masterthesis an der Hochschule Emden/Leer zu OKR verfasst und arbeitet seit seinem Abschluss als Junior kaufmännischer Projektleiter bei der wpd Gmbh in Bremen.

Tom Koch ist Professor für Allgemeine Betriebswirtschaftslehre an der Hochschule Emden/Leer. Im Rahmen seiner Magisterarbeit hatte er eine BSC für das Theaterhaus Stuttgart konzipiert.

Perspektive: Lernen und Entwicklung

Aus dem Leben eines Theatercontrollers

Till Weiss

Inhaltsverzeichnis

Zusammenfassung

Controlling als unverzichtbarer Bestandteil des künstlerisch-technischen Prozesses erfordert nicht nur fundierte Kenntnisse des Rechnungswesens, sondern vor allem auch der betrieblichen Abläufe eines Theaters. Till Weiss erläutert nach über 30 Jahren Controlling im öffentlich-rechtlichen Theaterbetrieb sein Verständnis des Controllings im Theater als Navigationsfunktion und gibt einen Ausblick auf das, was in Zukunft noch kommt.

Schlüsselwörter

Navigation • Instrumente • Kosten- und Leistungsrechnung

1 Navigare necesse est

Die Menschheit braucht sicherlich die Seefahrt. Jeder Mensch benötigt aber – neben vielem anderen – unbedingt auch Kultur. Das Theater ist das Gedächtnis der Menschheit. Wie aber kann gewährleistet werden, dass sich Menschen an

T. Weiss (✉)
Staatstheater Kassel, Kassel, Deutschland
E-Mail: weiss@staatstheater-kassel.de

© Der/die Autor(en), exklusiv lizenziert an Springer Fachmedien Wiesbaden GmbH, ein Teil von Springer Nature 2024
P. Schneidewind et al. (Hrsg.), *Theatercontrolling*,
https://doi.org/10.1007/978-3-658-44984-1_16

Theateraufführungen erfreuen können und was kann der Controller dazu beitragen? Ohne kulturelles Angebot wäre eine Stadt nicht wirklich lebenswert.
Unternehmen würden sich hier nur zögernd ansiedeln, weil deren Mitarbeiter*innen in ihrer Freizeit kein kulturelles Angebot vorfänden. Theater als weiche
Standortfaktoren zu unterhalten, kostet zunächst einmal sehr viel Geld. Im Falle
öffentlich finanzierter Theater wird dieses Geld genauso aus Steuereinnahmen
finanziert wie der Bau und Unterhalt von Schulen, Schwimmbädern, Straßen,
etc. Geld ist eine knappe Ressource und nicht überall nimmt das Vorhalten eines
kulturellen Angebots den ersten Platz ein in der Reihenfolge der öffentlichen
Daseinsvorsorge. Stadtplaner haben inzwischen aber herausgearbeitet, dass sich
öffentlich finanzierte Theater „lohnen", da sie Wertschöpfungsketten erzeugen:
Als Arbeitgeber und Auftraggeber genauso wie als Reiseziele und Freizeitan-
gebote. Die Theatermacher haben nicht weniger als die kulturelle Versorgung
der Bevölkerung zum Auftrag; gleichzeitig müssen sie aber auch wirtschaftlich
handeln: Das Publikum möchte geistig angeregt und unterhalten werden, die
Theaterkarten müssen aber auch erschwinglich sein. In diesem Spannungsfeld
einen Spielplan zu verwirklichen und ohne Budgetüberschreitungen das Haus-
haltsjahr abzuschließen, gehört genauso zum Theatermachen wie der Vorhang,
der allabendlich hochgehen muss.

Für die Leitung eines Theaters gibt es zahlreiche Klippen und Untiefen finanzieller Art, deren zerstörerische Wirkung niemand wirklich erleben möchte. Hier
betritt der Theatercontroller oder die Theatercontrollerin die Bühne. So wie der
Kapitän eines Schiffs nicht alle Untiefen in den Häfen fremder Länder kennen
kann, brauchen auch Theaterleitungen jemanden, der sie im Theateralltag mit
seinen vielen arbeitsteiligen Prozessen auf verborgene Risiken hinweist und im
Ernstfall rechtzeitig die rote Lampe anschaltet: Auch im Theater übernehmen
Controller*innen die Lotsenfunktion – es geht im wahrsten Sinne des Wortes
ums Navigieren. Jahresbudgets in Spielplanabsichten umzusetzen, erfordert die
Kreativität der Künstler. Die Überprüfung dieser Ideen auf ihre finanzielle Reali-
sierbarkeit erfordert sowohl Verständnis von den Abläufen in einem Theater als
auch die Befähigung, die Teilprozesse des Theatermachens von der Spielplani-
dee bis zum Abspielbescheid einer Produktion in Zahlen übersetzen zu können.
Es geht dabei nicht nur darum, die vorhersehbaren Kosten einer Spielplanabsicht
den gegebenen Budgets gegenüberzustellen, sondern auch im Haushaltsvollzug
die Einhaltung der verabschiedeten Budgets zu überwachen und im Bedarfsfall
Warnungen auszusprechen. Die wesentlichen Instrumente des Theatercontrollings
zur Wahrnehmung dieser Aufgaben sind nicht Sextant oder Echolot, sondern die
berühmten „Excel"-Tabellen.

Die Kosten- und Leistungsrechnung (KLR) ist ein zentrales Instrument im Controlling. BWL-Studierende lernen sie bereits im Grundstudium kennen. Wie misst man Leistungen in der Welt der darstellenden Künste? Zuschauerbefragungen sind zum Beispiel hilfreich, um die Reichweite einer Kulturinstitution oder die Kundenbindung zu ermitteln. Durch Gegenüberstellung von Platzangebot und verkauften Tickets lassen sich Kapazitätsauslastungen ermitteln und öffentlich als Erfolgsmerkmal präsentieren. Das Konzept der Balanced Scorecard versucht, mithilfe eines Ampelsystems weitere Hilfestellungen zu bieten. Ob aus den so gewonnen quantitativen Erkenntnissen aber ein Rückschluss auf die „Leistung" der dargebotenen Kunst gezogen werden kann, muss bezweifelt werden. Denn Kunst an sich ist nicht messbar. Kunst ist vor allem frei. Diese Freiheit garantiert Artikel 5 Grundgesetz, der jegliche Einflussnahme auf den künstlerischen Entstehungsprozess verbietet. Die einzig wirkliche Begrenzung, der sich die Theater machenden Künstler*innen gegenübersehen, ist das verfügbare Budget. Dieses muss aber unbedingt eingehalten werden. Wie kann das gelingen in einer Institution, die in der Regel dem Staat gehört?

Die Aufwendungen zur Errichtung und/oder Instandhaltung eines Theatergebäudes mit all seinen Einrichtungen hängen ohne jeden Zweifel eng mit dem politischen Auftrag zur kulturellen Versorgung der Bevölkerung zusammen. Die Bereitstellung eines Theaterbetriebs wiederum verursacht vor allem Kosten, auf deren Entstehung und auf deren Verlauf die Theatermacher wenig Einfluss haben. Die Instandhaltung des Theatergebäudes ist zwar existenziell. Für die Realisierung eines Spielplans sind aber nur die beeinflussbaren, variablen Kosten und die erzielbaren Einnahmen der Theaterproduktionen steuerungsrelevant. Theater benötigen also eine Teilkostenrechnung. Rund 80 % eines Theaterhaushalts sind Personalkosten. Der größte Anteil davon betrifft die Ausgaben für Ensembles, technische Mannschaften, Chor, Orchester – und die Verwaltung. Diese Kollektive sind in der Regel mit länger- und langfristigen Arbeitsverträgen an das jeweilige Theater gebunden. Allein die Ausgaben für künstlerische Gäste (der sog. Gast-Etat) und der Ausstattungsetat für Bühne / Kostüm / Maske sind variable Kostenarten, mit denen der Haushaltvollzug auf der Kostenseite gesteuert werden kann. Jedes steuerfinanzierte Theater wird einen Eigenbetrag zur Finanzierung seines Betriebskostenetats erbringen müssen. Etwaige Mehrausgaben kann sich ein Theater erst dann leisten, wenn dieses Einnahme-Soll erreicht ist. Ob das aber auch tatsächlich gelingt, zeigt sich in der Regel erst gegen Ende eines Haushaltsjahres. Künstlerische Verpflichtungen hingegen benötigen eine gewisse Vorlaufzeit und können meist nicht erst ad hoc am Jahresende getätigt werden. Die Leitung eines Theaters muss also ins Obligo gehen, wenn sie auf Mehreinnahmen setzt, um ihre Spielplanabsichten an das Haushaltssoll anzupassen und die Einsparpotentiale auf der Kostenseite bereits erschöpft sind. Die Ungewissheit zu erzielender Einnahmen steht der Endgültigkeit vertraglich eingegangener Verpflichtungen gegenüber. Deshalb ist es dringend geboten, vor jedem Engagement den finanziellen Verfügungsrahmen festzulegen, innerhalb dessen sich jede Verhandlung von Vertragskonditionen bewegen muss. Die künstlerisch Verantwortlichen tun gut daran, ihre Spielplanabsichten zusammen mit dem Controlling „ex ante" durchzurechnen, bevor sie Aufführungsverträge und/oder Gastverträge abschließen. Das Ergebnis dieser „Rechenrunden" sind kleinteilige operationale Budgets, deren Summe den verfügbaren Gesamtetat natürlich nicht überschreiten darf. Es liegt in der Natur der darstellenden Kunst, dass die meisten Theaterkünstler*innen in ihren Theaterlaufbahnen mehrere Arbeitgeber haben werden. Mit dem zur Verfügung gestellten Budget ausgekommen zu sein und gleichzeitig der Öffentlichkeit ambitionierte Spielpläne präsentiert zu haben, wird dispositiv tätigen Künstler*innen bei ihren künftigen Vertragsverhandlungen definitiv behilflich sein. Intendant*innen, Disponent*innen und künstlerische Spartenleiter*innen haben also immer ein Eigeninteresse daran, dass in „ihrem" Theater das Controlling funktioniert!

Theatercontrolling gelingt immer dann, wenn der Esprit des Theatermachens das Controlling-Büro erreicht hat. Ob das geschieht, lässt sich aber nicht vorhersagen.

2   Daten(bank)analyse und Tessitura

Theatercontroller*innen arbeiten mit demselben Instrumentarium aus Zahlen und Daten wie industriell tätige Controller. Die zu erstellenden Kostenstellenberichte, Einnahmeauswertungen und Produktionskalkulationen der verschiedenen Theaterhäuser werden sich in Form und Inhalt nicht sehr voneinander unterscheiden. Und auch in der Industrie werden solche Berichte gefertigt und den Berichtsempfängern vorgelegt. Hier wie dort dienen sie der Unternehmensleitung zur Budgetsteuerung und Früherkennung ungewollter Entwicklungen. Besonderes Merkmal des Theatercontrollings ist es, sich einzubringen in einen hochgradig arbeitsteiligen, weitestgehend von Menschen gestalteten künstlerisch-technischen Prozess, aus dem im Idealfall unvergessliche Theaterabende hervorgehen können. Zur Aufgabenerfüllung benötigt das Theatercontrolling einerseits all jene Informationen, die das externe Rechnungswesen bereitstellt. Verständnis für den Umgang mit der einschlägigen Rechnungswesen – Software gehört also zur Grundausstattung der Theatercontroller. Der/die Theatercontroller*in muss die Logik der Buchhaltung verinnerlicht haben. Gleichzeitig muss er/sie in der Lage sein, aus der Vielzahl verfügbarer Daten die für das Controlling relevanten Informationen auszuwählen und zu bearbeiten. Controller leisten (Lotsen-) Dienste für Unternehmens-/Theaterleitungen. Es ist erforderlich, dass Controller ihre „Instrumentarien" (Excel-Tabellen etc.) möglichst auf tagesaktuellem Stand halten. Andererseits bedeutet das aber auch, dass es im Controlling immer um die Aufbereitung wesentlicher Informationen geht. Nicht die zweite Stelle hinter dem Komma, sondern die Stellen vor dem Komma sind die wichtigen. Die Arbeitsergebnisse des Controlling müssen zudem jederzeit kurzfristig abrufbar sein. Das Spannungsfeld des Theatercontrolling reicht also von der Identifizierung steuerungsrelevanter Daten aus der Finanzbuchhaltung über deren zielgerichtete Aufbereitung im theater- bzw. produktionsspezifischen Kontext bis hin zu deren Präsentation vor den Informationsempfängern der Kunst und/oder der Verwaltung. Das grundlegende Handwerk des Controllers / der Controllerin ist das Rechnen. Controller*innen sind aber keine „Rechenknechte". Vielmehr müssen sie ihre selbst erarbeiteten Zahlen und Daten ständig in Bezug auf den jeweils beabsichtigten Erkenntnisgewinn evaluieren. Dieses „Frage-Antwort-Spiel" mit der Zahl, einem schweigenden Gesprächspartner, ist ein typisches Merkmal des Controlling, nicht nur im Theater. Ob ein Glas halbvoll oder halbleer ist, vermögen die Meisten problemlos einzuschätzen. Welche es Auswirkung es aber hat, wenn jemand in einem großen Räderwerk an einer kleinen Stellschraube zu drehen beabsichtigt, erfordert fachspezifisches Detailwissen. Controlling erarbeitet sich aus vorhandenen Daten eine Datenbasis, um daraus für den jeweiligen Steuerungszweck relevante Informationen zu gewinnen. Dieser Prozess ist reines Handwerk, für das eine „gewisse" Zahlenaffinität durchaus hilfreich ist. Auf die Erkenntnisse des Controlling verlassen sich die Verantwortlichen bei der Wahrnehmung ihrer Leitungsfunktionen. Im Dialog mit den Berichtsempfängern sollte die kollegiale Überprüfung der vorgelegten Ergebnisse auf Plausibilität selbstverständlich sein – errare humanum est!

Andererseits ist das fachspezifische Wissen von Künstlergagen, Probenzeiten, Stimmumfang und Casting, um nur einige Stichpunkte zu nennen, nicht Gegenstand der Ausbildung von Controller*innen. In diesen Fragen sind die Theatercontroller*innen auf den Input der fachlich Verantwortlichen angewiesen, die ihrerseits eine unabdingbare Bringschuld gegenüber dem Controlling haben: Das künstlerisch-technisch-dispositive Fachwissen ist für die Berechnung der Kostenverläufe eines Theaters unabdingbar. Es hat sich nachhaltig bewährt, mit den Kolleg*Innen, der Kunst, der Technik und der Disposition den Bearbeitungsstand der Planrechnungen regelmäßig abzugleichen und zu aktualisieren.

Spätestens mit Veröffentlichung des nächsten Spielplans wird man im Controlling feststellen, ob der von den künstlerischen Fachabteilungen übermittelte Dateninput vollständig war...

Theater arbeiten wie Werkstattbetriebe: Jede Theaterproduktion ist eine Einzelfertigung, die in den Kostümwerkstätten, der Maskenbildnerei, Schreinerei, Schlosserei, Dekoabteilung, auf den Probebühnen, im Orchesterprobe- und im Chorsaal oder in den Solo-Studierzimmern „hergestellt" wird. Theater wird von Menschen mit Menschen für Menschen gemacht! Das alles funktioniert nur dank einer Disposition, die die Fertigstellung all dieser Teilprozesse „just in time" wenige Tage vor dem Premierendatum steuert! Kommunikation und Teamgeist sind die Voraussetzungen für die Teilnahme an diesem hochgradig arbeitsteiligen Prozess. Dies gilt insbesondere auch für das Controlling, das die Arbeitsprozesse in Zahlen abbilden muss. Plan-Ist-Abweichungen kommen immer wieder vor. Aus ihnen kann man vor allem lernen, an welcher Stelle die Kommunikation bzw. der Dateninput künftig noch besser werden kann.

3   Taxonomie

Wem die Ex-ante-Berechnung produktionsspezifischer Kostenverläufe, der Abgleich mit dem IST und das periodische Berichtswesen noch nicht genug sein sollte, der wird sich auf die Herausforderungen freuen, die sich dem Controlling durch die Bekämpfung der Folgen des Klimawandels stellen (werden): Europaweit werden im Rahmen der „Taxonomie" bekanntlich verpflichtende ESG-Normen eingeführt, um jeden Fertigungsprozess klimaneutral zu gestalten. Aus ersten Modellrechnungen ist bekannt, dass es durch die Taxonomie zu enormen Kostensteigerungen kommen wird. Die Materialkosten für jedes selbst gefertigte Bühnenbild werden also genauso explodieren wie beispielsweise die Reisekosten für die An- und Abreise künstlerischer Produktionsgäste. Welche Finanzierungsquellen zur Kompensation dieser Mehrkosten verfügbar sein werden, ist noch nicht bekannt. Schon heute stellt jede tarifliche Lohnerhöhung viele Theater vor große finanzielle Herausforderungen. Die Auswirkungen der taxonomie-getriebenen Kostensteigerungen dürften diesen Effekt aber noch deutlich übertreffen. Ziemlich gewiss ist, dass das Controlling hier stark gefordert sein wird, um die alternativen Kostenverläufe etwaiger Handlungsoptionen zu ermitteln. Dennoch gilt heute wie in Zukunft: „Theater muss sein". Denn der Mensch braucht Kultur. Immer.

Eine Rolle im Wandel – Welche Fähigkeiten brauchen Theatercontroller*innen heute und morgen?

Tom Koch

Inhaltsverzeichnis

Zusammenfassung

Im Forum Theatercontrolling wird neben vielen weiteren Themen auch das Selbstverständnis von Theatercontroller*innen reflektiert. Im Whitepaper „Controlling im Theater" (2019) wurde ein Leitbild für Theatercontroller*innen vorgestellt und das Selbstverständnis mithilfe einer Befragung ermittelt. Der vorliegende Beitrag geht der Frage nach, ob und inwiefern sich das Controller*innenbild im Wandel befindet. Als Datengrundlage wurden dafür Stellenanzeigen analysiert, in denen Controller*innen für Theater- und Orchesterbetriebe gesucht wurden. Der Beitrag geht damit auf aktuelle Anforderungen ein, welche die Arbeitgeber in Stellenanzeigen formulieren. Anhand der im Bildungsbereich virulenten Diskussion um sogenannte „Future Skills" wird zudem ein Ausblick gegeben, auf welche Fähigkeiten und Kompetenzen es in den kommenden Jahren besonders ankommt, und was dies für eine Weiterentwicklung des Rollenbilds Theatercontroller*in bedeutet.

T. Koch (✉)
Hochschule Emden/Leer, Leer, Deutschland
E-Mail: tom.koch@hs-emden-leer.de

© Der/die Autor(en), exklusiv lizenziert an Springer Fachmedien Wiesbaden GmbH, ein Teil von Springer Nature 2024
P. Schneidewind et al. (Hrsg.), *Theatercontrolling,*
https://doi.org/10.1007/978-3-658-44984-1_17

Schlüsselwörter

Rollenbild • Future Skills • Anforderungsprofil • Arbeitsmarkt

1 Das Theatercontroller*innenleitbild

In Anlehnung an das allgemeine „Controller-Leitbild" der International Group of Controlling (IGC) hatten die Autor*innen des Whitepapers „Controlling im Theater" das Theatercontroller*innen-Leitbild wie folgt entwickelt (Schneidewind/ Schößler 2019a, S. 5):

„Theater-Controller*innen…

- gestalten und begleiten den Theatermanagement-Prozess der Zielfindung, Planung und Steuerung, sodass jeder Entscheidungsträger zielorientiert handeln kann.
- sorgen für die bewusste Beschäftigung mit der Vergangenheit, Gegenwart und Zukunft und ermöglichen dadurch, Chancen wahrzunehmen und mit Risiken umzugehen.
- integrieren die Ziele und Pläne aller Beteiligten zu einem abgestimmten Ganzen.
- entwickeln und pflegen die Controlling Systeme. Sie sichern die Datenqualität, wählen die passenden Instrumente und stellen entscheidungsrelevante Informationen zur Verfügung.
- sind als ‚betriebswirtschaftliches Gewissen' dem Wohl der Theaterorganisation als Ganzes verpflichtet."

Um diese normative Setzung praktisch zu überprüfen, hatte der Beirat des Forums Theatercontrolling eine Umfrage in deutschen Theatern durchgeführt, in der neben organisatorischen und strukturellen Fragen, sowie Schwerpunkten und Instrumenten des Theatercontrollings auch nach dem Controlling-Verständnis und dem Controllerbild gefragt wurde (Schneidewind/Schößler 2019b, S. 26 ff.).

Unter anderem ging aus der Befragung hervor, dass sich Controlling zunehmend organisatorisch etabliert, was sich an einer wachsenden Zahl an Controllingstellen zeigt. Zudem konnte festgestellt werden, dass die häufig von Außenstehenden mit dem Controllingbegriff assoziierte Kontrolle zwar zu den Aufgaben gehört – so wird bspw. in Form von Abweichungsanalysen die Planung kontrolliert – jedoch verstehen sich die Controller*innen an deutschen Theatern selbst nicht als „Kontrolleure". Vielmehr erfüllen sie sehr vielseitige Aufgaben und sehen ihre Funktion vor allem darin, Transparenz zu schaffen und Daten für Planung, Kalkulation und Entscheidungsfindung bereit zu stellen. Entsprechend konnten sich die Befragten am stärksten mit dem Bild vom „Meister der Zahlen" identifizieren. Die zweithöchste Zustimmung fand das Bild des „Business Partners". Als „Leader" verstanden sich die mit Controlling betrauten Personen ebenso wenig wie als „Kontrolleure" (ebd.).

2   Was suchen die Theater- und Musikbetriebe?

Um einen Eindruck zu gewinnen, was heute von Controller*innen im Theater verlangt wird, wurde für diesen Beitrag eine Analyse von Anforderungsprofilen unternommen, die in Stellenanzeigen auf dem einschlägigen Portal www. kulturmanagement.net zwischen Mitte 2019 und Mitte 2023 veröffentlicht wurden. Das Portal ist laut eigener Aussage „[...] der größte Fach-Stellenmarkt für den Kulturbereich im deutschsprachigen Raum" (kulturmanagement.net, o. J.). Im genannten Zeitraum wurden insgesamt 3429 Stellen in den drei für das Controllingfeld relevanten Tätigkeitsbereichen Finanzen/Controlling, Geschäftsführung/ Kaufm. Leitung, sowie Verwaltung/Administration veröffentlicht.[1]

Insgesamt zeigt die Auswertung der Anzeigen eine bemerkenswerte Vielfalt von 2605 unterschiedlichen Stellenbezeichnungen. Es ist auffällig, dass von der Assistenz der künstlerischen Leitung, über das Künstlerische Betriebsbüro bis zum Wissenschaftlichen Volontariat die unterschiedlichsten Stellen mit administrativen Aufgaben betraut sind. Auch wenn es eine reizvolle Aufgabe wäre, die Anforderungen all dieser Stellen und Berufe zu analysieren, Spartenvergleiche zu unternehmen oder gar langfristige Entwicklungen nachzuzeichnen, so wurde für den vorliegenden Beitrag aus inhaltlichen und praktischen Gründen eine Auswahl getroffen, die sich eng am Controller*innenbild orientiert. Um die Analyse auf Theatercontroller*innen zu fokussieren, wurden mehrere Auswahlfilter genutzt: Die Stellenbezeichnung muss Formen des Begriffs „Controlling" bzw. „Controller*in" enthalten. Dadurch wurden bewusst auch artverwandte Stellen – etwa aus den Bereichen Buchhaltung, Rechnungswesen oder allgemeine Verwaltung – ausgeklammert. Unberücksichtigt blieben ferner Stellen, in denen kein Anstellungsverhältnis angeboten wurde, insbesondere Praktika und freie Mitarbeit. Leitungspositionen wurden ebenso wenig berücksichtigt wie Assistenzstellen. So sollten diejenigen Stellen herausgearbeitet werden, in denen die Person die hauptamtliche Verantwortung für das bzw. für ein Controllinggebiet

---

[1] Diese Kennzeichnungen dienen der leichteren Suche von Interessierten auf dem Stellenportal und werden von den Inserierenden selbst ausgewählt. Die Daten wurden in Form einer CSV-Datei vom Betreiber des Portals zur Verfügung gestellt und mittels einer vereinfachten strukturierten Inhaltsanalyse ausgewertet.

innehat. Die Auswahl wurde auf Angebote aus dem Bereich der darstellenden Kunst und Musik fokussiert. Wurden Stellen im Auswertungszeitraum mehrfach ausgeschrieben, wurde nur die jüngste Ausschreibung berücksichtigt. Im Ergebnis wurden 42 Ausschreibungen untersucht, die sich im engeren Sinne als „Theatercontroller*innen" verstehen lassen. Diese Stellenbezeichnung wurde in den Ausschreibungen übrigens nicht genutzt. Die häufigste Bezeichnung ist schlicht „Controller*in" oder „Finanzcontroller*in".

Aus den Stellenausschreibungen wurden die Anforderungen an die Bewerber*innen isoliert. In den Stellenausschreibungen sind diese Anforderungen, die in jede Ausschreibung gehören, bspw. mit „Das bringen Sie mit", „Das erwarten wir von Ihnen" oder „Ihr Profil" überschrieben. Zur Kategorisierung der Anforderungen wurde die in Abb. 1 dargestellte Systematik gewählt.

Unterschieden werden demnach acht Anforderungskategorien, die in soziale Anforderungen einerseits und fachliche/kognitive Anforderungen andererseits unterschieden werden. Im Folgenden wird anhand dieser Kategorien die Auswertung der Stellenanzeigen vorgestellt. Interessanterweise repräsentiert die Grafik, im Uhrzeigersinn beginnend mit den fachlichen Kompetenzen, die übliche Reihenfolge der Nennungen in den Stellenanzeigen. Ob dies als Hinweis darauf zu

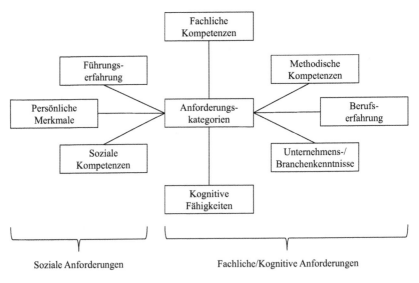

Abb. 1 Anforderungskategorien (Stock-Homburg und Groß, 2019, S. 149)

deuten ist, dass fachliche Kompetenzen in der Bewertung von Bewerbungen eine Priorität bspw. gegenüber sozialen Kompetenzen genießen, kann an dieser Stelle nicht beantwortet werden.

- *Fachliche Kompetenzen:* Sie werden in Stellenausschreibungen vorwiegend an der Ausbildung festgemacht. Mit Ausnahme von zwei sehr knapp gehaltenen Ausschreibungstexten enthalten alle analysierten Ausschreibungen ausbildungsspezifische Anforderungen. In etwa der Hälfte der Fälle wird ein wirtschaftswissenschaftliches Studium mit relevantem Schwerpunkt (z. B. Controlling/Rechnungswesen) gefordert. Die andere Hälfte der Ausschreibungen fordert eine kaufmännische Ausbildung, häufig mit einschlägiger Zusatzqualifikation, z. B. „Weiterbildung zum/zur Controller*in (IHK)“. In aller Regel werden vergleichbare Qualifikationen ausdrücklich anerkannt.
- *Methodische Kenntnisse:* Sie beziehen sich auf den Umgang einer Person mit bestimmten Problemstellungen und werden in fast allen Ausschreibungen genannt. Wichtigste Methodenkenntnis als Theatercontroller*in ist das Microsoft Office-Paket, insbesondere Microsoft Excel. In 9 von 10 Ausschreibungen wird Excel-Expertise gefordert, was die Ergebnisse der Befragung des Forums Theatercontrolling (2019) zu den wichtigsten „Werkzeugen“ von Theatercontroller*innen bestätigt. Neben MS Excel werden in 29 der 42 Ausschreibungen (69 %) Kenntnisse in Anwendungen wie Datev, SAP und weiteren Softwarelösungen gefordert. An dritter Stelle der Methodenkompetenzen folgen Fremdsprachenkenntnisse, insbesondere Englisch, was in 16 Ausschreibungen (38 %) genannt wird. Spezifische Kenntnisse des Handels- und Steuerrechts, teilweise auch des Haushalts-, Vergabe- oder Vereinsrechts werden in etwa jeder fünften Ausschreibung ergänzend gefordert.
- *Berufserfahrung:* Stellen im Theatercontrolling sind aus Sicht der Arbeitgebenden offenbar keine Einstiegsstellen – in 90 % der Ausschreibungen wird einschlägige, oft mehrjährige Berufserfahrung gefordert. In einzelnen Ausschreibungen wird zudem explizit Erfahrung in der Zusammenarbeit mit Wirtschaftsprüfer*innen gefordert oder als wünschenswert genannt.
- *Unternehmens-/Branchenkenntnisse:* In 26 der 42 untersuchten Ausschreibungen (62 %) werden Kenntnisse des Kulturbereichs (oder wenigstens allgemeines Interesse an Kultur) als vorteilhaft oder wünschenswert genannt. Dies lässt sich als Spezifikum des Kulturbereichs bzw. Kulturmanagements deuten und dürfte implizit auch eine gewisse „Sensibilität“ für künstlerische Belange und Charaktere enthalten.
- *Kognitive Fähigkeiten:* Mit einer Ausnahme werden in allen Stellenausschreibungen (98 %) kognitive Anforderungen beschrieben. Diese werden in

teilweise sehr unterschiedlicher Weise formuliert. Im Kern lässt sich das kognitive Anforderungsprofil von Theatercontroller*innen aber wie folgt verdichten: Analytisches und konzeptionelles Denkvermögen, gepaart mit einer selbständigen, strukturierten, sorgfältigen und verantwortungsbewussten Arbeitsweise. Diese Fähigkeiten sind in fast allen Ausschreibungen zu finden. Ergänzt wird dieses Kernprofil in mehreren Ausschreibungen durch Lösungs- und Serviceorientierung, Flexibilität, in einigen auch durch Neugier, Kreativität, sowie Verhandlungs- und Vermittlungsgeschick. Auffällig ist, dass derlei ergänzende und im Bereich Controlling vielleicht sogar unerwartete Anforderungen eher in neueren Ausschreibungen zu finden sind. In einer der jüngsten betrachteten Ausschreibungen werden „Genderkompetenz und Diversitätsüberzeugung" verlangt – ein Thema, mit dem sich auch das Forum Theatercontrolling in einem seiner Treffen bereits beschäftigt hat.

- *Soziale Kompetenzen:* Diese Kategorie wird in 37 der 42 Ausschreibungen (88 %) erwähnt. Es lässt sich eine bemerkenswerte Einigkeit darüber erkennen, was Controller*innen mitbringen müssen, denn es handelt sich fast ausnahmslos um Team- und Kommunikationsfähigkeit. In einzelnen Ausschreibungen werden auch Verbindlichkeit und Vertrauenswürdigkeit als soziale Kompetenzen genannt.

- *Persönliche Merkmale:* Hierunter werden in der Person liegende Fähigkeiten verstanden. In den analysierten Ausschreibungen wird für 14 von 42 (33 %) Stellen darauf Bezug genommen. Der überwiegende Teil davon bezieht sich auf Leistungsbereitschaft (auch: Motivation, Engagement, Einsatzbereitschaft), Belastbarkeit, Durchsetzungsvermögen und Flexibilität. Wer einmal im Theater gearbeitet hat, wird nachvollziehen können, warum die ausschreibenden Häuser widerstandsfähige Controller*innen suchen. In einer Ausschreibung wurde unverblümt „Stressresistenz" gefordert.

- *Führungskompetenzen:* Da es sich in allen untersuchten Fällen bewusst um Stellen ohne Führungsverantwortung handelt, gab es in dieser Kategorie keine Nennung.

Obschon die dargestellte Untersuchung lediglich als Einblick in die Anforderungsprofile an Controller*innen verstanden werden sollte und keinen Anspruch auf Vollständigkeit oder gar Repräsentativität erhebt, lässt sich anhand der Auswertung doch ein recht scharfes Bild dessen zeichnen, was derzeit von Theatercontroller*innen verlangt wird: Eine solide, fachspezifische Ausbildung (jedoch nicht zwingend ein Hochschulstudium); Methodenkenntnisse besonders im Bereich der Controlling-Instrumente und -Software; einschlägige Berufserfahrung; ein breites Set an kognitiven Fähigkeiten rund um analytisches Denken,

Selbständigkeit und Korrektheit; Team- und Kommunikationsfähigkeit; sowie Belastbarkeit und Flexibilität. Zugleich wird sichtbar, dass diese recht „klassischen" Anforderungen zunehmend um Begriffe wie Systemdenken, Kreativität, Verhandlungsgeschick oder Serviceorientierung ergänzt werden. Keine Spur also vom „Kontrolleur" oder gar „Rechenknecht", der im dunklen Kämmerlein vor sich hin kalkuliert und regelmäßig Zahlenberichte abliefert. Im Gegenteil: Bei aller methodischen Vorsicht bei der Interpretation der Ergebnisse ist eine Weiterentwicklung des Controller*innenprofils gut zu erahnen. In der Untersuchung des Forums Theatercontrolling von 2019 hatten die befragten Controller*innen einem Selbstbild vom „Meister der Zahlen" zugestimmt, was eine Spezialistenrolle andeutet. Aus den Stellenausschreibungen von 2019 bis 2023 lässt sich nun ein vielseitigeres Bild nachzeichnen, welches zunehmend fachübergreifende Fähigkeiten enthält. Ausgeprägte Team- und Kommunikationsfähigkeit sind Standardanforderungen. Die Analyse der Ausschreibungen zeigt ein Bild von Theatercontroller*innen, welches zwar weiter stark von Fach- und Methodenkompetenzen geprägt ist, aber zusätzlich großen Wert auf soziale und kognitive Fähigkeiten legt. Theatercontroller*innen sind in der Sache Spezialist*innen ihres Fachs und in der Arbeitsweise Generalist*innen mit hohen sozialen und kognitiven Anforderungen. Es ließe sich durchaus schlussfolgern, dass Theater nach dem suchen, was sich als „Business Partner" bezeichnen lässt. In Bezug auf diese Rolle zitierte das Whitepaper von 2019 eine Aussage aus einem Fachmagazin: „Das Berufsbild des Controllers erlebt einen Rollenwandel hin zum Business Partner als Coach, der [...] dem Management beratend zur Seite steht" (Baumöl & Perscheid 2019, S. 38). War dies vor einigen Jahren noch das nachrangige Selbstbild der Controller*innen, ist es heute klar erkennbar das Anforderungsprofil für Neueinstellungen.

3   Wie entwickelt sich das Controller*innenbild (vielleicht) weiter?

Die oben festgestellte Tendenz zu einer stärkeren Bedeutung von sozialen und kognitiven Fähigkeiten in Stellenausschreibungen von Theatern korrespondiert mit einer Entwicklung in anderen Bereichen. Im Bildungssektor gibt es derzeit wenige Themen, die stärker diskutiert werden als Kompetenzorientierung. Auch ,das' Controlling beschäftigt sich vermehrt mit dem Thema, u. a. widmete der Schweizer Ableger der Internationalen Controllervereins (ICV) seine Jahrestagung 2023 den „Future Skills im Controlling" (ICV 2023) und auch in der Controlling-Fachpresse wird Kompetenzen im Zuge des Rollenwandels im

Controlling zunehmend Bedeutung beigemessen (u. a. Mens 2022, Stehle et al. 2021, Thienemann/Falter 2022). Die digitale Transformation von Unternehmen im Allgemeinen und der Hype um datengetriebenes Controlling und generische Anwendungen Künstlicher Intelligenz im Speziellen, verstärken den Diskurs um die Frage, was Controller*innen in Zukunft können müssen.

Vereinfacht gesagt wird zunehmend anerkannt, dass Faktenwissen an Bedeutung verliert und übergeordnete Kompetenzen an Bedeutung gewinnen. Das heißt nicht, dass Teamfähigkeit, Lösungsorientierung und Kreativität Fachwissen und Methoden ersetzen sollen. Eine VUCA- oder BANI-Welt[2], die brüchig, non-linear, angespannt und mehrdeutig ist, lässt sich aber nicht mehr mit fachlichem Know-How allein bewältigen. Es bedarf der Kompetenz, das Wissen auch sinnvoll anzuwenden. Daher gilt es, Fähigkeiten zu erlernen und weiterzuentwickeln, die beispielsweise helfen, komplexe und neuartige Probleme zu lösen, Ambiguität auszuhalten, kreative Wege für Herausforderungen zu finden oder unterschiedliche Interessen auszugleichen.

Diese hier durchaus verkürzte Diskussion wird auch unter dem Schlagwort *Future Skills* geführt, wobei zunächst einige Begriffsklärungen hilfreich erscheinen. In der statistischen Arbeit der Europäischen Union wird wie folgt definiert (Eurostat 2016, S. 4 f.):

- Persönliche Eigenschaften (personal attributes) sind Persönlichkeitsmerkmale, Verhaltensdispositionen und physische Merkmale, die auf dem Arbeitsmarkt einen Wert haben können.
- Wissen (knowledge) ist die Gesamtheit von Fakten, Grundsätzen, Theorien und Praktiken.
- Fertigkeiten (skills) sind die Fähigkeit, Wissen anzuwenden, um Aufgaben zu erledigen und Probleme zu lösen.
- Kompetenz (competency) ist die Fähigkeit, Wissen und Fertigkeiten in realen Kontexten und Situationen angemessen anzuwenden.

Ergänzend dazu sind Fähigkeiten die „[…] geistige, praktische Anlage, die zu etwas befähigt. Fähigkeiten können sowohl angeboren *(Begabungen)* als auch erworben *(Fertigkeiten)* sein und variieren nach dem Grad ihrer Ausprägung von Person zu Person." (Nissen, o. J.).

Skills sind also die Fähigkeiten (bestehend aus Begabungen und Fertigkeiten), die gemeinsam mit Wissen die Voraussetzung für kompetentes Handeln

---

[2] Siehe der Beitrag des Autors zum Theatercontrolling 2030 in diesem Band.

darstellen. Kompetenz ist „[…] die Verbindung von Wissen und Können in der Bewältigung von Handlungsanforderungen" (bibb, o. J.).

Wer kompetent ist, kann nicht nur Aufgaben erledigen, sondern auch Neues schaffen bzw. in neuartigen Situationen angemessene Lösungen finden. Routineaufgaben erfordern demgegenüber nur wenig Kompetenz und lassen sich entsprechend leichter automatisieren. Kompetenzorientierung hat damit auch das Ziel, Menschen in die Lage zu versetzen, eine Leistung zu erbringen, die nicht oder nur schwer automatisierbar oder standardisierbar ist, und so vor Rationalisierung zu schützen.

Was also sind *Future Skills?* In Anbetracht seiner hohen Präsenz in Ausbildungs- und Arbeitsmarktdiskussionen ist der Begriff erstaunlich unbestimmt:

> „[…] branchenübergreifende Fähigkeiten, Fertigkeiten und Eigenschaften, die in den kommenden fünf Jahren in allen Bereichen des Berufslebens und darüber hinaus wichtiger werden." (Stifterverband 2021, S. 3)

> „[…] diejenigen Fähigkeiten […], die es Hochschulabsolventinnen und -absolventen ermöglichen, die Herausforderungen der Zukunft bestmöglich zu meistern." (Ehlers 2020, S. 3).

> „[…] die unverzichtbaren Gesellschafts- und Lebenskompetenzen, die von elementarer Bedeutung für eine positive persönliche, gesellschaftliche und planetare Entwicklung im 21. Jahrhundert sind." (Pechstein/Schwemmle 2023, S. 10).

Der Begriff Future Skills zeigt sich als Amalgam bestehender Ansätze, um auszudrücken, was Arbeitskräfte brauchen, um den Herausforderungen der nahen Zukunft zu begegnen. Dass der Begriff dabei etwas ungenau vorgeht, und die oben genannten Kategorien zum Teil vermischt, soll im Folgenden in den Hintergrund treten. Die Frage, welche Fähigkeiten Theatercontroller*innen in Zukunft brauchen werden, ist im Grunde die Frage: Welche Fähigkeiten brauchen Theatercontroller*innen ab sofort und mit einigermaßen plausibler Wahrscheinlichkeit für die nächsten fünf bis zehn Jahre? Future Skills sind also kein Thema für irgendwann, sondern, in den Worten einer Stellenausschreibung formuliert: zum nächstmöglichen Zeitpunkt. Die Analyse von aktuellen Stellenausschreibungen zeigt bereits auf, wie sich das Bild verändert.

Es gibt mittlerweile eine ganze Reihe von Studien, Konzepten und Frameworks zu Future Skills. Viele Fähigkeiten, die darin genannt werden, sind keineswegs neu. In den kognitiven Dimensionen finden sich beispielsweise altbekannte Begriffe wie Lösungsfähigkeit, analytisches und vernetztes Denken, und in den sozialen Dimensionen etwa Team-, Dialog- oder Konfliktfähigkeit.

Dabei steht der Transformationsgedanke im Vordergrund: Wie kann im Kontext (kleiner) Veränderungs- und (großer) Transformationsbewegungen innoviert, vermittelt, begleitet und (kritisch) beurteilt werden. Im Bereich der digitalen Skills finden sich u. a. Medienkompetenz, *digital literacy* oder schlicht IT- bzw. Informatikkenntnisse. Dabei wird auf die allerneuesten Entwicklungen im Bereich Künstliche Intelligenz noch gar nicht Bezug genommen. Die Anforderungen des Marktes, so scheint es, bewegen sich schneller als die Publikation von Zukunftspapieren. Der Nutzen der Future-Skills-Diskussion liegt also weniger darin, gänzlich Neues zu schaffen, sondern sich einen systematischen Überblick zu verschaffen, welche Fähigkeiten vermutlich an Bedeutung gewinnen werden und eine gedankliche Grundlage zu erhalten, welche Anforderungsprofile (bestehend aus persönlichen Merkmalen, Wissen, Fähigkeiten und Kompetenzen) in bestimmten Unternehmen, Berufen und Kontexten besonders relevant sein werden. Dies gilt für Führungskräfte, die bestimmte Fähigkeiten für sich und ihre Mitarbeitenden suchen, als auch für die Mitarbeitenden selbst, die ihre eigene Leistung zukunftsfähig gestalten wollen.

4   Zukunftsfähigkeit am Beispiel des Future Skills Navigators

Für die Überlegungen, was im Theatercontrolling der kommenden Jahre notwendig sein könnte, wird im Folgenden eines der vielen Future-Skills-Konzepte vorgestellt. Der sogenannte *Future Skills Navigator* von Arndt Pechstein und Martin Schwemmle (2023) gehört zu den aktuellsten Konzepten auf dem Gebiet. Er basiert nicht auf einer eigenen empirischen Grundlage, sondern führt bestehende Ansätze zusammen und ergänzt sie. Was den Ansatz der Autoren für den vorliegenden Fall interessant macht, ist die Berücksichtigung einiger Dimensionen, die in anderen Konzepten kaum vorkommen, und die für die Arbeit im Kulturbereich besonders relevant erscheinen.

Pechstein und Schwemmle wählen vier Ebenen, auf denen Future Skills wirken – Ich, Du, Wir, Alle. Die Autoren erweitern damit die häufig vorzufindenden Ebenen „Du" und „Wir" (z. B. soziale Kompetenzen) um Fähigkeiten wie Selbstmanagement und Selbstantrieb (Ich), sowie gesellschaftliche und globale Phänomene wie Sinn für Ästhetik, Weltbürgerschaft oder Verantwortungsbewusstsein (Alle). Diese vier Skill-Ebenen werden mit vier Skill-Bereichen kombiniert. Der häufig anzutreffende Fokus auf rationale und transformationale Fähigkeiten wird hierbei um emotionale und spirituelle Fähigkeiten erweitert, wobei der

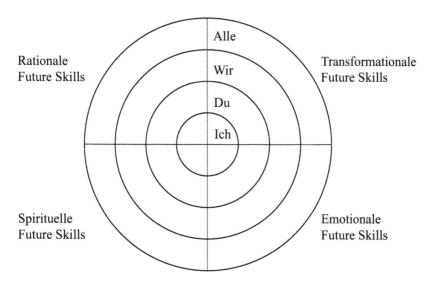

Abb. 2 Das Grundkonzept des Future Skills Navigators. (Eigene Darstellung in Anlehnung an Pechstein und Schwemmle, 2023)

letztgenannte Begriff bisweilen etwas fehlleitend erscheint, wenn bspw. strategisches Denken oder Führungskompetenzen als spirituell bezeichnet werden.[3] Aus der Kombination der vier Ebenen (Ich, Du, Wir, Alle) und der vier Skill-Bereiche (rational, transformational, emotional, spirituell) ergeben sich dann 16 Skill-Klassen (Abb. 2).

Die 16 Skill-Klassen enthalten jeweils vier mehr oder weniger konkrete Future Skills, insgesamt also 64 Fähigkeiten für die Zukunft, die hier aus Platzgründen nicht einzeln dargestellt sind. Dass sich dadurch ein „Kompass" aus vier Sektoren, vier Ebenen und jeweils vier Skills ergibt, ist sicherlich auch der marktfähigen grafischen Darstellung geschuldet, schließlich bieten die Autoren auch Beratungsleistungen an, was zum Zweck der kritischen Würdigung des Ansatzes hier nicht unerwähnt bleiben soll. Nichtsdestotrotz lohnt es sich, die 16 Skill-Klassen (siehe

---

[3] Die Begriffswahl erinnert an aktuelle Diskurse aus dem Bereich der Organisationsgestaltung und Organisationsentwicklung, wo emotionale und spirituelle Aspekte im Rahmen von (teil-)autonomen Teams, Ganzheitlichkeit und Sinnstiftung als neues Paradigma einer auf Analytik und Effizienz getrimmten Arbeitswelt entgegen gestellt werden (siehe dazu beispielhaft die Arbeiten von Laloux (2015) oder Robertson (2016).

Tab. 1) hinsichtlich der zukünftigen Anforderungen an Theatercontroller*innen durchzuspielen.

Rationale Fähigkeiten für Theatercontroller*innen

Beim Begriff rational kommt schnell der Gedanke an die fachlichen und methodischen Kompetenzen auf, die bereits heute von Theatercontroller*innen verlangt werden, bspw. Fachwissen durch eine einschlägige Ausbildung, Excel-Kenntnisse oder Fremdsprachen. Im Vorschlag von Pechstein & Schwemmle wird jedoch der starke kognitive und soziale Bezug sichtbar, sodass rationale Future Skills vorwiegend Aspekte des analytischen Denkens ansprechen. Dazu gehören etwa Selbstmanagement, Zielorientierung und Selbstführung (Ich-Ebene), Konfliktbewältigung, Argumentieren und sachliche Kommunikation (Du-Ebene), Ambiguitätstoleranz, Interkulturalität und Projektmanagement (Wir-Ebene), sowie Aspekte des kritischen und systemischen Denkens (Alle-Ebene).

Die praktische Relevanz dieser Fähigkeiten wird in einer vernetzten Perspektive sichtbar. Beispielhaft hervorgehoben sei die Notwendigkeit, in einer modernen

Tab. 1 Die 16 Skill-Klassen des Future Skills Navigators, links sortiert nach Bereich, rechts nach Ebene. (Eigene Darstellung in Anlehnung an Pechstein und Schwemmle, 2023)

Bereich	Ebene	Skill-Klasse
Rationale Future Skills	Ich	Selbstmanagement
	Du	Interessensausgleich
	Wir	Projekt- und Teammanagement
	Alle	Systemisches Denken
Transformationale Future Skills	Ich	Selbstentwicklung
	Du	Befähigung
	Wir	Innovation und Organisation
	Alle	Transformation
Emotionale Future Skills	Ich	Selbstwahrnehmung
	Du	Beziehung
	Wir	Team und Community
	Alle	Globales Bewusstsein
Spirituelle Future Skills	Ich	Sinn und Selbstantrieb
	Du	Führung
	Wir	Vision und Langzeitorientierung
	Alle	Verantwortung

Arbeitswelt mit sehr vielen und sehr unterschiedlichen Anforderungen umgehen zu müssen. Nicht nur das: Controller*innen müssten derart viele Einflussfaktoren und eine zunehmende Menge an Daten integrieren, dass es eine eigene Fähigkeit ist, den Überblick im „Räderwerk" eines Theaters zu behalten – ein Bild, mit dem Petra Schneidewind das Controlling sehr treffend beschreibt (siehe ihr Beitrag in diesem Band). Ein Fokus auf das, was wichtig ist – Zielorientierung, Prioritätensetzung, Interessensausgleich und damit auch Verlässlichkeit und Termintreue – sind für Controller*innen von integraler Bedeutung. Derlei rationale Fähigkeiten sind zugleich Stützen für die emotionalen Herausforderungen des Berufs (siehe Belastbarkeit). Interessant ist ebenfalls eine differenzierte Betrachtung von scheinbar bekannten Konstrukten. Hier sei die üblicherweise als soziale Kompetenz kategorisierte Kommunikationsfähigkeit genannt, welche sich sowohl sozial-emotional (empathisch, vertrauensvoll, tolerant, aufrichtig – s. u.) als auch rational (i. S. v. Kommunikations- Verhandlungs- und Argumentationstechniken) verstehen lässt.

Transformationale Fähigkeiten für Theatercontroller*innen

Unter diesem Begriff sammeln die Autoren des Future Skills Navigators beispielsweise Selbstreflexion, Beharrlichkeit und Lebenslanges Lernen (Ich-Ebene), Vermittlungs- und Präsentationsfähigkeiten und die Befähigung anderer (Du-Ebene), Organisationsentwicklung, Innovation und Anpassungsfähigkeit (Wir-Ebene), sowie die Fähigkeit und Bereitschaft zur Gestaltung in Netzwerken und co-kreativen Settings (Alle-Ebene). Auch diese Begriffe sind alle nicht neu, erscheinen aber im Lichte der jüngsten Herausforderungen des Theaterbetriebs (Corona-Krise, Publikumsschwund, Kostensteigerungen usw.) für die Gesamtorganisation Theater von großer Bedeutung. Gleiches gilt für „Megatrends" wie Digitalisierung und Nachhaltigkeit. Gerade wenn Controller*innen als Business Partner die Geschäftsführung beraten sollen, genügt eine fundierte Kenntnis des Zahlenwerks nicht. Fähigkeiten in den Bereichen Wandel (u. a. Change Management) und Transformation (langfristige Organisationsentwicklung) dürften in dieser Rolle unabdingbar sein.

Emotionale Fähigkeiten

Die im Future Skills Navigator als emotionale Future Skills genannten Fähigkeiten decken sich in den Du- und Wir-Ebenen in Teilen mit dem, was bisher als Sozialkompetenz gilt, und erweitern sie um eine Art Intra-Sozial-Kompetenz (Ich-Ebene), sowie ein sehr grundlegendes Set an Kompetenzen für globales Bewusstsein. Dazu gehören Fähigkeiten der Introspektive, der Stressbewältigung und der Selbstfürsorge (Ich-Ebene), Fähigkeiten wie Empathie, Vertrauen und Beziehungsaufbau

(Du-Ebene), Teamfähigkeit, erweitert um Community-Fähigkeiten (Wir-Ebene), sowie globales Bewusstsein inklusive Sinn für Ästhetik (Alle-Ebene).

Letztgenannte Fähigkeit wird bereits heute als „Interesse an Kunst und Kultur" oder „Affinität zum Theater" in vielen Anforderungsprofilen genannt. Die Wir- und Alle-Ebenen im Bereich der emotionalen Fähigkeiten kann diesbezüglich auch im Sinne der Identifikation mit den künstlerischen und gesellschaftlichen Zielen eines Theaters gedeutet werden. Auch die Fähigkeit zur persönlichen Resilienz dürfte bereits heute eine wichtige Voraussetzung sein, um im Theater arbeiten zu können.

Spirituelle Fähigkeiten
Es wurde oben bereits erwähnt, dass dieser Skill-Bereich möglicherweise einen irritierenden Titel trägt. Dafür sind die Fähigkeiten umso relevanter: Werteorientierung, Leidenschaft oder Intuition (Ich-Ebene) knüpfen an die o.g. emotionalen Fähigkeiten an. Mit Führungskompetenzen (Du-Ebene) sind nicht nur das Führen (Leadership), sondern auch die Motivation und Inspiration anderer gemeint. Strategisches Denken, die Fähigkeit zum Verfolgen einer Vision oder das Denken in Möglichkeiten sind Beispiele der Wir-Ebene. Ethisches Handeln, Verantwortungskompetenz oder Nachhaltigkeit (Alle-Ebene) runden diesen Bereich ab. Während sich der eine oder die andere Theatercontroller*in mit der Idee spiritueller Fähigkeiten vielleicht schwertun mag, scheinen derlei Fähigkeiten unabdingbar, wenn Controller*innen gemäß Leitbild das „betriebswirtschaftliche Gewissen" eines Theaters sein sollen.

5   Fazit

Der vorliegende Beitrag hat anhand der Auswertung von Stellenausschreibungen gezeigt, dass Theater- und Orchesterbetriebe heute vielseitigere Fähigkeiten von Controller*innen verlangen als noch vor wenigen Jahren. Diese Tendenz, so lassen sogenannte Future-Skills-Konzepte erahnen, wird sich fortsetzen. Soziale und kognitive Fähigkeiten gewinnen an Bedeutung, und sind im Zusammenspiel mit fundiertem Fachwissen unverzichtbare Voraussetzungen, um den Herausforderungen des Theatercontrollings heute und in naher Zukunft erfolgreich begegnen zu können.

Das Verständnis von Controlling und Controller*innen, sowohl im Selbst- als auch im Fremdbild, scheint sich also in einem Wandel zu befinden. Die empirische Grundlage dafür ist freilich noch mager, aber Tendenzen lassen sich dennoch gut erahnen. Genügte es bis vor wenigen Jahren noch, die Rolle vom „Meister der

Zahlen" einzunehmen, lässt sich aus aktuellen Stellenausschreibungen eine Veränderung hin zum „Business Partner" ablesen. Es dürfte zumindest ein relativ neues Phänomen sein, dass von Controller*innen Kreativität, Serviceorientierung, Verhandlungsgeschick oder Gendersensibilität gefordert werden. In wenigen Jahren dürften wir sie als selbstverständlich verstehen.

Literatur

Baumöl, U.; Perscheid, G. (2019): Der Weg ist das Ziel. In: CONTROLLING, Zeitschrift für erfolgsorientierte Unternehmenssteuerung, Spezialausgabe Frühjahr 2019, S. 34–39.

bibb Bundesinstitut für Berufsbildung (o. J.): Definition und Kontextualisierung des Kompetenzbegriffes. Online verfügbar unter: https://www.bibb.de/de/8570.php (letzter Abruf 11.09.2023).

Ehlers, U. (2020): Future Skills. Lernen der Zukunft – Hochschule der Zukunft. Wiesbaden: Springer.

Eurostat (2016): Statistical Approaches to the Measurement of Skills. Statistical Working Papers. https://ec.europa.eu/eurostat/documents/3888793/7753369/KS-TC-16-023-EN-N.pdf/438b69b5-2fcb-4923-b9e2-fa7b59906438?t=1480688572000 (letzter Abruf 11.09.2023).

Forum Theater-Controlling (Hrsg.) (2019): Controlling im Theater. Online verfügbar unter: https://www.ph-ludwigsburg.de/fileadmin/phlb/hochschule/fakultaet2/kulturmanagement/PDF/Forschung/White_Paper_FINAL_.pdf (letzter Abruf: 11.09.2023).

ICV (2023): Future Skills im Controlling: Mit diesen Kompetenzen ist das Controlling gewappnet für die Zukunft. Online verfügbar unter: https://www.icv-controlling.com/de/events/cts-controller-tagung-schweiz-ch.html (letzter Zugriff: 25.09.2023).

Kulturmanagement.net (o. J.): Die Services des Stellenmarkt Kulturmanagement. Online verfügbar unter: https://www.kulturmanagement.net/Stellenmarkt-Services (letzter Abruf: 11.09.2023).

Laloux, F. (2015): Reinventing Organizations. Ein Leitfaden zur Gestaltung sinnstiftender Formen der Zusammenarbeit. München: Vahlen.

Mens, F. (2022): Vom Zahlendeuter zum strategischen Berater. In: Controlling & Management Review Nr. 66, Ausgabe 6/2022, S. 36–42.

Nissen, R. (o. J.): Fähigkeit. Eintrag im Gabler Wirtschaftslexikon Online. Online verfügbar unter: https://wirtschaftslexikon.gabler.de/definition/faehigkeit-36322 (letzter Abruf: 11.09.2023).

Pechstein, A.; Schwemmle, M. (2023): Future Skills Navigator. Ein neues Menschsein für die Welt von morgen. München: Vahlen.

Robertson, B. (2016): Holacracy. Ein revolutionäres Management-System für eine volatile Welt. München: Vahlen.

Schneidewind, P.; Schößler, T. (2019a): Standards im Theater-Controlling. In: Forum Theater-Controlling (Hrsg.): Controlling im Theater.

Schneidewind, P.; Schößler, T. (2019b): Ergebnisse der Befragung zu Stand und Entwicklung des Controllings im Theater. In: Forum Theater-Controlling (Hrsg.): Controlling im Theater.

Stifterverband für die Deutsche Wissenschaft (2021): Future Skills 2021. 21 Kompetenzen für eine Welt im Wandel. Diskussionspapier Nr. 3.

Stock-Homburg, R.; Groß, M. (2019); Personalmanagement. Theorien – Konzepte – Instrumente. Wiesbaden: Springer.

Stehle, A.; Möhrer, M.; Jordan, S. (2021): Impact Measurement: Was Controller zur Steuerung des Corporate (Social) Purpose brauchen! In: Controlling. 33. Jg. 2021, S. 56–61.

Thienemann, J.; Falter, T. (2022): Controller auf dem Weg in die Zukunft. In: Controller Magazin, Ausgabe 5/2022, S. 82–86.

Tom Koch ist Professor für Allgemeine Betriebswirtschaftslehre mit den Schwerpunkten Unternehmensführung, Marketing und Logistik an der Hochschule Emden/Leer und war zuvor mehrere Jahre in leitenden Funktionen im Kulturbetrieb tätig.

Controllerinnen und Controller als Potentialträger der Digitalen Transformation in Kulturinstitutionen

Kai Liczewski

Inhaltsverzeichnis

Zusammenfassung

Controller bringen eine Reihe kritischer Kompetenzen in Kulturorganisationen ein, die für die erfolgreiche Bewältigung der Herausforderungen der digitalen Transformation unerlässlich sind. Ihre Aufgabe muss sich nicht nur auf Finanzmanagement und Berichtswesen beschränken, sondern kann in Informations- und Datenmanagement eine entscheidende Rolle spielen. Bei der Gestaltung ihrer digitalen Transformation stehen Kulturorganisationen nicht nur vor der Aufgabe, veraltete Systeme zu modernisieren. Es muss eine integrierte digitale Infrastruktur geschaffen werden. Controller agieren in Kulturorganisationen bereits jetzt an der Schnittstelle zwischen IT und Management, was ihnen in eine Schlüsselrolle bei der Überwindung von Herausforderungen im Bereich der digitalen Transformation und bei der Förderung einer ganzheitlichen Datenkultur zukommen lassen kann.

K. Liczewski (✉)
Leiter Finanzen und Informationsmanagement, Salzburger Festspiele, Salzburg, Österreich
E-Mail: liczewski@mailbox.org

© Der/die Autor(en), exklusiv lizenziert an Springer Fachmedien Wiesbaden   229
GmbH, ein Teil von Springer Nature 2024
P. Schneidewind et al. (Hrsg.), *Theatercontrolling,*
https://doi.org/10.1007/978-3-658-44984-1_18

Schlüsselwörter

Datenmanagement • Digitale Transformation • Informationstechnologie •
Kompetenzen

In verschiedenen Beiträgen beleuchtet die Publikation, in der dieser Artikel veröffentlicht wird, die Rollen, die Controllerinnen und Controller einnehmen können.
Im deutschsprachigen Raum hat sich über die letzten beiden Jahrzehnte die
Wahrnehmung des Controllings im Kulturbetrieb dynamisch entwickelt. Es geht
längst nicht mehr nur um operatives Finanzcontrolling. Strategisches Controlling, Nachhaltigkeitscontrolling, Personalcontrolling und die Prozessperspektive
sind nur einige Bereiche, die immer selbstverständlicher angeführt werden – und
jetzt sollen Controllerinnen und Controller auch noch die Digitale Transformation
voranbringen?

1   Was Controller an Kompetenzen
in Kulturorganisationen einbringen...

Eine Konstante in der Entwicklung der dargestellten Aufgabenstellungen innerhalb der Kulturbranche bilden die zu ihrer Bewältigung unabdingbaren Soft
Skills. Im Vergleich zum Controlling in einem Wirtschaftsunternehmen ist dies
in Kulturinstitutionen nur mit ausgeprägteren Kompetenzen in der Kommunikation und mit Einfühlungsvermögen für die diverse Kollegenschaft zu betreiben.
Ein Interesse für die Kunst, Kommunikations- und Beratungsfähigkeit und Vertrauen von Theaterleitung und mittlerem Management sind in der täglichen Arbeit
essenziell.

Einer dynamischen Entwicklung ausgesetzt sind dagegen die im Zusammenhang mit der fortschreitenden Digitalisierung benötigten handfesten Fähigkeiten
im Informationsmanagement. Speziell in Datenmanagement und -analyse gehört
es beispielsweise eindeutig zum Aufgabenspektrum, ein der Organisation ange-
messenes Data Warehouse einzurichten – eine zentrale Struktur, in der Daten
aus verschiedenen Quellen gesammelt, integriert und für Analysezwecke strukturiert gespeichert werden. Die Ausgestaltung einer solchen Lösung kann von
einer systematischen Sammlung von Excel-Listen bis zu hochautomatisierten
Server-Architekturen und spezialisierten Business-Intelligence-Systemen reichen.
Datenmanagement und Datenstandards müssen etabliert werden, damit Informationen aus unterschiedlichen Vorsystemen verknüpft werden können. Je nach

Komplexität und Anforderungen der Institution werden dafür mit verschiedenen internen und externen Partnern Systeme und Governance-Regeln eingeführt und weiterentwickelt. So lassen sich manuelle Reporting-Prozesse automatisieren und skalieren, so können dem Management jederzeit aktuelle Dashboards angeboten und die Tiefe der Datenanalyse erhöht werden.

...brauchen Kulturorganisationen im Rahmen der Gestaltung der digitalen Transformation.
Trifft nun eine Controlling-Abteilung mit operativem Datenmanagement-Auftrag und den Kompetenzen im operativen Informationsmanagement auf eine Kulturinstitution, die sich den Herausforderungen der Digitalen Transformation stellen möchte, wird es spannend. Dann kann es sein, dass im Controlling vorhandene Kompetenzen mehr bewirken könnten und sollten, als Finanz, Personal- und Vertriebsdaten in Kennzahlen und Dashboards abzubilden.

Denn wie alle Organisationen benötigen auch Kulturorganisationen die angeführten Kompetenzen für ihr Informations- und Datenmanagement, um im Rahmen der Digitalen Transformation anfallende Herausforderungen bewältigen zu können.

2   Wo stehen Kulturorganisationen bei der Digitalen Transformation, speziell im Informationsmanagement?

Nach und nach führen Organisationen digitale Systeme ein, um Anforderungen zu lösen. Es beginnt meistens mit spezifischen Wünschen eines Fachbereichs, Projekte werden gestartet. Alt-Systeme bestehen weiter, einzelne Beschäftigte nutzen die ihnen zugänglichen Office- und Cloud-Werkzeuge, um sich ihre Arbeit zu erleichtern.

Im Laufe dieses Prozesses trifft jede Organisation, spätestens im Rahmen von bereichsübergreifenden Digital-Projekten, auf Herausforderungen, die auch langfristig nicht von einem einzelnen Software-Hersteller im Rahmen seiner Möglichkeiten zufriedenstellend gelöst werden können. Man stellt fest, dass Systeme miteinander kombiniert und integriert werden müssen, Alt-Systeme sollen abgelöst, die Datenqualität soll in unterschiedlichen Systemen erhöht und Datenstrukturen konsolidiert werden. Manuelle oder automatisierte Schnittstellen zwischen Systemen werden dann möglich. Neben dem nötigen Projekt-, Change-

und Prozessmanagement benötigt dies rein operativ Kompetenzen zur Einrichtung und zum Betrieb von SQL- oder API-basierten[1] Schnittstellen. Und bei jeder Schnittstelle steht die operative Entwicklung erst am Ende des komplexen Prozesses der Anwendungsintegration, die auch ein tiefes inhaltliches Verständnis der beteiligten Systeme voraussetzt.

Nicht nur in Technologie-Unternehmen sind heutzutage zahlreiche Personen mit einer ganzen Bandbreite an Rollen und nicht einfach zu dechiffrierenden Stellenbezeichnungen für die Entwicklung und das Management digitaler Systeme zuständig. Eine bekannte Terminologie ist zum Beispiel die sogenannte C-Suite, die im englischsprachigen Raum auch jenseits von Technologieunternehmen angewandt wird. Nur welches Kulturunternehmen hat neben CEO und COO[2] auch ein Äquivalent zu CIO, CTO, CISO, CDO[3], geschweige denn PMO und CMO[4]. Es ist sicher nicht möglich oder zielführend, deutschsprachige Kulturinstitutionen nach einem solchen Vorbild umzuorganisieren, diese Begrifflichkeiten werden an dieser Stelle illustrativ dargestellt. Es ist allerdings wichtig anzuerkennen, dass die jeweils adressierten Aufgabengebiete auch in jedem Kulturunternehmen anliegen.

Ich möchte an dieser Stelle anführen, dass dieser Text nicht den Charakter einer wissenschaftlichen Abhandlung beansprucht. Meine Ausführungen basieren auf persönlichen Erfahrungen und einem fortwährenden Dialog innerhalb der deutschsprachigen Theater- und Kulturszene.

In jüngster Zeit haben verschiedene Institutionen begonnen, durch die Schaffung meist zentraler Stabstellen die digitale Transformation ihrer Organisation zu fördern. In meiner Betrachtung komme ich allerdings zu dem Schluss, dass in vielen Kulturorganisationen weitreichendere organisatorische Entwicklungen notwendig sind, um bestehende Defizite im digitalen Bereich zu überwinden.

---

[1] Die Structured Query Language und Application Programming Interface sind Beispiele für weit verbreitete Technologien für Datenabfragen und Schnittstellengestaltung.

[2] Chief Executive Officer ~ Geschäftsführer; Chief Operating Officer sind an Theatern oft mehrere Personen für einzelne Bereiche.

[3] Chief Information Officer, Chief Technology Officer, Chief Digital Officer, Chief Information Security Officer sind Rollen, die sich auf die technologische Strategie, Implementierung, Digitalisierung und Sicherheit innerhalb eines Unternehmens konzentrieren. Die Abgrenzung der unterschiedlichen Aufgabenbereiche ist dabei nicht präzise. Die genauen Verantwortlichkeiten und Zuständigkeiten dieser Positionen können je nach Unternehmensgröße, Branche und internen Strukturen variieren.

[4] Projekt Management Officer und Change Management Officer können eine zentrale Rolle in der Umsetzung und Steuerung von Veränderungen innerhalb eines Unternehmens spielen.

In der Kulturbranche ist die Unterschiedlichkeit in Organisation, Größe und Rechtsform relativ stark ausgeprägt. Für den Bereich des Digitalen kann dies beispielsweise zu der Herausforderung führen, dass nur wenig IT-Personal vorhanden, bzw. direkt der Institution zugeordnet ist. Zu den Implikationen dieser Thematik für die Implementierung ambitionierter Digital- und IT-Strategien in Kulturorganisationen wäre viel zu sagen – für diesen Text möchte ich mich auf die das Daten- und Informationsmanagement betreffenden Aufgaben beschränken.

Denn selbst wenn aus einer der Institution zugeordneten IT-Abteilung – neben der sowieso schon riesigen Palette an Aufgaben die in einer IT-Abteilung heutzutage zu erledigen sind – Ressourcen und Kompetenzen zur Verfügung stünden, haben Kulturorganisationen als Mischbetriebe aus Kreativ-, Fertigungs-, Handels- und Dienstleistungsbetrieb in der Regel eine so hohe Bandbreite an unterschiedlichen Prozessen und damit so diverse Anforderungen an Anwendungen und Datenstrukturen, dass die Aufgabe des Daten- und Informationsmanagements im Verhältnis zur Organisationsgröße besonders komplex und umfangreich ist.

3   Controlling trifft auf (fehlendes) Datenmanagement

In der Praxis ist es in meiner Erfahrung längst so weit, dass Controllerinnen und Controller sich einen größeren Teil ihrer Arbeitszeit nicht mit (Finanz-)Kennzahlen, Plan-/Ist-Vergleichen oder der mittelfristigen Finanzplanung beschäftigen. Gut ausgebildete Kulturmanagerinnen und Kulturmanager haben die Herausforderungen, die Kulturorganisationen im operativen Controlling an sie stellen, schnell zur Zufriedenheit der Stakeholder gemeistert. Sie zapfen eine Datenbank nach der anderen für Auswertungs-Zwecke an und installieren wartungsarme Business-Intelligence-Lösungen.

Sie treffen dann in ihrer übergreifenden Rolle fast zwangsläufig auf mangelhaftes Datenmanagement. Die oben bereits beschriebene hohe Bandbreite an Geschäftsanforderungen können nicht durch sehr wenige übergreifende „ERP"-Systeme[5] mit einheitlicher Datenhaltung abgebildet werden. Und wer schon einmal versucht hat, aus einem solchen System Daten auszuwerten, wird festgestellt haben, dass die Daten nur in den Marketing-Broschüren nativ in

---

[5] Enterprise Ressource Planning Systeme wie beispielsweise SAP oder Navision/Dynamics NAV haben den Anspruch in einer Software viele oder alle Anforderungen einer Organisation abbilden zu können.

konsolidierten Strukturen zur Verfügung stehen. Dazu kommt das Problem, dass die Stammdaten von Alt-Systemen oft eben nicht aufwendig auf neue Strukturen angepasst werden. Stattdessen werden Alt-Systeme in der alten und nicht kompatiblen Stammdatenstruktur weiter betrieben. An vielen Stellen haben einzelne Bereiche sich über die Jahre ihre eigenen Systeme eingeführt, sich auf Basis von Microsoft-Office-Produkten selbst gebastelt oder die ein oder andere Cloud-Anwendung eingeführt.

Es ist eine Kern-Aufgabe jeder Controlling-Abteilung unter Nutzung dieser vielfältigen Datenstrukturen die unterschiedlichen Informationsbedürfnisse zu stillen und frühzeitig an aussagefähige Planzahlen zu kommen. Mit uneinheitlichen Daten und einer chaotischen Systemlandschaft konfrontiert, wird man schon aus Eigeninteresse versuchen, eine Entwicklung zum Besseren mitzugestalten. Im Gegenzug erhält man dann fast zwangsläufig einen guten Überblick über die meisten datenbasierten Prozesse der Organisation.

Es ist also bereits jetzt so, dass sich Controllerinnen und Controller auf die Suche nach einer Lösungs-Perspektive für die beobachteten Probleme begeben. Sie bieten ihre Kompetenz bei Website- oder CRM-Projekten, der Einführung eines neuen Bestellwesens, der Suche nach einem neuen Dispositions-System oder der Erstellung von Schnittstellen zwischen diesen Systemen an.

Bisher geschieht das seitens des Controllings meist aus einer beratenden Experten-Position heraus. Gleichzeitig ist in den Fachbereichen in Kulturorganisationen neben der meist großartigen fachlichen Eignung oft genug die digitale Kompetenz noch nicht in dem Maße vorhanden, wie sie ambitionierte Digitalisierungs-Vorhaben benötigen würden.

4   Die Herausforderungen der Digitalisierung – der 2. Akt

Die Digitale Transformation winkt mit digitalen Kommunikationskanälen, auch um mehr Publikum zu erreichen. Sie soll frei von repetitiven Aufgaben machen, wodurch mehr Raum für kreative und künstlerische Tätigkeiten entsteht. Sie verspricht auch Kulturinstitutionen Effizienzpotentiale. Angesicht des gewaltigen Potentials erscheint selbst die verbreitete These von der systematischen Baumol'schen Kostenkrankheit[6] in einem neuen Licht. Mindestens in den

---

[6] Die Baumol'sche Kostenkrankheit ist ein ökonomisches Phänomen, das von den Wirtschaftswissenschaftlern Baumol und Bowen in den 1960er Jahren formuliert wurde. Es beschreibt die Tendenz einiger Sektoren, insbesondere von Dienstleistungsbranchen, steigenden Kosten keinen entsprechenden Anstieg ihrer Produktivität entgegensetzen zu können.

Bereichen Verwaltung und Kommunikation lassen sich durch die erfolgreiche Implementierung digitaler Technologien Effizienzen erzielen. Und warum sollte die Kostümherstellung nicht an Qualität und Effizienz gewinnen können, wenn dutzende manuell gepflegte Excel-Listen und Ablagestrukturen durch eine maßgeschneiderte digitale Lösung abgelöst werden?

Nachdem eine Institution nun aber einzelne Prozesse ins Digitale transferiert, ihren Rechnungslauf digitalisiert, einzelne Planungssysteme eingeführt und die wichtigsten Vertriebsdaten über Business-Intelligence-Lösungen ausgewertet hat, tritt sie in eine neue Phase ihrer Digitalisierung ein. Das Portfolio an möglichen getrennt voneinander umsetzbaren Maßnahmen ist aufgebraucht. Nun winken größere Effizienzpotentiale eher in bereichs- und systemübergreifenden, medienbruchfreien Prozessen. In dieser nächsten Entwicklungsstufe steigen die Systemkomplexität und folgend der Anspruch an professionelle Methoden wesentlich.

Es sind nun Anwendungslandschaften ganzheitlich und über Abteilungsgrenzen hinaus zu entwickeln. So kann beispielsweise eine Anwendungslandschaft für den Kartenverkauf aus unter anderem einem Ticketing-System, einem CRM-System[7], einem Newsletter-Versand-System, der Schnittstelle ins CMS[8] der Homepage, einem System für digital übertragbare Tickets inkl. Personalisierung und verschiedenen Zahlungsdienstleistungssystemen bestehen. Schnittstellen sollen nicht nur ins Rechnungswesen, sondern auch in die Dispositions-Datenbank erstellt werden, um die Notwendigkeiten zur doppelten Dateneingabe zu verringern und die Möglichkeit zu eröffnen der Kartenverkaufs-Analyse mittels der Ergänzung von Stück- oder Besetzungs-Informationen noch mehr Erkenntnisse und eine bessere Verkaufsprognose abzugewinnen.

Ideal wäre es natürlich, wenn jeder für ein System hauptverantwortliche Bereich jeweils einige für die digitale Herausforderung mit Kompetenzen und Motivation gerüstete Key-User hätte, und diese dann nur noch gemeinsam eine koordinierte Anwendungsstrategie ausarbeiten und implementieren müssten. Aber auch hier gibt es einschlägige Erfahrungen, dass offene Stellen nicht immer im Hinblick auf diese Anforderungen besetzt werden (können) – auf diese Herausforderung komme ich im Folgenden noch einmal zurück.

Dies steht im Gegensatz zu Branchen, in denen Technologie und Innovation zu Produktivitätssteigerungen führen, die wiederum Kosten senken können.

[7] Customer Relationship Management bezeichnet Systeme, die dazu dienen, Kundendaten zentral zu verwalten und die Beziehung zu Kunden systematisch zu pflegen und zu gestalten.

[8] Ein Content Management System ist ein System, mit dem Inhalte zentral erstellt, verwaltet und publiziert werden können, um den Online-Auftritt eines Unternehmens oder einer Organisation zu gestalten und zu pflegen.

Denn selbst wenn es affine Ansprechpersonen in den Fachbereichen für die einzelnen Anwendungslandschaften gäbe, wird es übergreifend koordinierende Stellen brauchen. Die oben bereits angeführte Riege an C-Positionen wird nicht ohne Not besetzt. Das Ziel, systemübergreifende Prozesse zu etablieren und automatisierte Schnittstellen zwischen Datenbanksystemen herzustellen, für die unterschiedliche Organisationseinheiten zuständig sind, kann nur mit entsprechenden Kompetenzen und einem zentralen Auftrag im Prozess-, Anforderungs- und Projektmanagement erreicht werden. Sollen im Sinne einer übergreifenden Digital-Strategie Anwendungslandschaften mit gemeinsamen Datenstandards gestaltet und diese gezielt miteinander vernetzt werden, um Effizienzpotentiale in der Organisation nachhaltig zu heben – dann wird dies schwer bis unmöglich, ohne dass eine zentrale und kompetente Verantwortung für die Gestaltung geschaffen wird.

5   Die Synergie von Controlling und Datenmanagement

Hier schließt sich der Kreis – denn wo gäbe es für diese zentrale Position in den meisten Kulturorganisationen mehr Entwicklungspotenzial als bei den Beschäftigten im Controlling?

Der Mischbetrieb Kulturorganisation ist in vielen Bereichen sehr arbeitsteilig. Es gibt sogar Kernprozesse, für deren Gestaltung ausschließlich nur ein bestimmter Teil der Organisation relevant ist. Und dennoch hängt in vielerlei Hinsicht alles mit allem zusammen. So wie es nur ein Gesamtbudget gibt, sollte es nur eine IT-Landschaft mit nur einem zu gestaltenden Datenraum geben.

Vor diesem Hintergrund liegt es nahe, dass die vielen unterschiedlichen Abteilungen, aus denen Kulturorganisationen zusammengesetzt sind, nicht nur Beratung und Unterstützung dahingehend brauchen, wie sie die Herausforderungen der digitalen Transformation gestalten können – sie brauchen starke und mit zentraler Gestaltungskompetenz ausgestattete Partner. Oft erledigen die Beschäftigten im Controlling in den Institutionen bereits jetzt viele der mit dem Datenmanagement zusammenhängenden Aufgaben, kennen die Systeme, die Zusammenhänge und Herausforderungen. Ein Budget muss bereichsübergreifend entwickelt werden, für den gemeinsamen Datenraum gilt das gleiche. Diese Kompetenzen im Budget-Management schlummern zu lassen, könnte ein Fehler sein. In einigen Organisationen könnten eventuell bereits vorhandene Potentiale gehoben werden – brächte man die Beschäftigten nur in die richtige Position für die Umsetzung.

6   Datendrehscheibe statt Dateneinbahnstraße

Das Informationsmanagement der Organisation ganzheitlich gestalten, Datendreh-scheiben statt nur auslesende Data-Warehouses aufbauen, Verantwortung für die Anwendungsintegration und den Betrieb und die Entwicklung bestimmter für den jeweiligen Kulturbetrieb zentraler Anwendungen zu übernehmen, und eine über-greifende Anwendungs- und Daten-Strategie zu erstellen, gehen deutlich über den klassischen Controlling-Auftrag hinaus. Aus den angeführten Gründen könnten sie allerdings eine Weiterentwicklung dieses Auftrags darstellen (Abb. 1).

Denn offensichtlich sind das nicht nur kleine zusätzliche Aufgaben. In ande-ren Unternehmen gibt es neben den bereits angeführten Führungsrollen auch für die operative Umsetzung allein im Datenmanagement spezifische operative Rollen wie beispielsweise Data Scientist, Data Engineer und Digital Analyst.[9] Für Kulturinstitutionen könnte es ein erster guter Schritt sein, die Aufgabe des Datenmanagements direkt im Controlling anzusiedeln. Dies ist ein Ort, an dem die Daten zusammenlaufen und an dem ein Grundverständnis für übergreifende

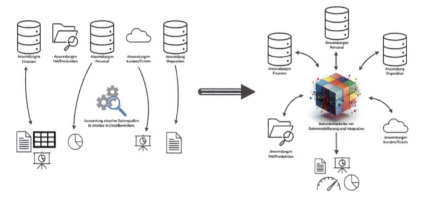

Abb. 1 Visualisierung der Weiterentwicklung des Datenmanagement. (Eigene Darstellung)

---

[9] Die angeführten Rollen sind Beispiele, auch hier wieder nicht trennscharf voneinander und die Rollenbilder entwickeln sich laufend weiter. Während der Data Scientist sich ten-denziell mit der Analyse großer Datenmengen und der Entwicklung von Vorhersagemodel-len befasst, konzentriert sich der Data Engineer auf die Architektur, den Aufbau und die Wartung von Dateninfrastrukturen. Der Digital Analyst schließlich beschäftigt sich mit der Erfassung, Auswertung und Interpretation digitaler Daten, um Optimierungspotenziale in digitalen Kanälen und Prozessen zu identifizieren.

Prozesse und Zusammenhänge bereits besteht. Je nach Organisationsgröße benötigt es dann im weiteren Ausbau neben der Übertragung zentraler Kompetenzen sicher auch zusätzliche Ressourcen. Diese zu bündeln wäre allerdings ein zentraler Erfolgsfaktor. Denn es ist öfter zu beobachten, dass in den einzelnen Fachbereichen handelnde Projektleitungen, Key-User und Organisationsgestalter als Einzelkämpfer agieren müssen, an den Schnittstellen zu anderen Organisationseinheiten scheitern und bei Fluktuation ein teurer Wissensverlust eintritt. Dass bei der Wiederbesetzung einer Stelle seitens der Fachabteilung ausreichend auf die im Zusammenhang der Digitalstrategie nötigen digitalen Kompetenzen geachtet wird, ist nicht sichergestellt.

Werden mehrere Prozess- und Digital-Gestalter allerdings gemeinsam an zentraler Stelle positioniert, können sie sich gegenseitig unterstützen, Synergien heben, Personalwechsel aufgrund ihres homogeneren Methodenwissens kompensieren und ein schlagkräftiges Team aufbauen. Das Controlling könnte für den Aufbau eines solchen Digital-Daten-Teams ein ausgezeichneter (und besonders für kleine Organisationen vielleicht der einzig denkbare) Ausgangspunkt sein.

7   Ein Fazit zur Einordnung

Man wird als Leserin oder Leser zu Recht vermuten, dass in diese Schilderungen meine spezifischen Erfahrungen und Beobachtungen bei den Salzburger Festspielen eingeflossen sind. Wir werden in Salzburg auf dem im Jahr 2016 eingeschlagenen Pfad, als der Bereich „Finanzen und Informationsmanagement" entstand, einen weiteren konsequenten Schritt in die skizzierte Richtung gehen. Dabei wird die zentrale Verantwortung für die Gestaltung digitaler Prozesse gestärkt und die Verantwortung für eine für den Betrieb zentrale Software-Lösung ins Controlling verschoben.

Im Dialog mit den Verantwortlichen verschiedener Theater- und Kulturorganisationen wird in jedem Fall deutlich, dass alle die beschriebenen Herausforderungen teilen. Doch während ich überzeugt bin, dass es für eine erfolgreiche Digitalisierung neben einer neuen Kultur der übergreifenden Zusammenarbeit auch eine Professionalisierung und Erweiterung zentraler Zuständigkeiten benötigt, werden abhängig von den Anforderungen und Gegebenheiten der jeweiligen Organisation, als auch von der Positionierung des Controllings, unterschiedliche organisatorische Ansätze zum Erfolg führen.

Im vorliegenden Beitrag wurde das Controlling als mögliches zentrales Element zur Weiterentwicklung des Datenmanagements thematisiert und eine Basis für einen vertiefenden Austausch über diese mögliche Weiterentwicklung des Aufgabengebietes geschaffen.

Kai Liczewski ist Leiter Finanzen und Informationsmanagement bei den Salzburger Festspielen.

Risikomanagement und Risikocontrolling im Theaterbetrieb

Doris Beckmann

Inhaltsverzeichnis

Zusammenfassung

Risiken gehören seit jeher zum Theatergeschäft, doch während künstlerische Risiken vielleicht sogar erwünscht sind, sollten betriebliche und wirtschaftliche Risiken erfolgreich bewältigt werden. Risikomanagement und -controlling sind unerlässliche Instrumente für jede Theaterleitung. Der vorliegende Beitrag zeigt den Prozess des Risikomanagements auf, von der Identifikation möglicher Risiken über ihre Bewertung und Steuerung bis zum integrierten Controllingansatz.

Schlüsselwörter

Risiken • Risikomanagement • Analyse • Strategische Unternehmensführung

D. Beckmann (✉)
Kaufmännische Geschäftsführerin und Verwaltungsdirektorin, Niedersächsische Staatstheater Hannover GmbH, Hannover, Deutschland
E-Mail: doris.beckmann@staatstheater-hannover.de

1   Risiken im Theater

Das Management von Risiken ist Bestandteil der strategischen und operativen Führung eines jeden Unternehmens. Auch Theaterbetriebe sind einer Vielzahl von Risiken ausgesetzt, die sich aus dem Betrieb der künstlerischen Sparten oder externen Einflüssen ergeben. Verstärkt breitet sich unter Kulturschaffenden die Sichtweise aus, dass eine nachhaltige Steuerung des Kulturbetriebs einen strukturierten Umgang mit Risiken und Chancen erfordert. In welchem Ausmaß externe Einflüsse auf Kulturbetriebe und das öffentliche Leben wirken und dieses einschränken können, zeigt die Corona-Pandemie mit den weitreichenden Maßnahmen zur Eindämmung der Verbreitung des Covid-19-Virus. Die Auswirkungen sind omnipräsent und reichen von der kompletten oder teilweisen Einstellung des Spielbetriebs von Theatern und Orchestern, der Entwicklung eingeschränkter Programme im Freien, digitaler Angebote bis zu experimentellen Formen in Kleinformaten im Stadtraum und vielem mehr. Abstands- und Hygieneregeln sowie organisatorische und technische Maßnahmen sind umzusetzen, um Live-Entertainment wieder schrittweise zu ermöglichen. Im Forum Theatercontrolling, das Dr. Petra Schneidewind gemeinsam mit Kolleginnen und Kollegen am Institut für Kulturmanagement der PH Ludwigsburg etabliert hat, hatte der Beirat im Januar 2020 das Thema „Risikomanagement und Risikocontrolling im Theaterbetrieb" als Gesprächsgegenstand für eine Expertenrunde für den 12. März 2020 ausgewählt. Hintergrund war die Überlegung, dass ein Austausch unter Fachkollegen zum Umgang mit Finanzierungs- und Besucherrisiken in den Kulturbetrieben Theater, Orchester und Festival ein allgemein relevantes Themenfeld sein könnte, das sich für einen Best Practice Erfahrungsaustausch und Forschungsinitiativen gut eignen könnte. Und dann kamen die Verordnungen zu Corona und die Absage öffentlicher Veranstaltungen wie Theateraufführungen. Sicher ein Anlass für Kulturbetriebe sich mit Risikomanagement und Risikocontrolling zukünftig intensiv zu beschäftigen.

Die vielfältigen und tiefgreifenden Veränderungen, die durch die Corona-Krise ausgelöst wurden, lassen erwarten, dass Theater, Orchester und Festivals nachhaltigen Beeinflussungen ausgesetzt sein werden. Die Komplexität der Einflüsse und ihre Wechselwirkungen machen es für Kulturschaffende und politisch Verantwortliche schwer, Prognosen zu zukünftigem Besucherverhalten und Rahmenbedingungen für künstlerische Produktionen zu formulieren. Mit diesem Beitrag soll versucht werden aufzuzeigen, welchen Beitrag ein systematisches Risikomanagement und -controlling gerade in der von der Corona-Krise stark betroffenen Kulturbranche in jedem Betrieb jeglicher Größe leisten kann, um zukünftige Herausforderungen besser zu bewältigen. Je umfassender und tiefgreifender der jeweilige Kulturbetrieb seine spezifischen Chancen und Risiken strukturieren, analysieren und quantifizieren kann, umso zielführender kann der Weg aus der Krise erfolgen und der Betrieb sicher, flexibler und nachhaltig geführt werden.

2 Risiko- und Chancenmanagement – zwei Seiten einer Medaille

In der wirtschaftswissenschaftlichen Literatur wird Risiko- und Chancenmanagement üblicherweise in einen Zusammenhang gebracht. Während das Risikomanagement sämtliche Planungs- und organisatorische Prozesse umfasst, in denen Risiken frühzeitig identifiziert und Maßnahmen zur Gegensteuerung entwickelt und umgesetzt werden, geht es beim Chancenmanagement um die frühzeitige Erkennung von Möglichkeiten bzw. Chancen. Grundsätzlich werden also Einflussfaktoren betrachtet, die in dem jeweiligen Betrieb zu einer Planabweichung führen können – mit negativen Folgen als Risiko, mit positiver Wirkung als Chance. Management als eine Folge bewusster Führungsentscheidungen beinhaltet ein Agieren unter Unsicherheit mit dem Ziel einer erfolgreichen und nachhaltigen Entwicklung des Betriebes. Im Forum Theatercontrolling verstehen wir Risikomanagement als einen ganzheitlichen Ansatz, bei dem Risiken und ihre relevanten Einflussfaktoren systematisch identifiziert, analysiert, bewertet und laufend überwacht werden. Klassischerweise zählt das Risikomanagement zu den Aufgaben im Controlling, das für die Theaterleitung wertvolle Informationen zur Entscheidungsunterstützung in strategischen und operativen Themen und für die Weiterentwicklung des Kulturbetriebs bietet. Im Kern steht ein zielorientierter Steuerungsprozess, mit dem die spezifische Zielerreichung in einem Regelkreis systematisch bearbeitet werden kann. Abb. 1 verdeutlicht diesen Zusammenhang in den vier Schritten Risikoidentifizierung -> Risikoanalyse und -bewertung -> Risikosteuerung sowie Risikoüberwachung.

Abb. 1 Risikomanagement als ganzheitlicher Ansatz zur Identifizierung, Analyse, Bewertung und Überwachung von Risiken. (Eigene Darstellung).

3   Risikoidentifikation – systematisch Chancen und Risiken beschreiben

Jeder Betrieb verfügt über ein spezifisches Geschäftsmodell und Erfolgsfaktoren, die den unverwechselbaren Charakter des jeweiligen Kulturbetriebes ausmachen, aber auch die spezifischen Risiken. Deshalb kommt der Risikoidentifizierung besondere Bedeutung zu, da in diesem Schritt die systematische Erfassung und Strukturierung von Risiken in Risikokategorien erfolgt. Die Versorgungsanstalt der deutschen Bühnen beispielsweise clustert die betrieblichen Risiken in versicherungstechnische Risiken, Kapitalanlagerisiken, Risiken des Versicherungsbetriebes (operationell, strategisch, Reputation) sowie externe, politische Risiken. Weitere Beispiele für Umfeld- und Branchen-Risikokategorien sind volkswirtschaftliche Risiken (z. B. Konjunkturentwicklung), allgemeine Marktrisiken und -chancen (z. B. Verkaufs- und Marketingaktionen), Beschaffungsmarktrisiken (z. B. Schwankungen bei Einkaufspreisen oder Engpässe bei Lieferanten), Risiken und Chancen infolge gesetzlicher und politischer Rahmenbedingungen (z. B. staatliche Regulierung/Förderprogramme, Brandschutz, Zertifizierungsbestimmungen), IT-Risiken (z. B. Sicherheitsrisiken), Projektrisiken (z. B. knappe Zeitpläne, Mitarbeiterfluktuation), technische Risiken (z. B. Arbeitsschutz, Arbeitssicherheit) sowie natürlich branchenspezifische Risikokategorien. In der Expertengruppe „Forum Theatercontrolling" wurden am 12. März 2020 zahlreiche spezifische Risiken eines Theater- und Festivalbetriebs identifiziert, wie Abb. 2 zeigt. Inwiefern diese und weitere spezifische Risiken relevant

Abb. 2 Risiken eines Theater- und Festivalbetriebs, Ergebnis eines Brainstormings beim Forum Theatercontrolling am 12.03.2020. (Eigene Darstellung)

für das Risikoprofil des jeweiligen Kulturbetriebes konkret sind, wird im zweiten Schritt, der Risikoanalyse & -bewertung ermittelt.

4 Risikoanalyse & Risikobewertung – Einzelrisiken hinsichtlich Eintrittswahrscheinlichkeit und Ausmaß bewerten

Nicht jedes identifizierte Risiko verfügt über den gleichen Gefährdungsgrad für die Zielerreichung eines Theater-, Orchester- oder Festivalbetriebs, sondern kann sich signifikant hinsichtlich der Wahrscheinlichkeit des Eintritts und dem möglichen Ausmaß unterscheiden. Während die Eintrittswahrscheinlichkeit einer globalen Pandemie für den deutschen/europäischen Kulturkreis vermutlich eher ähnlich eingeschätzt würde, so fallen die Corona-Auswirkungen je nach Betrieb unterschiedlich aus: Verlust von Eigeneinnahmen, Kosten durch die Absage von Produktionen, Umgang mit Gastverträgen, Belastungen von Theatern in staatlicher oder kommunaler Trägerschaft vs. Solo-Selbständige Künstler und primär privatwirtschaftlich finanzierte Kultureinrichtungen.

Mithilfe einer Risikoinventur werden in diesem Schritt des Risiko-/Chancen-Managements nun die Einzelrisiken hinsichtlich ihrer Eintrittswahrscheinlichkeit und des erwarteten Ausmaßes des Schadens/Erfolgs bewertet. In Wirtschaftsunternehmen wird als Messgröße häufig das Unternehmensergebnis (z. B. EBIT) herangezogen. Auch für Kulturbetriebe bietet es sich an, die jeweils erwartete Abweichung zum Planergebnis als Messindikator zu verwenden.

Als pragmatisches Modell für die Beurteilung der Eintrittswahrscheinlichkeit von Einzelrisiken hat sich in Literatur und Praxis ein drei-stufiges-Raster bewährt:

- Niedrige Eintrittswahrscheinlichkeit: 0 bis <33 %
- Mittlere Eintrittswahrscheinlichkeit: 33 bis <66 %
- Hohe Eintrittswahrscheinlichkeit: 66 bis 100 %

Für die Ermittlung des möglichen Ausmaßes der identifizierten Einzelrisiken erscheint ebenfalls ein drei-stufiges Raster (niedrig – mittel – hoch) pragmatisch und hilfreich. Die Werte zur Abgrenzung des Risikoausmaßes (in EUR) richten sich jedoch nach dem Leistungsumfang des jeweiligen Theater-, Orchester- oder Festivalbetriebs sowie Vorgaben des Trägers und sind betriebsspezifisch zu definieren. Je nach Art des Risikos unterstützen beispielsweise Methoden der Szenario-Analyse, Kosten- bzw. Einnahmenstrukturanalysen, Expertenschätzung etc. aus dem Baukasten des Theatercontrollings die Ermittlung angemessener EUR-„Risiko"-Werte. Mit dem Verständnis des Managements von Risiken als bewusste unternehmerische Tätigkeit geht ein proaktiver Umgang mit Risiken einher, der uns zum Begriff der Risikosteuerung führt.

5   Risikosteuerung – legt den Umgang mit Risiken einschließlich Maßnahmen und deren Controlling fest

In der Phase der Risikosteuerung sind durch den Kulturbetrieb zwei logische Schritte vorzunehmen. Zunächst ist für jedes bewertete Einzelrisiko zu entscheiden, welche Strategien zum Umgang mit dem Risiko angewandt werden sollen. Bei dieser Bewertung spielen psychologische Muster und individuelle Risikoeinstellungen der relevanten Entscheidungsträger in der Theaterleitung und Führungsteam der jeweiligen Kulturinstitution eine Rolle. Weitere Einflussfaktoren sind die grundsätzlichen finanziellen Handlungsspielräume, das individuelle Risikoprofil des Betriebes sowie externe Anforderungen. Zu den idealtypischen Strategien zum Umgang mit Risiken zählen: Reduzieren, Eliminieren, Überwälzen oder Akzeptieren. Im Hinblick auf finanzielle und ressourcenseitige Restriktionen bzw. regionale Gegebenheiten wird in diesem Schritt die größte Differenzierung zwischen den Kultureinrichtungen stattfinden. Nur einige wenige Theater werden über hinreichende Mittel verfügen, um einen Großteil an Risiken effektiv zu reduzieren und professionelle Risiko-Management-Tools einzuführen. Dennoch kann unseres Erachtens bis zu dieser Phase im Risikomanagement jeder Life-Entertainment-Betrieb selbst ohne großen finanziellen Aufwand ein robustes Risikomanagement unter Anwendung der üblichen Werkzeuge (MS-Office Software, Listen, Budgets, etc.) aufbauen und pflegen. Der Einsatz professioneller Risikomanagement-Software-Tools erscheint überlegenswert, wenn die betriebliche Komplexität aufgrund der Größe des Betriebes, stark ausgeprägter dezentraler Strukturen oder aus operationellen Gründen eine professionelle IT-Unterstützung nahe- legt. Mit Hilfe von Visualisierungen und einer laufenden, koordinierten Berichterstattung kann vor allem in komplexen Kulturbetrieben die Risikoüberwachung erleichtert werden und die Aufmerksamkeit der Theaterleitung auf die entscheidungsrelevanten Risiken gelenkt werden. Unter den Begriffen der „Risikomatrix", „Risikoportfolio" oder „Risiko-Map" werden Risiken grafisch verortet. Verschiedene Möglichkeiten der Matrix-Gestaltungen unterstützen im Risiko-Controlling-Prozess die Diskussion und Ableitung von Risikostrategien. Abb. 3 zeigt exemplarisch eine mögliche Darstellungsform.

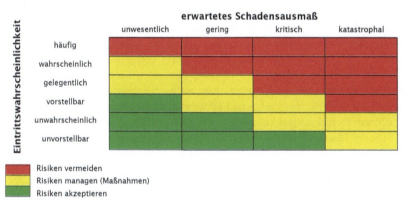

Abb. 3 Beispiel für eine Risiko-Matrix. (Eigene Darstellung).

6   Risiko- und Chancencontrolling als integrativer Bestandteil des Controllingsystems der Kulturbetriebe

Es reicht heute nicht mehr aus, sich in der Theaterleitung anhand einzelner Analysen und partieller Risikobetrachtungen über den Status des Betriebes zu informieren. Die anhaltende Dynamik der aktuellen Corona-Pandemie zeigt, dass sich das unternehmerische Umfeld schnell und einschlägig ändern kann und die betrieblichen Parameter und Maßnahmen zielgerichtet nachgeführt werden müssen. Dementsprechend benötigen Theater-, Orchester- und Festivalbetriebe ein leistungsfähiges Controllingsystem, das in der Lage ist, Risiken und Chancen transparent und objektiv abzubilden und die Auswirkungen von Umfeldveränderungen in einem Regelprozess nachhaltig und transparent zu analysieren und zu bewerten.

Grundlage für ein solches, durchaus komplexes, Controllingsystem sind klare Strukturen und Verantwortlichkeiten in den zugrunde liegenden Theaterprozessen, die sich im Risikocontrolling der Kultureinrichtung widerspiegeln. Trotz aller analytischen Tools und betriebswirtschaftlichen Prozesse bleibt die Interpretation und Bewertung der Zusammenhänge und Risiken stets eine Kernaufgabe der Theaterleitung und des Management-Teams. Die menschlichen Komponenten mit individueller Risikoneigung, Intuition, Branchenerfahrung sowie emotionaler Intelligenz sind und bleiben weiterhin wichtige Erfolgsfaktoren für ein zielorientiertes Risiko- und Chancenmanagement. Die Corona-Krise führt allen in der Kulturbranche Beschäftigten vor Augen, dass die Akzeptanz der neuen Realitäten mit transparenten Informationen, nachvollziehbaren Risikobewertungen, angemessenen Entscheidungen und bedachtem, flexiblen Agieren mit Sicherheit die Wiederaufnahme des kulturellen Lebens unterstützen und sichern wird.

Dieser Beitrag erschien zuerst in theatermanagement aktuell, Nr. 96, Sep/ Okt. 2020, S. 19–22. Der Nachdruck erfolgt mit freundlicher Genehmigung des Herausgebers Jürgen Preiß.

Doris Beckmann Doris Beckmann ist Kaufmännische Geschäftsführerin und Verwaltungsdirektorin der Niedersächsischen Staatstheater Hannover GmbH.

Nachhaltige Steuerung – nicht nur in Krisenzeiten

Cornelia Ascholl

Inhaltsverzeichnis

Zusammenfassung

Am Beispiel des Volkstheaters Rostock konzentriert sich der folgende Beitrag auf die Einführung und Umsetzung des Risikomanagements. In welchem Maße externe Einflüsse auf Unternehmen, auch Kulturbetriebe, wirken können, verdeutlicht uns die Corona-Pandemie. Pandemieereignisse als Risiken fanden in unserem Risikokataster 2017 keinen Eingang. Jedoch ermöglichte uns das implementierte Risikomanagement die Vermeidung des vollumfänglichen „Kaltstartes", der Focus richtete sich auf die Einordnung des Pandemierisikos in das bestehende Kataster. Schnell kristallisierte sich heraus, dass die Corona-Pandemie gekennzeichnet ist durch eine Komplexität von Einflussfaktoren, die es den Kulturschaffenden schwer macht, Prognosen zu zukünftigen Einnahmen und Besuchern zu erstellen. Umso wichtiger ist ein leistungsfähiges Controlling System, das es ermöglicht, Chancen und Risiken frühzeitig zu erkennen und transparent darzustellen. Die Implementierung des Risikofrüherkennungssystems am Volkstheater Rostock erfolgte vor

C. Ascholl (✉)
Leiterin Verwaltung, Finanzen und Controlling, Prokuristin,, Volkstheater Rostock GmbH, Rostock, Deutschland
E-Mail: cornelia.ascholl@rostock.de

© Der/die Autor(en), exklusiv lizenziert an Springer Fachmedien Wiesbaden GmbH, ein Teil von Springer Nature 2024
P. Schneidewind et al. (Hrsg.), *Theatercontrolling,*
https://doi.org/10.1007/978-3-658-44984-1_20

der Pandemie in finanziell unsicheren Zeiten. Die Visualisierung von Risiken und deren Überwachung sind daher Grunderfordernisse der Unternehmensführung. Im Corona-Pandemie gezeichnetem Wirtschaftsjahr 2020, unterzogen wir dann unser Risikomanagementsystem einem Update mit Anlegung auf zwei Wirtschaftsjahre. Ein einmal eingerichtetes Überwachungssystem ist ein brauchbares Managementinstrument für die Geschäftsführung, jedoch sind Updates und Anpassungen unerlässlich, andern- falls verwirkt es seine Funktion als Frühwarnsystems für die Geschäftsführung. Die wesentlichen Schritte eines Risikomanagementprozesses bestehen aus den Phasen: Risikoanalyse, Risikobewertung, Risikominimierung, Risikokontrolle, Risikoverfolgung. Die Schritte werden im Folgenden vorgestellt.

Schlüsselwörter

Risikomanagement • Risikobewertung • Risikominimierung • Risikokontrolle

1   Risikoanalyse

Ausgangspunkt eines Risikomanagements ist eine Inventur von Risiken, eine Selektion der Risiken nach „bestandsgefährdenden" mit einem Zeithorizont von zwölf Monaten und „Risiken, die Auswirkungen auf die Ertrags-, Finanz- und Vermögenslage" mit einem Zeithorizont von 24 Monaten haben. Innerhalb der Risikoanalyse starteten wir daher 2017 mit einer Inventur bestehender Risiken und stellten sechs für den Geschäftsverlauf wesentliche Risikokategorien auf:

- Markt- und Umweltrisiken
- Finanzrisiken
- Rechtliche Risiken
- Managementrisiken
- Risiken in Produktion und Personal
- Risiken beim Einsatz von IT

Die Risikokategorien bündeln in sich Einzelrisiken, die es zu beschreiben gilt und denen Verantwortlichkeit zuzuordnen ist. Das Volkstheater hat im Zuge des Updates des Risikomanagements 2020 insgesamt 41 Einzelrisiken (2017: 37 Risiken) eruiert, die sich in entsprechenden Risikokategorien niederschlagen.

Da sich die Organisationsstruktur von Theatern kontinuierlich, während Umbrüchen in Intendanzen auch wellenartig verändert, wurden alle Einzelrisiken

im Update 2020 nicht nur dem Kriterium der Fortwährung der Bestandsgefähr-
dung des Theaters als Kulturbetrieb, sondern auch bezgl. der Zuweisung ihrer
Verantwortlichen über- prüft und gegebenenfalls angepasst.

Die Risikoerkennung hat früh zu erfolgen, die Risiken sind auf den einzelnen Stufen des Organigramms festzustellen, innerhalb der Verantwortlichkeiten
einer Lösung zuzuführen. Sollten die Risiken auf den einzelnen Stufen nicht
gelöst werden können, erfolgt eine Meldung an die nächsthöhere Stufe zur
Lösung der Risiken. Diesbezüglich werden Schwellenwerte entsprechend den
Hierarchiestufen kommuniziert.

2   Risikobewertung

Für jedes Einzelrisiko innerhalb einer Kategorie wurde die Wesentlichkeit auf
der Basis von Relevanz und Eintrittswahrscheinlichkeit ermittelt. Die Relevanz
der Risiken orientiert sich an finanziellen Messgrößen, die Auswirkungen auf die
Wirtschaftsplanung haben:

- Relevanzgruppe 1: unbedeutende Risiken (bis 10.000 €)
- Relevanzgruppe 2: mittlere Risiken (bis 50.000 €)
- Relevanzgruppe 3: bedeutende/wesentliche Risiken (bis 100.000 €)
- Relevanzgruppe 4: schwerwiegende Risiken (über 100.000 €)

Die Eintrittswahrscheinlichkeit dokumentiert prozentual mit welcher Wahrscheinlichkeit das identifizierte Risiko die Parameter der Wirtschafts- und Personalplanung in dem zu analysierenden Zeitraum tangieren könnte. Die Eintrittswahrscheinlichkeit der Risiken wurde wie folgt definiert: sehr gering (bis 25 %),
gering (25–50 %), mittel (50–75 %), hoch (>75 %). Aus der Kombination
von Relevanz und Eintrittswahrscheinlichkeit für jedes in das Risikokataster
aufgenommene Einzelrisiko ergibt sich eine Risikomatrix, deren temporäre Entwicklung an die relevanten Analysezeiträume geknüpft ist. Derzeit betrachten
wir in unserem Risikomanagement die Wirtschaftsjahre 2021 und 2022 mit dem
Ziel, ob und in welchem Ausmaß sich Einzelrisiken im Betrachtungszeitraum
entwickeln bzw. verändern werden. Für die Überprüfung des Status empfehlen wir einen Zeitraum von sechs Monaten. Da wir im Frühjahr 2021 mit dem
Update gestartet sind, haben wir für dieses Wirtschaftsjahr einen etwas längeren
Zeitraum, den 31.12., gewählt.

Tab. 1 zeigt exemplarisch einen Auszug aus dem Risikoinventar des Volkstheater Rostock mit dem Focus auf ausgewählte Risiken, die einer Veränderung

Tab. 1 Auszug aus Risikoinventar des Volkstheater Rostock mit Focus auf ausgewählte Risiken, die einer Veränderung unterliegen. (Eigene Darstellung)

Kategorie	Lfd. Nr.	2021		2022		
		Rel	EW	Rel	EW	Entw.
Markt- und Umweltrisiken	2) Gesundheitliche Risiken mit pandemischem Ausmaß verknüpft mit politischen Entscheidungen und Auswirkungen auf den Vorstellungsbetrieb	4	Hoch	3	Mittel	Gesunken
Markt- und Umweltrisiken	7) Verlust von Zuschauern durch Unzufriedenheit und/oder behördlicher Schließung des Theaters	4	Hoch	3	Mittel	Gesunken
Finanzrisiken	10) Verlust aus dem Verkauf von Theaterkarten durch behördliche Schließung	4	Hoch	3	Mittel	Gesunken
Finanzrisiken	12) Ungeplante dringliche Ausgaben, insbesondere Personalausgaben durch noch nicht abgeschlossen Haustarif	4	Hoch	3	Mittel	Gesunken

unterliegen. Erläuterungen zur Einschätzung der Relevanz („Rel"), Eintrittswahrscheinlichkeit („EW") und erwarteten Entwicklung („Entw.") werden hier aus Platzgründen nicht abgebildet, sind im praktischen Einsatz jedoch enthalten.

Diese Auswahl verdeutlicht die Auswirkungen der Corona-Pandemie auf künstlerische und wirtschaftliche Zielstellungen. In der „Grundsteinlegung" des Risikomanagements 2017 war „Pandemie" kein aufgeführtes Risiko. Mit der Corona-Pandemie haben wir erlebt, dass eine Pandemie als „Umweltrisiko" eintritt und zu finanziellen, rechtlichen, Management-, Produktions-, Personal- und IT Risiken führt. Pandemien können demzufolge bestandsgefährdend sein und selbst über den kritischen Zeitraum von zwölf Monaten noch Auswirkungen auf die Ertrags-, Finanz- und Vermögenslage haben. In der zusammenfassenden Bewertung aller Einzelrisiken ergibt sich, dass im Volkstheater Rostock im Wirtschaftsjahr 2022 im Vergleich zu 2021 keine Risiken hinzukommen, aber auch keine wegfallen, 33 von ihnen unterliegen keiner Veränderung, bei 8 Risiken gehen wir von einer sinkenden Entwicklung aus. Aus den verschiedenen Risikofeldern und Einzelrisiken wurde ein Maßnahmenkatalog abgeleitet, die

Einzelmaßnahmen werden mit rollierendem Risikobericht auf ihre Umsetzung überprüft.

3 Risikominimierung

Das Volkstheater Rostock verfügt über keine professionellen Risiko-Managements-Tools, hat aber schrittweise mit der Überführung in eine GmbH 2009 ein effizientes Controlling-System implementiert, welches Bühnenbilder-, Personalkosten- und Gästebudgets sowie Ticketeinnahmen laufend überwacht. Maßnahmen zur Risikominimierung sind auf flankierende strategische Unterstützung der Unternehmensziele gerichtet.

Der exemplarische Auszug aus dem Maßnahmenkatalog (Tab. 2) korrespondiert mit den beispielhaft herangezogenen Risiken aus dem Risikoinventar. Der Maßnahmenkatalog nimmt geplante Maßnahmen für auffällige Risiken (hohe Eintrittswahrscheinlichkeit und hohes finanzielles Risiko) auf, alle anderen Risiken werden überwiegend im Rahmen der Arbeitsaufgabenverantwortung beobachtet. Aber auch hier gilt kaufmännisches Nachjustieren, so haben wir ein Risiko, welches zwar nur eine mittlere Eintrittswahrscheinlichkeit kombiniert mit einem wesentlichen finanziellen Risiko, aber eine immanente Bedeutung als Produktionsstätte hat, in den Maßnahmenkatalog aufgenommen. Die geplanten Maßnahmen für die Wirtschaftsjahre 2021/2022 sollen vornehmlich 2021 umgesetzt werden.

4 Risikokontrolle und Risikoverfolgung

Die Maßnahmen bilden Bausteine für die strategische Ausrichtung der Wirtschaftsplanung, deren finanzielle Eckdaten in einem Finanzrating als wichtiges Element für unsere Risikobeurteilung unter Heranziehung der Kennzahlen aus den Vorjahren münden. Anhand der quantitativen Kennzahlen sollen Schieflagen in der Finanz-, Vermögens- und Ertragslage der Gesellschaft möglichst verhindert, mindestens jedoch frühzeitig erkannt werden. Innerhalb des Finanzratings ziehen wir Kennzahlen, wie Eigenkapitalquote, Rücklagen, Gewinn- und Verlustvorträge, Working Capital und Anlagenfinanzierung durch eigene Mittel heran, aber auch die Besucherzahlen. Für einige von ihnen, wie z. B. Eigenkapitalquote, Anlagenfinanzierung und Besucherzahlen, haben wir kritische Werte ermittelt. Bezüglich der Risikoverfolgung haben wir im Unterschied zur Implementierung des Risikomanagements 2017 im Update 2020 den zeitlichen Überprüfungsstatus

Tab. 2 Exemplarischer Auszug aus dem Maßnahmenkatalog. (Eigene Darstellung)

Kategorie	Lfd. Nr.	Maßnahmen 2021	Risikominimierung
Markt- und Umweltrisiken	2) Gesundheitliche Risiken mit pandemischem Ausmaß verknüpft mit politischen Entscheidungen und Auswirkungen auf den Vorstellungsbetrieb	Umsetzung der jeweils aktuellen Landesverordnungen, des SARS-CoV 2 Arbeitsschutzes, der internen sowie vorstellungsbezogenen Hygienekonzepte, Weiterführung der Arbeit im Pandemiestab	Von Eintrittswahrscheinlichkeit „Hoch" auf „Gering", auch im Zuge der zurückgehenden Gefährdung der Gesamtbevölkerung durch Impfung und Teststrategien
Markt- und Umweltrisiken	7) Verlust von Zuschauern durch Unzufriedenheit und/oder behördlicher Schließung des Theaters	Konzeptentwicklung in Form eines Stufenplanes bezüglich der schrittweisen Öffnung des Theaters (Gründung des Intendanten*innenforum MV), kontinuierliche Kommunikation mit dem Kultusministerium mit dem Ziel einer Öffnung von Kultur angelehnt an das Ampelsystem Kultur auch in Zeiten der Schließung bzw. Reduzierung von Kapazitäten sichtbar zu machen	Von Eintrittswahrscheinlichkeit „Hoch" auf „Mittel"
Finanzrisiken	10) Verlust aus dem Verkauf von Theaterkarten durch behördliche Schließung	Gegensteuerung durch Betriebsvereinbarungen zur Kurzarbeit	Von Eintrittswahrscheinlichkeit „Hoch" auf „Mittel"
Finanzrisiken	12) Ungeplante dringliche Ausgaben, insbesondere Personalausgaben durch noch nicht abgeschlossen Haustarif	Weiterführung der HTV Verhandlungen und Umsetzung des HTV möglichst bis zum 2. Quartal 2021	Von Relevanz 4 auf Relevanz 3, Absenkung der Eintrittswahrscheinlichkeit von „Hoch" auf „Gering"

für jedes Einzelrisiko fixiert und auf 6 Monate angelegt. Das Risikomanagement wurde transparent mit den verantwortlichen künstlerischen und nicht künstlerischen Entscheidungsträgern im Rahmen der wöchentlichen Leitungssitzung vorgestellt, denn die zielgerichtete Steuerung und Umsetzung des Maßnahmenpaketes lebt nur vom Wissen des Einzelnen um seine Verantwortung und von der Wahrnehmung bzw. Sensibilisierung von Risiken außerhalb seines eigenen Verantwortungsbereiches. Risiken können Schnittmengen bilden, Synergieeffekte haben und Dialektik bedingen. Im Ergebnis finden Themen wie Produktionscontrolling, welches die Entwicklung der künstlerischen Produktionen- auch im Umfeld von Produktionskosten – beinhaltet, in einem stärkeren Maße Eingang in die wöchentlichen Leitungssitzungen. Risikomanagement und Risikocontrolling im Theaterbetrieb kann nur als nachhaltiges rollierendes Steuerungsinstrument seine Frühwarn- und Überwachungsfunktion erfüllen, transparent eingebettet in die Verantwortungsbereiche der Entscheidungsträger, um auch in Krisenzeiten „Akteur" und nicht „Getriebener" zu sein.

Dieser Beitrag erschien zuerst in theatermanagement aktuell, Nr. 99, Nov. 2021, S. 13–17. Der Nachdruck erfolgt mit freundlicher Genehmigung des Herausgebers Jürgen Preiß.

Cornelia Ascholl ist Leiterin Verwaltung, Finanzen und Controlling, Prokuristin, am Volkstheater Rostock GmbH.

Nachhaltigkeit – Neue Herausforderungen für Theater und dessen Controlling am Beispiel des Theater Regensburg

Matthias Schloderer

Inhaltsverzeichnis

Zusammenfassung

Theater stehen als öffentlich geförderte Häuser besonders in der Verantwortung, ihren Beitrag zu einem nachhaltigen Umgang mit den begrenzten Ressourcen dieser Welt zu leisten. Am Theater Regensburg wurde ein umfassender Nachhaltigkeitsprozess begonnen, in dessen Analysephase die Erstellung der ersten Klimabilanz des Hauses ein wesentlicher Bestandteil war. In einem co-kreativen Prozess wurden hierauf Handlungsfelder herausgearbeitet, durch die eine systematische Steuerung und Senkung von Treibhausgasemissionen angestrebt wird.

Schlüsselwörter

Nachhaltigkeit • Klimabilanz • Nachhaltigkeitsstrategie

M. Schloderer (✉)
Kaufmännischer Direktor, Theater Regensburg, Regensburg, Deutschland
E-Mail: matthias@schloderer.de

P. Schneidewind et al. (Hrsg.), *Theatercontrolling*,
https://doi.org/10.1007/978-3-658-44984-1_21

257

1 Ausgangspunkt: Nachhaltigkeit stellt neue Anforderungen an das Controlling

Nachhaltigkeit ist schon lange kein „Schönwetterthema" mehr. Theater stehen als öffentlich geförderte Häuser besonders in der Verantwortung, ihren Beitrag zu einem nachhaltigen Umgang mit den begrenzten Ressourcen dieser Welt zu leisten. Steigender Legitimationsdruck in der Gesellschaft hat unter anderem dazu geführt, dass mit einem nachhaltigen Theaterbetrieb in Bezug auf öffentliches Ansehen nicht nur etwas zu gewinnen ist, sondern fehlende Nachhaltigkeitsorientierung im Gegenzug zu einem signifikanten Reputationsrisiko führen kann. Nachhaltigkeit ist somit im Sinne Herzbergs Hygienefaktor und Motivator zugleich.

Nachhaltigkeit kann im Kern in drei Dimensionen erfasst werden: Ökologische Nachhaltigkeit, ökonomische Nachhaltigkeit und soziale Nachhaltigkeit. Für überwiegend öffentlich durch Steuergelder getragene Institutionen besitzt jede dieser drei Dimensionen für sich signifikante Bedeutung, obschon in der Theaterszene der Bereich der ökologischen Nachhaltigkeit am weitesten mit Initiativen und Einzelprojekten fortgeschritten ist. Allerdings befinden sich die Theater in Deutschland aktuell noch in einer Art Brainstormingphase: Ideen und Initiativen für einen nachhaltigen Theaterbetrieb werden in Teilprojekten angestoßen und zunehmend ausgewertet, ein systematisches ganzheitliches Vorgehen ist derzeit jedoch erst in der Entwicklungsphase und es überwiegt das Primat „einfach machen".

Noch werden Theater finanziell ausschließlich mit monetären Budgets gesteuert, doch wie auch in vielen anderen Industrien wird zu erwarten sein, dass das CO_2-Budget bzw. der CO_2-Preis für Theater eine zunehmende Bedeutung entwickeln wird. Dabei ist gar nicht die Produktion von Bühnenbildern der Haupttreiber für CO_2-Emissionen, sondern der Energieverbrauch sowie die Mobilität der Beschäftigten und des Publikums. Die Entwicklung in Richtung eines CO_2-Budgets stellt wachsende und neue Anforderungen an das Controlling von Theatern – ebenso die Umsetzung der Corporate Sustainability Reporting Directive (CSRD). Noch fehlen Daten und hinreichende Erfahrungswerte für eine systematische und erfolgreiche Steuerung von Häusern aus Nachhaltigkeitsperspektive, Pilotprojekte sind jedoch zahlreich – so unter anderem am Theater Regensburg.

Der vorliegende Beitrag stellt die Nachhaltigkeitsinitiative am Theater Regensburg dar, das hierfür unter anderem 2022 & 2024 beim Umweltpreis der Stadt Regensburg geehrt und 2023 gemeinsam mit dem Musiktheater im Revier Gelsenkirchen als „Beste Nachhaltigkeitsinitiative" mit einem OPER! AWARD ausgezeichnet wurde. Das Theater Regensburg ist aktuell Bayerns größtes kommunales Mehrspartenhaus und wird bis zur Spielzeit 2025/2026 zum Bayerischen Staatstheater entwickelt werden (d. h. die Förderung des Landes Bayern wird sukzessive auf das Level der Stadtförderung angehoben). Mit eigenen Ensembles für Musiktheater, Schauspiel, Tanz und Junges Theater sowie mit eigenem Philharmonischen Orchester und Opernchor erreicht das Haus in rund 700 Vorstellungen pro Jahr bis zu 180.000 Zuschauerinnen und Zuschauer. Zur Spielzeit 2021/2022 hat das Haus Initiativen zur Digitalen Transformation und Nachhaltigkeit gestartet, um die Organisation systematisch in die Zukunft zu transformieren. Auch der sogenannte „Green Deal" in Regensburg hat eine Motivationsgrundlage für die Kommunalunternehmen vor Ort geschaffen, sich mit Nachhaltigkeitsthemen zu beschäftigen.

Am Theater Regensburg wurde in der Spielzeit 2021/2022 ein umfassender Nachhaltigkeitsprozess begonnen, in dessen Analysephase die Erstellung der ersten Klimabilanz des Hauses ein wesentlicher Bestandteil war (Schritt 1) – die erste Klimabilanz eines Fünfspartenhauses in Deutschland. Im nächsten Schritt wurden in einem co-kreativen Prozess mit den Beschäftigten Handlungsfelder herausgearbeitet, durch die systematisch die Senkung von Treibhausgasemissionen angestrebt wird (Schritt 2).

2   Schritt 1: Messen

Um nun die CO_2-Emissionen einer Organisation sinnvoll zu steuern, ist zunächst eine valide Datenbasis essenziell. Erst seit wenigen Jahren werden an Kulturorganisationen erste Klimabilanzen erstellt. So unterstützte die Kulturstiftung des Bundes 19 Kultureinrichtungen aus verschiedenen Sparten in einem bundesweiten Pilotprojekt maßgeblich dabei, eine Klimabilanz zu erstellen und den eigenen CO_2-Fußabdruck zu ermitteln. Bei diesem Pilotprojekt sowie bei anderen publizierten Klimabilanzen fällt jedoch auf, dass mit sehr unterschiedlichen Messansätzen gemessen wird und es keine vergleichbaren Benchmarks für ein Fünfspartenhaus wie das Theater Regensburg gibt. Deswegen hat das Haus gemeinsam mit dem Projektbüro WHAT IF eine eigene Klimabilanz erstellt.[1]

Grundlage für die Berechnung der Klimabilanz bildet das Greenhouse Gas Protocol, international der am weitesten verbreitete und anerkannte Standard für die Bilanzierung von Treibhausgasemissionen von Unternehmen. Es wurde

---

[1] Die vollständige Klimabilanz wurde unter www.theaterregensburg.de/nachhaltigkeit veröffentlicht.

vom World Resources Institute (WRI) und dem World Business Council on Sustainable Development (WBCSD) entwickelt. Das GHG definiert die Grundprinzipien der Relevanz, Vollständigkeit, Konsistenz, Transparenz und Genauigkeit und lehnt sich dabei an Prinzipien finanzieller Rechnungslegung an. Weiterhin definiert das Greenhouse Gas Protocol Regeln zur organisatorischen Abgrenzung einer Treibhausgasbilanz und zur operativen Abgrenzung. Besonders relevant ist hier die Einteilung der Emissionen in drei sogenannte „Scopes": Während Scope 1 alle direkt selbst durch Verbrennung in eigenen Anlagen erzeugten Emissionen umfasst, umfasst Scope 2 Emissionen, die mit leitungsgebundener Energie (z. B. Strom, Fernwärme) verbunden sind. Scope 3 wiederum umfasst die Emissionen aus vor- und nachgelagerten Prozessen. Bei der Ermittlung der Emissionen werden die entstandenen Mengen an Treibhausgasen ermittelt. Das Kyoto-Protokoll nennt sechs Treibhausgase: Kohlendioxid (CO_2), Methan (CH_4) und Lachgas (N_2O) sowie die fluorierten Treibhausgase (F-Gase): wasserstoffhaltige Fluorkohlenwasserstoffe (HFKW), perfluorierte Kohlenwasserstoffe (FKW) und Schwefelhexafluorid (SF_6). Seit 2015 muss Stickstofftrifluorid (NF_3) zusätzlich einbezogen werden. Um die Komplexität zu reduzieren, werden die Wirkungen der sieben Gase in Abhängigkeit von ihrer schädigenden Klimawirkung in CO_2-Äquivalente oder „CO_2e" umgerechnet. Das Ergebnis der Emissionsbilanz ist also nicht als direkte Kohlenstoffdioxid-Emission zu verstehen, sondern als eine Umrechnung in Vergleichswerte, basierend auf dem wichtigsten anthropogenen Treibhausgas, Kohlenstoffdioxid. Die Emissionsfaktoren der vorgelegten Klimabilanz entstammen der Datengrundlage für Emissionsinventare der DEFRA (Department for Environment, Food and Rural Affairs), der Datenbank des Umweltbundesamtes (UBA), der Datenbank des Creative Green Tools Germany sowie der Regensburger Energie- und Wasserversorgung AG & Co KG (REWAG). Die Systemgrenze der vorliegenden Klimabilanz wurde mittels eines operativen und finanziellen Kontrollansatzes gezogen. Dabei fließen alle Treibhausgasemissionen in die Bilanz ein, die in der Entscheidungs- und Weisungshoheit der Institution liegen und von dieser finanziert werden. Die Institution kann somit einen direkten Einfluss auf die Emissionen ausüben. Die Festlegung der Systemgrenze wurde anhand der Kriterien „Liegenschaften" und „Emissionsquellen" vorgenommen.

Während eine Bilanzierung der Scope-1- und Scope-2-Emissionen nach den gängigen Standards obligatorisch ist, müssen Scope-3-Emissionen nicht vollständig quantifiziert werden, wenn es die Datenlage sowie die vorhandenen Ressourcen nicht zulassen. Vor- und nachgelagerte Emissionsquellen, die (noch) nicht quantifiziert werden können, können qualitativ in die Bilanz aufgenommen werden. Langfristiges Ziel sollte aber eine möglichst umfassende, quantitative und

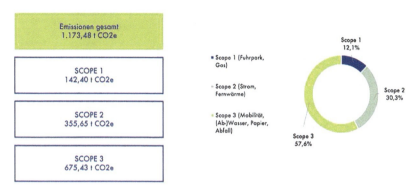

Abb. 1 Ergebnisse Klimabilanz 2022 nach Scopes. (Eigene Darstellung)

insbesondere einheitliche Berichterstattung aller Emissionsquellen sein. Bilanziert wurden im Scope 1 Kältemittel, Gas und der Unternehmensfuhrpark, in Scope 2 Strom und Fernwärme sowie in Scope 3 die Mitarbeiter:innen- und Publikumsmobilität, Wasser und Abwasser, Papier und Druckerzeugnisse, Abfall und ausgelagerte Transporte. Nicht bilanziert wurden aufgrund fehlender Daten und fehlender Anwendungsfälle in Scope 3 Dienstreisen, die Mobilität der Gastkünstler:innen, Emissionen durch Zulieferer und Lieferanten sowie Gastronomie/Catering.

Die Mengenangaben wurden vom Theater Regensburg auf Basis der letzten Vor-Corona-Spielzeit 18/19 ermittelt. Zusätzlich wurde in der Spielzeit 21/22 eine Publikums- sowie eine Mitarbeiter:innenbefragung durchgeführt, um Daten im Bereich Mobilität in die Klimabilanz einbeziehen zu können. Somit ergaben sich im Messzeitraum die folgenden Emissionen (Abb. 1).

Mobilität verursacht dabei 90 % der Emissionen in Scope 3 (Abb. 2).

Im Ergebnis zeigt sich somit sehr deutlich, dass Energie und Mobilität die größten Emissionstreiber darstellen (Abb. 3).

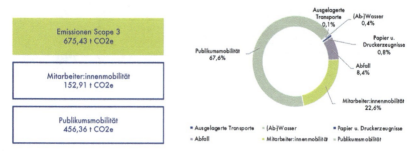

Abb. 2 Zusammensetzung Scope 3. (Eigene Darstellung)

Scope	Emissionsquelle	CO2e (in t)	%
Scope 1	Kältemittel	0,00	
	Unternehmensfuhrpark	7,94	
	Gas	134,46	
	Scope 1	**142,4**	**12,13%**
Scope 2	Strom	256,58	
	Fernwärme	99,07	
	Scope 2	**355,65**	**30,31%**
Scope 3	Mitarbeiter:innenmobilität	152,91	
	Publikumsmobilität	456,36	
	Wasser und Abwasser	2,61	
	Papier und Druckerzeugnisse	5,69	
	Abfall	57,03	
	Ausgelagerte Transporte	0,83	
	Scope 3	**675,43**	**57,56%**
Gesamt		**1.173,48**	**100,00%**

Abb. 3 Ergebnisse Klimabilanz 2022 in CO_2-Äquivalenten. (Eigene Darstellung)

3   Schritt 2: Maßnahmen ableiten oder „einfach machen"

Mobilität und Energie sind nicht nur die Haupttreiber CO_2-Emissionen am Theater Regensburg, auch die Bilanzen im Rahmen des Pilotprojektes der Bundeskulturstiftung haben ähnliche Ergebnisse gezeigt, sofern die Mobilität überhaupt erfasst wurde. In den folgenden Abschnitten wird Einblick zu den nächsten Schritten nach Erstellung der Klimabilanz am Theater Regensburg gegeben. Es ist ein Mix aus sogenannten „Quick-Wins", also Maßnahmen, die schnell umzusetzen sind und die zügig einen messbaren Erfolg haben, und aus strategischen Maßnahmen, die länger geplant und umgesetzt werden müssen, ehe sie sich auszahlen. Dabei wurde ein möglichst holistischer Ansatz über alle Bereiche des Theaterbetriebes gewählt, nach Maßgabe: „Das Wichtigste ist, einfach anzufangen!" oder kurz „einfach machen!" Dadurch lassen sich am besten alle Beteiligten sensibilisieren – eine Grundvoraussetzung für erfolgreiches Nachhaltigkeitsmanagement.

Die Sensibilisierung der Beschäftigten war und ist somit ein wesentlicher Baustein der Nachhaltigkeitsstrategie am Theater Regensburg. Schon vor der aktuellen Initiative gab es eine Projektgruppe „Grünes Theater", nun konnten in wiederkehrenden Workshops, Townhall Meetings und in einem neu eingerichteten E-Mail-Postfach Ideen und Verbesserungen vorgeschlagen werden, die die Nachhaltigkeitsbeauftragte in die Umsetzungsgremien eingebracht hat. Die Nachhaltigkeitsinitiative stieß im Haus auf großes Interesse und auf viel Mitwirkung – auch wenn zuweilen unangenehme Maßnahmen umgesetzt werden mussten. Die Reduktion der Raumtemperatur im Rahmen der EnSikuMaV (Kurzfristenergieversorgungssicherungsmaßnahmenverordnung) war ein solches Element, das zu gewisser Unzufriedenheit geführt hat. Ein anderes Element war die Abschaltung bzw. der Austausch von nicht betriebsnotwendigen Kühl- und Gefriergeräten (sogenannter Weißware): Zunächst wurden sämtliche Weißgeräte aller Liegenschaften aufgelistet und diese sowohl auf ihre Energieeffizienzklasse als auch auf Notwendigkeit überprüft. Im Januar 2023 wurden insgesamt 14 Geräte außer Betrieb genommen. Weitere 12 veraltete Geräte werden zeitnah gegen neue energiesparendere Varianten ausgetauscht.

Bereits zu Beginn der Spielzeit 2021/22 wurde durch die Umstellung auf Ökostrom ein großer Schritt zu einem klimafreundlicheren Betrieb eingeleitet, welcher die verursachten Treibhausgasemissionen signifikant verringerte (Abb. 4).

Klimabilanzierenden Theaterbetrieben hat es gerade im Jahr 2022 sehr geholfen, schon vor Beginn der derzeitigen Energiekrise die Verbräuche genau zu kennen. So konnte genau getrackt werden, ob die umgesetzten Maßnahmen dazu

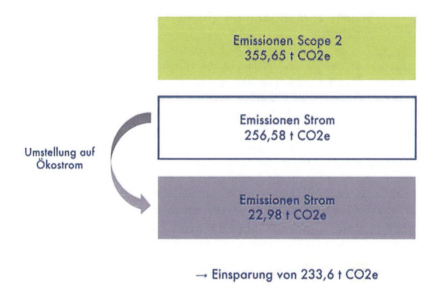

Abb. 4 Reduktion an Emissionen in Scope 2 durch Umstellung auf Ökostrom. (Eigene Darstellung)

beitrugen, den Energieverbrauch zu senken, denn die damaligen Preissteigerungen stellten Anforderungen in ganz neuen Dimensionen an die Theater. Ohne die staatlichen Instrumente wie Preisbremsen und den „Sonderfonds Energie" hätte beispielsweise das Theater Regensburg an seine Hauptspielstätte ab 1. Januar 2023 in etwa den zehnfachen Preis für die Strom-Kilowattstunde zahlen müssen. Das verlangte nach kurzfristigen Maßnahmen – aber auch nach mittelfristigen Investitionen. Denn ob die staatlichen Hilfen 2024 fortgeführt würden, war unklar, erhöhte Kosten sind hingegen weiterhin zu erwarten. So sind bis dahin Verbräuche nachhaltig zu senken. Zu Beginn der Energiekrise wurde im September 2022 ein „Steuerungskreis Energiekrise" gegründet, dem neben der Theaterleitung die Technische Direktion und die Haustechnik/-verwaltung angehören. Als erste Maßnahme des Steuerungskreises wurden die Anwesenheitszeiten in Probebühnen, Büros und Aufenthaltsräumen deutlich genauer als vorher berücksichtigt. Heizzeiten wurden so programmiert, dass keine unbelegten Büros geheizt werden. Ferner wurden die Räumlichkeiten des Theaters kontinuierlich mit elektronischen Thermostatventilen und Smart Home-Geräten aufgerüstet, wo dies bisher noch nicht der Fall war. Im Winter 2022/2023 wurden keine Flure und Treppenhäuser mehr beheizt. In den Büroräumen, Sitzungsräumen, Theatersälen und Probebühnen wurde die Temperatur auf max. 19°C, in den Werkstatträumen auf max. 16°C gesenkt.

Keine dieser Räumlichkeiten gehört dem Theater, sondern es ist Mieter in 26 Liegenschaften. Die Optimierung der Energieeffizienz an all diesen Liegenschaften ist somit ein durchaus mühsamer, aber lohnender Prozess, die dringend erforderliche energetische Sanierung liegt jedoch nicht allein in der Hand des Theaters. Im Dezember 2022 wurde eine umfassende Begehung der derzeit größten Spielstätte Bismarckplatz durch die Energieagentur Regensburg durchgeführt. Durch die gewonnenen Erkenntnisse konnten weitere Schritte eingeleitet werden, um längerfristig CO_2-Emissionen zu verringern. Dazu gehören energetische Sanierungen/Reparaturen sowie die Installation einer denkmalschutzkonformen PV-Anlage auf den Dächern des Theaters am Bismarckplatz. Die errechnete CO_2-Einsparung durch eine Vollbelegung beträgt bis zu 70.987 kg pro Jahr. Derzeit werden die Möglichkeiten geprüft, die sich aus der behutsamen Lockerung des Bayerischen Denkmalschutzgesetzes und der Altstadtschutzsatzung in Regensburg ergeben, die PV-Anlagen im Weltkulturerbe nun erstmals ermöglicht. Das Theater Regensburg hat sich nunmehr als Pilotversuch für PV in der Altstadt zur Verfügung gestellt. Anhand der zahlreichen verschiedenen Dachstrukturen auf dem Theater am Bismarckplatz können verschiedene Umsetzungsmöglichkeiten geprüft und so Learnings für die ganze Altstadt generiert werden. Die weiteren Projektschritte erfolgen aktuell in enger Abstimmung mit dem Denkmalschutz und der Energieagentur Regensburg.

Einen entscheidenden Hebel zur Reduktion seines Energiebedarfs sieht das Theater Regensburg insbesondere in der Beleuchtungsausstattung. Kontinuierlich wird die Bühnenbeleuchtung durch hochwertige LED-Technik ersetzt. Aufgrund der hohen Kosten wird dies einige Zeit in Anspruch nehmen, für den Neuhaussaal im Theater am Bismarckplatz konnten bereits kurzfristige Maßnahmen umgesetzt werden. Der Neuhaussaal wird in einer Spielzeit durchschnittlich 1500 Stunden genutzt, wobei die Beleuchtung des Saals und des Orchesterpodiums derzeit durch die bereits vorhandenen herkömmlichen Glühbirnen und Scheinwerfer betrieben wird. Daraus ergibt sich jährlich ein extrem hoher Stromverbrauch. Durch die Installation von energiesparender LED-Beleuchtung im gesamten Neuhaussaal, die sowohl für die Beleuchtung des Saals als auch des Orchesterpodiums genutzt wird, kann der Stromverbrauch des Theaters pro Jahr voraussichtlich um ca. 32.000 kW/Stunde gesenkt werden. Für diese Maßnahme wurde ein Förderantrag beim Kulturfonds Bayern bewilligt.

Durch die fortschreitende Digitalisierung am Theater Regensburg kann ein merklicher Rückgang im täglichen Papierverbrauch verzeichnet werden. Um den

CO_2-Verbrauch bei den erforderlichen Großdruckaufträgen von beispielsweise Klavierauszügen und Textbüchern zu verringern, stellt das Theater Regensburg aktuell auf 100 % Recyclingpapier (Blauer Engel) um. Die CO_2-Ersparnis gegenüber herkömmlichem Papier liegt bei 42 %. Das neue Papier ist in der Anschaffung zwar teurer, aber durch einige Tests konnte ein Papier gefunden werden, das in Lesbarkeit und Druckqualität kaum der bisherigen Variante nachsteht.

Neben dem Bereich Energie werden insbesondere Maßnahmen im Bereich Mobilität umgesetzt. Um dienstliche Kleintransporte von Theatermaterialien zwischen unseren verschiedenen Spielstätten, Probebühnen, Werkstatt und Lagerräumen nachhaltiger zu gestalten, wurden im Frühjahr 2022 zwei E-Lastenräder nach erfolgreicher Bewährung zum dauerhaften Gebrauch angeschafft. Dadurch werden zusätzliche Sprinterfahrten und somit direkte Emissionen durch den hauseigenen Fuhrpark erheblich reduziert. Dienstreisen mit dem PKW (und hauseigenem Caddy) werden am Theater Regensburg nur in begründeten Ausnahmefällen bewilligt. Diese müssen, soweit z. B. keine größeren Transporte erforderlich sind, klimafreundlich mit dem öffentlichen Nahverkehr bzw. Zug durchgeführt werden. Auch Gäste und Dienstleister werden dazu angehalten, Anfahrten möglichst klimafreundlich zu gestalten. Zugfahrten werden 1:1 erstattet, PKW-Fahrten nur teilweise. Dienstfahrzeuge werden kontinuierlich durch E-Fahrzeuge ersetzt.

Bei der Publikumsmobilität setzt das Theater auf Kommunikation. Dass beim Kauf einer Eintrittskarte der öffentliche Nahverkehr inkludiert ist, was 36 % der Besucherinnen und Besucher laut einer vorab durchgeführten Studie nicht wussten, wird verstärkt kommuniziert, das Logo des RVV (der regionale ÖPNV-Anbieter) nun auch auf der Vorderseite der Tickets mitabgedruckt. Ferner wurde in der Spielstätte Antoniushaus ein Abfahrtsmonitor mit minutengenauen Bus-Abfahrtszeiten und Integration aller umliegenden Haltestellen installiert, um die gute Busanbindung zu unterstreichen und dem Publikum näher zu bringen (Abb. 5). Zudem wurden die Fahrradparkplätze am Antoniushaus deutlich und sichtbar durch moderne Fahrradständer aufgerüstet, um zur Anreise per Rad zu motivieren und eine sichere Aufbewahrung während der Vorstellungen zu ermöglichen.

Dass es gelingen kann, dass das Publikum überwiegend klimafreundlich anreist, sollte ein ambitioniertes Pilotprojekt im Sommer 2023 zeigen. Das Theater Regensburg wurde – als einziger Bayerischer Kulturbetrieb – bei seinem klimaneutralen Stadtraumprojekt WAHRHEITEN durch den Fonds Zer0 der Kulturstiftung des Bundes unterstützt. Die Kulturstiftung des Bundes fördert in diesem Förderprogramm bundesweit klimaneutrale Kunst- und Kulturprojekte

Abb. 5 Bus-Abfahrtsmonitor im Antoniushaus. (Eigene Darstellung)

in der ersten Tranche mit insgesamt 3 Mio. €. Die finanzielle Förderung am Theater Regensburg in Höhe von ca. 140.000 € sollte es ermöglichen, am Ende der Spielzeit 2022/2023 zum ersten Mal eine Produktion nahezu klimaneutral umzusetzen. Der in den Förderrichtlinien vereinbarte Zielpfad zur Klimaneutralität in der Reihenfolge „vermeiden, reduzieren, kompensieren" zog sich dabei durch das komplette Projekt: Alle Gewerke wurden ermutigt, ihren Beitrag für ein möglichst klimafreundliches Stadtraumprojekt zu leisten. Derzeit wird die Klimabilanz des Projektes von einer unabhängigen Instanz ermittelt. Nur 1 % des Projektbudgets darf für Kompensationszahlungen verwendet werden. Ein Kernelement zur Senkung der Emissionen bei der Publikumsmobilität war die sogenannte „Klimakaution": Zuzüglich zum Kartenpreis wurde für WAHRHEITEN eine Klimakaution in Höhe von 10 € (ermäßigte Karten: 5 €) erhoben. Diese ist bei Kartenkauf fällig und wurde nach Nachweis einer mindestens klimafreundlichen Anreise zum Theater vor der Vorstellung in bar ausbezahlt – um vor Ort einen Belohnungseffekt zu generieren. Das Ergebnis: Während bei den Publikumsbefragungen zur ersten Hausbilanz ca. die Hälfte der Befragten angab, klimafreundlich oder klimaneutral zum Theaterbesuch anzureisen, so sind bei WAHRHEITEN gut 91 % der Befragten klimaneutral oder klimafreundlich, also mit Fahrrad, Zug, öffentlichen Nahverkehr, Elektroauto oder zu Fuß angereist.

Nur 5,5 % waren „Klimasünder" und nutzten ihren Benziner, 3,5 % waren Beifahrer. Das Konzept „Klimakaution" hat sich somit im Einzelprojekt bewährt und hat es unter anderem auf die Shortlist des WIRKMÄCHTIG Culture4Clima Preises 2024 geschafft. Derzeit wird geprüft, ob sich die Klimakaution auch grundsätzlich als freiwillige Leistung dauerhaft etablieren lässt.

4   Was braucht es für die Zukunft?

Die ersten Schritte für einen nachhaltigen Theaterbetrieb sind gemacht, nicht nur in Regensburg, sondern an zahlreichen Häusern in Europa. Dabei wurde erkannt, dass ein systematisches Controlling der Erfolge nur durch eine solide Datenbasis zu erreichen ist. Obschon die bisherigen Maßnahmen noch nicht ausreichen werden, um das Theater klimaneutral zu machen, wurden an vielen Häusern Maßnahmenbündel entwickelt, die in der Folge weiter zu evaluieren und systematisieren sind.

Was braucht es nun für die Zukunft? Erstens benötigt es eine einheitliche Bilanzierung und ein einheitliches Reporting, um Klimabilanzen und die abgeleiteten Maßnahmen vergleichbar zu machen. Zweitens sind weitere Förderprogramme – und zwar eher Struktur- denn Einzelprojektförderung – erforderlich, die Anreize für die Umsetzung von Nachhaltigkeitsmaßnahmen setzen und Denkräume öffnen. Drittens ist es wichtig, dass auch von den Trägern und Fördergebern mit Vorbildwirkung entsprechende Prioritäten gesetzt werden, insbesondere bei der energetischen Sanierung von Liegenschaften. Viertens muss Nachhaltigkeit weiter als gesamtgesellschaftliches und nicht rein politisches Ziel begriffen werden. Während die Existenz einer Klimakrise inzwischen fraktionsübergreifend anerkannt wird, haben jüngste Polarisierungen beispielsweise zu „Klimaklebern" vs. „Autolobby" den Drive zu einem nachhaltigen Zusammenleben gebremst. Schließlich fünftens wird ein möglichst klimafreundlicher Theaterbetrieb nur erreicht, wenn sich die Theater deutlich intensiver vernetzen und ihre Erfahrungen zu Erfolg und Misserfolg veranschaulichen. Hierfür sind regelmäßige, abteilungsübergreifende Konferenzen erforderlich. Ein zeitlicher Druck dazu wird spätestens dann entstehen, sobald die Vorgaben der CSRD umgesetzt sowie CO_2-Budgets auch im Theaterbetrieb Wirklichkeit werden.

Dr. Matthias Schloderer ist kaufmännischer Direktor am Theater Regensburg.

Anhang

Die Tab. A1 zeigt die Arbeitsschwerpunkte über die erste Dekade.

Tab. A1 Arbeitsschwerpunkte der ersten Dekade

NR./DATUM	Themenschwerpunkte
1. FTC 14. März 2014	Konstituierende Sitzung Kennenlernen. Austausch, Interessensabgleich, Vertagung
2. FTC 26. September 2014	Erlöscontrolling/Erlösmanagement, Marketingcontrolling
3. FTC 27. März 2015	Marketingcontrolling/CRM
4. FTC 02. Oktober 2015	Erlössteuerung und Dynamic Pricing
5. FTC 08. April 2016	Controlling im Personalmanagement Controlling als Kommunikationsprozess
6. FTC 14. Oktober 2016	Berichtswesen/Kommunikation Visualisierung von Zahlen und Umgang mit großen Datenmengen
7. FTC 31. März 2017	BarCamp Berichtswesen, Analyse der Stärken und Schwächen von bestehenden Berichten aus dem Teilnehmerkreis
8. FTC 06. Oktober 2017	„Rollenbild des Controllers" Optimierung des Berichtswesens
9. FTC 15. März 2018	„Rollenbild des Controllers" Präzisierung der geplanten Onlinebefragung

(Fortsetzung)

P. Schneidewind et al. (Hrsg.), *Theatercontrolling*,
https://doi.org/10.1007/978-3-658-44984-1

Tab. A1 (Fortsetzung)

NR./DATUM	Themenschwerpunkte
10. FTC 11. Oktober 2018	Präsentation der Ergebnisse der Online-Befragung Präsentation von Teilergebnissen der Online-Befragung durch das Institut für Controlling der TU Braunschweig Beratung von Folgefragen und Lösungsstrategien
11. FTC 21. März 2019	Auswertung der Ergebnisse der Onlinebefragung, Zukunftsfragen, Aufbau Whitepaper
12. FTC 24. Oktober 2019	Erlöscontrolling Saalplananpassung Tonhalle Düsseldorf Digitallösungen zur Entscheidungsunterstützung für das Erlösmanagement, Theater Paderborn
13. FTC 12. März 2020	Risikomanagement/Risikocontrolling und deren Relevanz im Kulturbetrieb/ Theatercontrolling in „Berufe am Theater" Profilbildung
14. FTC 08. Oktober 2020	Risikomanagement/Risikocontrolling und deren Anwendung Coronaphase, Erfahrungsberichte: Tonhalle Düsseldorf, Festspielhaus Baden-Baden, Theater Rostock Erlösoptimierung durch Saalplananpassung und Preisgestaltung Zwischenbericht Theaterlytics, Theater Paderborn Geschäftsprozessmanagement an Opernhäusern
15. FTC 12. März 2021	Controlling aus künstlerischer Perspektive
16. FTC 08.10.2021	Organisation und Information: Ist Wissen Macht? Die intelligente Kulturorganisation – Management von Informations- und Wissensnetzwerken im Theaterbetrieb Projekt CO_2-Bilanz am Musiktheater Geschäftsbericht in Coronazeiten
17. FTC 11.03.2022	Marketing-Controlling Marketingcontrolling am Beispiel der Tonhalle Düsseldorf Wie erfolgreich war Theater-Streaming während der Pandemie?
18. FTC 07.10.2022	Individuelle Nachhaltigkeitskonzepte für Kulturbetriebe, dargestellt am Beispiel des Nationaltheaters Mannheim Klimabilanzen Erfahrungsbericht Staatsphilharmonie Rheinland-Pfalz Gemeinwohlökonomie Deutsches Theater Göttingen

(Fortsetzung)

Tab. A1 (Fortsetzung)

NR./DATUM	Themenschwerpunkte
19. FTC 10.03.2023	Klimabilanzen in Kulturinstitutionen – Erfahrungsbericht am Beispiel Künstlerhaus Mousonturm Frankfurt Erstellung einer CO_2-Bilanz für das Theater Oberhausen Theater Regensburg: Klimabilanz und implementierte Maßnahmen
20. FTC 12./13.10.2023	Rückblick: Entwicklungslinien im Theatercontrolling Publikation: Theatercontrolling Forschungsprojekt „Controlling und Management von Kultureinrichtungen" Aktuelle Themen aus der Controllinglehre und -praxis Erlöspotenziale entdecken, Movarti: digitales Kultur-Marketing-Tool Visionen Controlling 2030
21. FTC 15. März 2024	Theatercontrolling 2034, Oktopus-Tool zur Ideenfindung und Projektentwicklung, Treibhausgasbilanzierung im Kulturbereich: Der CO2-Kulturstandard und CO2-Kulturrechner, Beispielprojekt Wissensmanagement und Digitalisierung im Musiktheater im Revier Gelsenkirchen
22. FTC 18. Oktober 2024	Publikumsschwund? Ein Blick auf die Theaterstatistik seit 1949, Update Forschungsprojekt Controlling und Management von Kultureinrichtungen, Ideenskizze Studium-/ Weiterbildungsangebot BWL in Kultureinrichtungen, Theatercontroller*innen: Die neue Generation, Energiemanagement am Staatstheater Kassel

Liste bisher entstandener Literatur zu Theatercontrolling

Schäfer, Klaus; Vermeulen, Peter	1996	Das Theater als Betrieb, Controllingmodell am Beispiel des Nationaltheaters Mannheim, hrsg. von der Stadt Mannheim, Unna
Schneidewind, Petra	1996	Wie sich Kultur rechnen lässt. In: Bendixen, P. u. a. (Hrsg.) (1992 ff.): Handbuch KulturManagement, Stuttgart
Fabel, Martin	1998	Kulturpolitisches Controlling. Ziele, Instrumente und Prozesse der Theaterförderung in Berlin, Dissertation Freie Universität Berlin, Frankfurt
Hartung, Andreas	1998	Controlling in öffentlichen Kulturbetrieben. Sinnvolle Steuerung vorhandener Mittel unter Berücksichtigung des kulturpolitischen Auftrags. Bonn
Almstedt, Matthias	1999	Ganzheitliches computerbasiertes Controlling im öffentlichen Theater. Konzeption und prototypische Implementierung eines Controlling-Informationssystems auf der Basis einer Analyse des öffentlichen Theaters, Göttingen
Deutscher Bühnenverein (Hrsg.)	1999	Grundlagen der Kostenrechnung im Theater und Orchester, Köln
Haischer, Michael; Riesenhuber, Katharina	1999	Management-Konzepte und betriebswirtschaftliche Instrumente im öffentlichen Theater, Studie des Frauenhofer Instituts für Arbeitswirtschaft und Organisation, Stuttgart
Nowicki, Matthias	2000	Theatermanagement: Ein dienstleistungsorientierter Ansatz, Hamburg
Schneck, Ottmar	2000	Basis-Know-How Betriebswirtschaft: Was sie für die Praxis wissen müssen, Frankfurt am Main
Schneidewind, Petra	2000	Entwicklung eines Theater-Managementinformationssystems, Frankfurt
Schwarzmann, Winfried	2000	Entwurf eines Controllingkonzepts für deutsche Musiktheater und Kulturorchester in öffentlicher Verantwortung, Aachen

(Fortsetzung)

(Fortsetzung)

Widmayer, Jörg	2000	Produktionsstrukturen und Effizienz im öffentlichen Theatersektor, Frankfurt
Röper, Henning	2001	Handbuch Theatermanagement: Betriebsführung, Finanzen, Legitimation und Alternativmodelle. Köln, Weimar, Wien
Rump, Oliver	2001	Controlling für Museen. Ziele, Verfahren und Kontrollmöglichkeiten im Museumsmanagement. (Schriftenreihe des Freilichtmuseums am Kiekeberg), Ehestorf
Schneidewind, Petra	2001	Von den Informationsinseln zum entscheidungsorientierten Theater-Managementinformationssystem: Controllingeinführung im Theaterbetrieb. In: Bendixen, P. u. a. (Hrsg.) (1992 ff.): Handbuch KulturManagement, Stuttgart
Propach, Jörn	2002	Methoden zur Spielplangestaltung öffentlicher Theater: Konzeption eines Entscheidungsunterstützungssystems auf der Basis Evolutionärer Algorithmen. Göttingen
Eilerts, Martin; Jörn Probach	2002	Projektcontrolling im Theater: Ein Erfahrungsbericht. Controlling der Inszenierungsprozesse auf der Basis von MS-Project. IN: Zeitschrift für öffentliche und gemeinwirtschaftliche Unternehmen. Bd. 25 H. 1, S. 67–77, Baden-Baden
Eilerts, Martin; Propach, Jörn	2002	Projektcontrolling im Theater. Ein Einführungsbericht. Controlling der Inszenierungsprozesse auf der Basis von MS-Project. IN: Zeitschrift für öffentliche und gemeinwirtschaftliche Unternehmen (ZögU)
Schneidewind, Petra; Kersten, Rüdiger	2002	Die Balanced Scorecard im Kulturbetrieb – ein anwendbares Hilfsmittel. In: Bendixen, P. u. a. (Hrsg.) (1992 ff.): Handbuch KulturManagement, Stuttgart
Tobias, Stefan	2003	Kosteneffizientes Theater? Deutsche Bühnen im DEA-Vergleich, Dortmund
Jossé, German	2005	Balanced Scorecard. Ziele und Strategien messbar umsetzen. München
Vakianis, Artemis	2005	Duales Controlling. Am Beispiel des Kulturbetriebs „Theater". Innsbruck, Wien, Bozen

(Fortsetzung)

(Fortsetzung)

Almstedt, Matthias	2005	Operatives Controlling im öffentlichen Theater – ein Ansatz aus der Praxis. In: Controlling & Management Review, Band 49, Ausgabe 8, S. 110–123
Schneidewind, Petra	2006	Betriebswirtschaft für das Kulturmanagement, Bielefeld
Vanselow, Erhard; Eberhard Goebel; Hermann-Josef Kiel	2006	Kosten- und Leistungsrechnung im Kultursektor. Die spezifische Betriebswirtschaft im Kulturamt und kommunalen Kultureinrichtungen. Helsa
Zembylas, Tasos; Tschmuck, Peter	2006	Kulturbetriebsforschung. Ansätze und Perspektiven der Kulturbetriebslehre. Wiesbaden
Schneidewind, Petra	2006	Controlling im Kulturbetrieb. Eine betriebswirtschaftliche Serviceleistung. In: Look, Friedrich; Oliver Scheytt (Hrsg.): Handbuch Kulturmanagement (2006 ff.), Beitrag D 2.1, Berlin
Kemper, Frank; Breth, Sebastian; Brosel Gerrit; Hintzpeter, Reiner	2008	Strategiekonformer Einsatz der Prozeßkostenrechnung in öffentlichen Theatern. In Finance Transformation
Schneidewind, Petra	2008	Controlling im Kulturbetrieb. In: Klein, Armin (Hrsg.) Kompendium Kulturmanagement. Handbuch für Studium und Praxis. München
Hartz, Nikola	2009	Betriebswirtschaftliche Steuerung in Museen. Eine Untersuchung anhand der Berliner Landesmuseen, Weimar
Horváth & Partner Stuttgart	2009	Das Controllingkonzept. Der Weg zu einem wirkungsvollen Controllingsystem, 7. Auflage, München
Knappe, Robert	2010	Die Eignung von New Public Management zur Steuerung öffentlicher Kulturbetriebe, Wiesbaden
Schneidewind, Petra	2012	Controlling im Kulturbetrieb. „Es sitzen alle mit am Steuer". In: Look, Friedrich; Oliver Scheytt (Hrsg.): Handbuch Kulturmanagement (2006 ff.), Beitrag D 2.3, Berlin
Schneidewind, Petra	2013	Controlling im Kulturmanagement. Eine Einführung, Wiesbaden

(Fortsetzung)

(Fortsetzung)

Stoof, Felix	2013	Prozessmanagement im Kulturbetrieb. Einführung eines Prozessmanagementsystems zur Produktionsabwicklung an der Oper Graz
Adrians, Frauke	2016	Eine Handvoll Zahlen (Controlling im Orchesterbetrieb). IN: Das Orchester. Magazin für Musiker und Management
Hegemann, Gudrun; Pook, Manfred	2016	Da steckt Musik drin. Controlling im Orchesterbetrieb. In: Das Orchester. Magazin für Musiker und Management
Fehlmann, Beat	2016	Controlling im Orchesterbetrieb. Das Praxisbeispiel Südwestdeutsche Philharmonie. In: KM Kultur und Management im Dialog. Nr. 115 Oktober 2016
Schneidewind, Petra; Schößler, Tom	2017	Controlling im Kulturbetrieb. Im Fokus: Die Erlöse. In: Friedrich Loock, Ulrich Poser, Gereon Rückrath, Oliver Scheytt (Hrsg.): Handbuch Kulturmanagement. Recht, Politik & Praxis. Ausgabe Nr. 54, 2017, Signatur D2.7, S. 45–66
Schneck, Ottmar	2019	Lexikon der Betriebswirtschaftslehre
Ahn, Heinz; Clermont, Marcel; Harms, Sören Guntram; Spang, Christoph	2019	Einsatz von Controllinginstrumenten in öffentlichen Theatern
Heidelberger, Ellen	2022	Die intelligente Kulturorganisation. Management von Informations- und Wissensnetzwerken im Theaterbetrieb
Mayer, Sophia	2022	Wirtschaftliche Steuerung von öffentlichen Theatern im Kontext der Rechtsform
Cuypers, Gabriel	2023	Geschäftsprozessmanagement im Kulturbetrieb. Eine Analyse am Beispiel der Dortmunder Philharmoniker im Theater Dortmund
Gerlitz, Johannes	2023	Audience Development mittels Besucher*innen. Eine Programmevaluation im Theaterbetrieb
Fehlmann, Beat	2023	Kulturellen Output messen. Praxisbeispiel Südwestdeutsche Philharmonie Konstanz. In: Loock, Poser, Röckrath, Scheytt (Hrsg.): Handbuch Kulturmanagement. 15316 11. D 2.5